Das Heilige als Problem der gegenwärtigen Religionswissenschaft

THEION

Studien zur Religionskultur/Studies in Religious Culture

Herausgegeben von/edited by
Wilhelm-Ludwig Federlin und/and Edmund Weber,
Johann Wolfgang Goethe-Universität Frankfurt am Main

Band XXX

Zur Qualitätssicherung und Peer Review der vorliegenden Publikation

Die Qualität der in dieser Reihe erscheinenden Arbeiten wird vor der Publikation durch einen Herausgeber der Reihe geprüft.

Notes on the quality assurance and peer review of this publication

Prior to publication, the quality of the work published in this series is reviewed by one of the editors of the series.

Wolfgang Gantke/Vladislav Serikov (Hrsg.)

Das Heilige als Problem der gegenwärtigen Religionswissenschaft

PL ACADEMIC RESEARCH

Bibliografische Information der Deutschen Nationalbibliothek
Die Deutsche Nationalbibliothek verzeichnet diese Publikation in der Deutschen Nationalbibliografie; detaillierte bibliografische Daten sind im Internet über http://dnb.d-nb.de abrufbar.

Gedruckt auf alterungsbeständigem, säurefreiem Papier.

ISSN 0943-9587
ISBN 978-3-631-65400-2 (Print)
E-ISBN 978-3-653-04429-4 (E-Book)
DOI 10.3726/978-3-653-04429-4

PL Academic Research ist ein Imprint der Peter Lang GmbH.

Peter Lang – Frankfurt am Main · Bern · Bruxelles · New York · Oxford · Warszawa · Wien

Diese Publikation wurde begutachtet.

www.peterlang.com

Inhaltsverzeichnis

Einleitung: Das Heilige als Problem der gegenwärtigen Religionswissenschaft

Die Diskussion um das Heilige gehört ohne Zweifel zu den interessantesten und facettenreichsten Debatten in der Religionsforschung, die gerade in jüngster Zeit wieder an Aktualität und Brisanz gewonnen hat.[1] Die Kategorie des Heiligen ist insbesondere nach dem cultural turn in der Religionswissenschaft umstritten. Allerdings sprechen die nach wie vor andauernden Versuche, diese Kategorie zu politisieren, soziologisieren, ontologisieren, psychologisieren, oder sie gar ganz aus dem religionswissenschaftlichen Diskurs zu verbannen, für die bleibende Bedeutung dieses in der Religionswissenschaft offenbar voreilig verabschiedeten Begriffs.

Diese heute in einem veränderten interkulturellen Kontext geführte Debatte ist gerade im Zeitalter nicht nur freundlicher Begegnungen der Religionen besonders wichtig, weil sie einen Beitrag zu größerer religiöser und weltanschaulicher Toleranz und zur Pluralitätsfähigkeit leisten kann, ohne sich fremden Vorverständnissen vom Heiligen und vom Menschen kritiklos zu unterwerfen. Während viele deutsche Religionswissenschaftler, vielleicht voreilig, die Diskussion um das Heilige bereits für beendet erklärt haben, ist diese Debatte, insbesondere um die Zentralgestalten Rudolf Otto und Mircea Eliade, vor allem in Südamerika, in Osteuropa, in Ostasien und in geringerem Maße auch im angelsächsischen Raum, erneut aufgebrochen.[2] Es ist der im Rahmen der Religionsphänomenologie entwickelte Begriff des Heiligen, mit dessen Hilfe sich nach Perry Schmidt-Leukel das zumeist religionskritische Argument der unversöhnlichen Vielfalt der Religionen entkräften lässt.[3] Im vorliegenden Sammelband wird auch der Frage nachgegangen, ob der westlich-christliche Begriff des Heiligen interkulturell und interreligiös verallgemeinerbar ist. Welche Gründe sprechen für oder gegen die Annahme eines weiten Heiligkeitsverständnisses als einer unergründlichen und unverfügbaren, nicht-profanen Tiefendimension der Wirklichkeit? Ist heute nicht neben den in der Regel religionskritischen naturalistischen Erklärungsversuchen angesichts des veränderten religionspluralistischen Kontextes auch ein religionsimmanenter Erklärungsversuch von Religion notwendig, der nicht ausschließlich an den Standpunkt einer einzigen religiösen Tradition gebunden ist und der daher an unterschiedliche religiöse Perspektiven anschlussfähig bleibt?

Es ist die religionsphänomenologische Betrachtungsweise, die nach wie vor den Forschungszugang zu einer religionsübergreifenden Innenperspektive auf der Grundlage des Begriffs des Heiligen offenhalten will. Der heutige interreligiöse Kontext, insbesondere die von Vorurteilen geprägte Islam-Diskussion, spricht für den von der Religionsphänomenologie nie aufgegebenen Versuch, im Sinne einer

---

1 Vgl. Joas, Hans: „Säkuläre Heiligkeit. Wie aktuell ist Rudolf Otto?“ in: Otto, Rudolf: *Das Heilige. Über das Irrationale in der Idee des Göttlichen und sein verhältnis zum Rationalen.* Neuausgabe mit einem Nachwort von Hans Joas. München 2014, 255–281, 281; Graf, Friedrich Wilhelm: *Götter global. Wie die Welt zum Supermarkt der Religionen wird.* München 2014, 205–209.

2 Vgl. Lauster, Jörg / Schüz, Peter / Barth, Roderich / Danz, Christian: *Rudolf Otto: Theologie - Religionsphilosophie - Religionsgeschichte.* Berlin, Boston 2014.

3 Siehe den Beitrag von Schmidt-Leukel in diesem Band.

Differenzhermeneutik nicht nur die unterschiedlichen Denkformen, sondern auch die unterschiedlichen Gefühle der religiösen Menschen besser zu verstehen.[4] Noch immer wissen die Menschen in den verschiedenen Kulturen viel zu wenig voneinander, weshalb immer wieder von neuem Missverständnisse entstehen. Trotz des Wissens um die bleibenden Differenzen sollte es ein vorrangiges Ziel der Religionswissenschaft sein, einen aufklärerischen Beitrag zur Überwindung von religiösen Vorurteilen über das Fremde durch die Betonung des nach Otto ehrfurchtgebietenden und faszinierenden Heiligen als eines allen Religionen gemeinsamen, toleranzermöglichenden Bezugspunktes zu leisten. Durch diese kulturübergreifende Anerkennung der Dimension des Heiligen bewahrt sich der Mensch die Ehrfurcht vor der Unergründlichkeit der Wirklichkeit. Auf diese Weise kann die Reduzierung von authentischer Religion auf eine transzendenzverschlossene, auf Eindeutigkeit und Ausschließlichkeit zielende politische Ideologie verhindert werden.

Dieser Sammelband enthält ausgewählte Beiträge, die auf dem Panel „Das Heilige als Problem in der Religionswissenschaft: Fragen und Perspektiven“ der 31. Jahrestagung der Deutschen Vereinigung für Religionswissenschaft in Göttingen im September 2013 und auf dem Symposium „Die Diskussion um das Heilige: alte Fragen – neue Antworten“ an der Goethe-Universität in Frankfurt am Main im November 2013 präsentiert und diskutiert wurden. Die in alphabetischer Reihenfolge erscheinenden Beiträge können in drei grobe Themenbereiche, die alle um die Kategorie des Heiligen kreisen, eingeteilt werden, deren erkenntnisleitende Fragestellungen folgendermaßen formuliert werden können:

Als erstes wären die speziell Rudolf Otto gewidmeten Beiträge zu nennen, die sich mit den Werken des Gründervaters der Erlebnistheorie des Heiligen auseinandersetzen, gängige Missverständnisse ausräumen und für die bleibende Relevanz seines Ansatzes argumentieren (Roderich Barth, Marianne Schröter, Vladislav Serikov).

Zweitens wird in Beiträgen einer angewandten Religionswissenschaft die Kategorie des Heiligen im Kontext konkreter kulturhistorischer, empirischer und religions-phänomenologischer Untersuchungen diskutiert (Sven Lichtenecker, Martin Mittwede, Natalia Diefenbach).

Einen dritten Themenschwerpunkt bilden schließlich die theoretischen Beiträge, die für eine notwendige Beibehaltung der phänomenologischen Kategorie des Heiligen argumentieren und die Möglichkeit einer theoretischen Weiterführung bzw. Erneuerung diskutieren oder eigene Theorien entwerfen (Wolfgang Gantke, Perry Schmidt-Leukel, William Schmidt, Edmund Weber, Hamid Reza Yousefi).

Roderich Barth (Gießen) wendet sich in seinem Beitrag *‚Wer das nicht kann, ist gebeten nicht weiter zu lesen‘ – Otto als Paradigma einer unzeitgemäßen Methodologie?* direkt der Entstehung der verschiedenen Aspekte der Methodologie Rudolf Ottos zu. Es werden Einflüsse Luthers, Schleiermachers, Kants, Fries‘ und Wundts auf Ottos Werk nachgewiesen. Das berühmte obige Zitat Ottos, das viele Religionswissenschaftler heute noch irritiert, darf, wie Barth aufzuzeigen vermag, nicht davon ablenken, dass es Otto nicht um ein exklusiv für den wissenschaftlichen Zugang zu Religionen reserviertes Programm geht, sondern grundsätzlich auch um die für andere Gebiete des kulturellen Lebens, wie etwa Moral und Kunst, einschlägige Frage

4 Siehe Tworuschka, Udo: *Einführung in die Geschichte der Religionswissenschaft.* Darmstadt 2014, 119–124; 132–134.

nach dem epistemologischen Status von Wertbewusstsein und der dementsprechenden Verschränkung der Innen- und Außenperspektive in der Zugangsweise zu religiösen Werten.

Natalia Diefenbach (Frankfurt am Main) befasst sich mit dem Thema *Der Menschenkörper und das Heilige.* Unter Bezug auf zahlreiches visuelles Material aus verschiedenen religiösen Traditionen gelingt es ihr zu zeigen, wie eng das Heilige als religiöses Phänomen mit der menschlichen Körperlichkeit im religionshistorischen Kontext verbunden ist. Wenn Körperlichkeit eine Voraussetzung für die Wahrnehmung des Heiligen in der sinnlichen Welt ist, so dokumentieren umgekehrt kultische Darstellungen des Körpers im religiösen Kontext unterschiedliche Manifestationen bzw. Aspekte des Heiligen. Diefenbach unternimmt eine religionsphänomenologische Kategorisierung dieser Manifestationen und arbeitet die Kategorien des imaginären, des natürlichen und des Übergangs- bzw. transzendierenden Körpers mit Subkategorien des sublimierten und des reduzierten Körpers heraus.

Wolfgang Gantke (Frankfurt am Main) vertritt in seinem Beitrag *Das Problem des Heiligen vor dem Hintergrund der Krise des Naturalismus* die These, dass es sich bei der einseitig naturalistischen Betrachtungsweise von Mensch und Natur trotz ihrer weltweiten Verbreitung um einen Europäismus handelt, der heute im interkulturellen Kontext relativiert werden muss. Die Anerkennung der bleibenden Realität einer nicht-naturalistisch interpretierbaren, unverfügbaren und unergründlichen Wirklichkeitsdimension erzwingt geradezu eine neue Offenheit für das umstrittene und vieldeutig interpretierbare Phänomen des Heiligen. Gantke plädiert für einen Methodenpluralismus in der Religionswissenschaft, der auch wieder die Berücksichtigung transzendenzoffener Betrachtungsweisen im Sinne der überwunden geglaubten religionsphänomenologischen Tradition erlaubt und die Grenzen der in die Krise geratenen humanegoistischen Anthropozentrik zu thematisieren gestattet.

Sven Lichtenecker (Frankfurt am Main) untersucht in seinem Beitrag *Das Heilige und die Tempelstruktur* unterschiedliche Strategien der Begegnung mit dem Heiligen bei nomadischen und sesshaften Kulturen. Menschen nehmen gewöhnlich an, dass die Form der Existenzweise des Heiligen denen der Menschen weitgehend entsprechen. In seinem kulturhistorischen Beitrag werden verschiedene kulturelle Formen der Kontaktaufnahme mit dem Heiligen in nomadischen Opferritualen und in Tempelritualen religionsvergleichend thematisiert und ausführlich diskutiert. Lichtenecker zeigt auf, wie sakrale Architektur und Rituale unterschiedlicher Religionskulturen die Strukturen des Kosmos abbilden und so eine Verbindung zum Heiligen herzustellen vermögen.

Martin Mittwede (Frankfurt am Main) geht in seinem Beitrag *Die heilige Transzendenz und empirische Forschung: Überlegungen und Perspektiven* auf die neueren neurophysiologischen Untersuchungen transpersonaler Bewusstseinszustände, die von den betroffenen Subjekten als religiöse Erfahrung gedeutet werden, ein. Mittwede ist der Ansicht, dass die gegenwärtige Religionswissenschaft vor der Herausforderung steht, sich mit diesen empirischen Untersuchungen befassen zu müssen. Er fragt nach erkenntnistheoretischen Modellen, die eine klare Differenzierung zwischen empirischem Befund und dessen Deutung ermöglichen sollen.

Perry Schmidt-Leukel (Münster) setzt sich in seinem Beitrag *Die Bedeutung des „Heiligen" für die Erklärung von Religion* mit den auf Joachim Wach zurückgehenden zwei verschiedenen Wegen der Erklärung von Religion auseinander: (a) die naturalistische Erklärung durch Rückführung auf ausschließlich innerweltlich gegebene

Gründe und Ursachen und (b) die religiöse Erklärung durch Rückführung auf von den Religionen selbst angenommene transzendente Gründe und Ursachen. Der religionsphänomenologische Ansatz wird als eine quasi religionsübergreifende Innenperspektive (méthexis) gedeutet, wobei der Kategorie des Heiligen als einem allen Religionen gemeinsamen Bezugspunkt eine zentrale Rolle zukommt. Schmidt-Leukel argumentiert für die bleibende Berechtigung dieses Ansatzes und befasst sich sodann mit einigen zeitgenössischen Weiterentwicklungen der religiösen kulturübergreifenden Erklärung von Religion.

William Schmidt (Moskau) verbindet in seinem religionsphilosophischen Beitrag *Das Heilige als Phänomen des Seins: Ontologie und Ideologie* epistemologische und ontologische Fragestellungen. Er sieht das Heilige als Kernwert eines jeden „Weltbildes", das durch den Menschen als ein dialektisch organisiertes Komplex normativ reproduziert wird, und setzt sich in dieser Perspektive mit dem aktuell viel diskutierten Thema der Beziehung zwischen dem Religiösen und dem Säkularen im postsäkularen Zeitalter auseinander. Seiner Auslegung zufolge handelt es sich bei der Gegenüberstellung von Religiösem und Säkularem um spezifisch neuzeitliche Simulacra der ursprünglich christlich-theologischen Ausdifferenzierung des Heiligen aus dem Profanen bzw. der Kirche aus der Welt. Schmidt thematisiert das Heilige („das Sakrale") als Wert, der sich historisch auf verschiedene Weise manifestiert bzw. konstituiert und gibt einen Einblick in den gegenwärtigen religionswissenschaftlichen Fachdiskurs in Russland, wo Religionsphilosophie als Teildisziplin der Religionswissenschaft gilt neben Religionsgeschichte, Religionssoziologie, Religionspsychologie und Religionsethnologie.

In ihrem Beitrag *Das Numinose als Kategorie: Beobachtungen zu einem religionstheoretischen Zentralbegriff* thematisiert Marianne Schröter (Halle-Wittenberg) das Numinose als den spezifischen Kern des Heiligen bei Rudolf Otto. Sie analysiert den Konstitutionsvorgang eines numinosen Objekts und arbeitet dabei die „Transrationalität" der Kategorie des Numinosen heraus. Nach ihrer hermeneutisch fundierten Auslegung Ottos ist ein Objekt nicht numinos „an sich", sondern wenn es als solches durch das Grundgefühl des Numinosen gedeutet wird. Schröter ist der Ansicht, dass die verbreitete substantialistische Lesart des Konstitutionsprinzips des Religiösen ein Missverständnis ist und den Intentionen Rudolf Ottos nicht entspricht.

Vladislav Serikov (Frankfurt am Main) argumentiert in seinem Beitrag *Kommunikation mit dem Heiligen: Rudolf Ottos Interpretation der Bhagavadgita* für die bleibende religionswissenschaftliche Relevanz von Ottos Interpretation der Bhagavadgita. Er geht auf Ottos literarische Kritik der Bhagavadgita ein und zeigt auf, dass die gegen Otto häufig erhobenen Vorwürfe des Ahistorismus einer Korrektur bedürfen. Serikov diskutiert die Auffassung der Ur-Bhagavad-Gītā als einer numinosen Erfahrung vor dem Hintergrund von Ottos Religionstheorie des Numinosen und moderner Emotionstheorien.

Edmund Weber (Frankfurt am Main) skizziert in seinem Beitrag *Die Religion, das Heilige und die Kultur. Zur dialektischen Dynamik von Sakralität und Kulturalität der Existenz als genuinem Thema authentischer Religion* eine dialektische Religionstheorie, für die die Unterscheidung von unbestimmbarem Existenzgrund (traditionell das Heilige genannt) und bestimmbarer Existenzgestaltung (traditionell Kultur genannt) ausschlaggebend ist. Die wahre Identität des Geistes liegt somit in der Transzendierung der Gestaltungen seiner selbst. Authentische Religion wird von Weber als der innere Prozeß der Wahrnehmung der dialektischen Beziehung von Grund und

Gestaltung der Existenz verstanden, der sich als Religionskultur kontemporär und kontextuell vergegenständlicht.

Hamid Reza Yousefi (Koblenz-Landau) argumentiert in seinem Beitrag *Das Heilige mit vielen Namen: Nächstenliebe als Grundlage der religiösen Toleranz* für ein interkulturell angemessenes Konzept der Toleranz, um eine echte dialogische Verständigung zwischen verschiedenen Religionen und Kulturen zu ermöglichen. Der Beitrag behandelt die im religionswissenschaftlichen Fachdiskurs aktuellen Themen um Religion, Gewalt und Toleranz und schlägt das Heilige als spirituelle Brücke zwischen den Religionen und als Basis von Nächstenliebe und Toleranz vor. Yousefi plädiert für eine Verbindung des „Heiligen mit vielen Namen“ mit der Toleranz echter Religiosität, die die verschiedenen Religionen als unterschiedliche Ausprägungen der Begegnung mit dem Heiligen zu verstehen gestattet.

Die Beiträge, die nicht immer mit den Positionen der Herausgeber übereinstimmen müssen, dokumentieren die Vielfältigkeit der heutigen Diskussion um das Heilige und verdeutlichen, dass es sich beim Phänomen des Heiligen nach wie vor um ein unerledigtes Problem der Religionswissenschaft handelt.

Die Herausgeber bedanken sich bei allen Autorinnen und Autoren herzlich für ihre Bereitschaft, ihre Beiträge in diesem Sammelband zu veröffentlichen. Die Gestaltung der Zitate und Literaturverweise wurde Autorinnen und Autoren überlassen. Die Verantwortung für etwaige Fehler liegt selbstverständlich bei den Herausgebern.

Ein besonderer Dank gilt den Freunden und Förderern der Goethe-Universität Frankfurt am Main und Olga Svirina (Moskau) für ihre finanzielle Unterstützung des Symposiums und dieser Publikation. Last but not least bedanken sich die Herausgeber bei Edmund Weber und dem Peter Lang Verlag für die Aufnahme des vorliegenden Sammelbandes in ihre Reihe *Theion – Studien zur Religionskultur.*

Frankfurt am Main im Januar 2015

Wolfgang Gantke
Vladislav Serikov

Roderich Barth (Gießen)

»Wer das nicht kann, ist gebeten nicht weiter zu lesen« Otto als Paradigma einer unzeitgemäßen Methodologie?

1. Eine irritierende und inkriminierte Formulierung

Die im Titel etwas gekürzt zitierte Formulierung Ottos gehört zweifellos zu denjenigen Aussagen, die der Rezeption seines Werkes bis in die Gegenwart nicht gerade förderlich gewesen sind. Keineswegs in einem Seitentrieb seines viel verzweigten Werkes versteckt, sondern an prominentester Stelle, nämlich zu Beginn des dritten Kapitels seines Hauptwerkes stehend, vermag sie selbst denjenigen Leser zu irritieren, der sich im gesunden Misstrauen gegen ausgetretene Rezeptionspfade und forschungsgeschichtliche Stilisierungen zum Quellenstudium bemüßigt sieht und zum berühmten Text von 1917 greift.[1] In den ersten beiden Kapiteln vermag Otto zunächst durchaus subtil das Interesse für das Irrationale in der Religion zu evozieren und überrascht zudem mit der für einen Theologen unerwarteten Aufforderung zur Abstraktion von der spezifisch christlichen Perspektive samt ihren Begriffen und Dogmen, die zumindest dem zeitgenössischen Leser durchaus noch vertraut gewesen sein dürften. Just mit Beginn der eigentlichen Analyse des religiösen Erlebens in Kapitel 3 stößt man dann aber auf methodische Anweisungen, die dazu geeignet sind, die zuvor entfachte Neugier merklich abzukühlen. Bereits die einleitende Aufforderung, »sich auf einen Moment starker und möglichst einseitiger religiöser Erregtheit zu besinnen«,[2] hat etwas Abweisendes, da derartige Momente doch eher untypisch für moderne Religiosität sind. Wenn die feinen Beobachtungen von Zeitgenossen Ottos wie etwa Georg Simmel oder Siegfried Kracauer zutreffen, so muss man nicht erst heute fragen, ob angesichts sich auflösender Evidenzen und religiöser Gegenstandswelten zugunsten eines Rückzugs in diffuse Zwischenwelten des inneren Erlebens überhaupt noch so etwas wie starke und einseitige religiöse Erregtheit identifiziert werden kann.[3] Wenn man die bereits hier aufkeimende Skepsis gegenüber einer zu großen Eindeutigkeitsanmutung noch unterdrückt, so stellt sich eine tiefe Irritation spätestens bei der Lektüre der dann folgenden, konditionierten Aufforderung ein,

---

1 Rudolf Otto, Das Heilige. Über das Irrationale in der Idee des Göttlichen und sein Verhältnis zum Rationalen, Breslau 1917. Im Folgenden wird die Schrift unter der Sigle DH zitiert. Spätere Auflagen werden mit hochgestellter Ziffer gekennzeichnet, wobei die letzte Ausgabe aus Ottos Hand von 1936 ($^{23\text{-}25}$DH) dann den zahlreichen Nachdrucken des Beck-Verlages (München) bis zum heutigen Tage zugrunde liegt. Die bisweilen eigenwillige Typographie/Rechtschreibung wird stillschweigend angepasst.

2 DH 8 = $^{23\text{-}25}$DH 8.

3 Vgl. zu diesem Religionstyp: Claus-Dieter Osthövener, Erscheinungsformen der Frömmigkeit in der klassischen Moderne, in: Protestantismus – Aufklärung – Frömmigkeit. Historische, systematische und praktisch-theologische Zugänge, hg. v. Andreas Kubik, Göttingen 2011, 133–152.

»nicht weiterzulesen«, wenn jene Voraussetzung nicht erfüllt sei, weil man genau dann als Gesprächspartner in Sachen Religionspsychologie nicht in Frage komme. Nicht gerade erleichternd wirkt es, wenn Otto dann auch noch demjenigen, der nun erst recht daran zweifeln mag, ob er solche Momente starker und einseitiger religiöser Erregtheit überhaupt bei sich beobachten könne, schließlich sogar in die Alternative drängt, dann wohl bei sich nur über »Pubertätsgefühle« oder »Verdauungsstockungen« adäquat sprechen zu können. *tertium non datur* – so scheint es.[4]

Ich erinnere mich noch gut an mein Befremden bei erster Lektüre und auch heute noch fehlt mir die Unbefangenheit bei diesen Zeilen. Und wenn dies schon einem Theologen, der zumindest religiöse Gefühle bei sich selbst nicht kategorisch ausschließen würde, zu voraussetzungsreich erscheint, wie soll es dann erst einem Leser gehen, der sich einer neutral vergleichenden Deskription und der Objektivität empirischer Forschung verpflichtet weiß. Muss nicht einem Religionswissenschaftler bei eben diesen Zeilen Ottos zwangsläufig das Bild vom doktrinären Theologen als eines durch die persönlich-glaubensmäßige Überzeugung gebundenen Forschers entstehen, der sich dem Thema Religion nur aus einer binnenkonfessionellen Perspektive und einem notorischen Wahrheits- und Absolutheitsanspruch normativ nähern kann? Ist das nicht – um es mit den Worten des Tübinger Religionswissenschaftlers Burkhard Gladigow zu formulieren – ein unbestreitbarer Beleg für eine religiöse ›Esoterik‹, die eine kulturwissenschaftliche Erforschung religiöser Symbolsysteme von vorne herein unmöglich macht?[5] Ich denke, es ist sicherlich nicht zu viel behauptet, wenn man Otto bzw. dem besagten Diktum zumindest eine Mitschuld an derartigen Urteilen über seine Religionsphänomenologie zuweist. Im Folgenden soll es jedoch um den Nachweis gehen, dass diese kanonisierte Deutung entgegen dem ersten Anschein eher eine stereotypisierte Ottokritik widerspiegelt als die eigentlichen Autorintentionen. Sollte dies gelingen, so könnte man den im Selbstverständnis der kulturwissenschaftlichen Religionsforschung kultivierten Gegensatz zu Ottos Religionstheorie zu den alten Fragen zählen, die neue Antworten verdient hätten.

2. Religionsforschung in Zeiten der Religionskritik

Die inkriminierte Formulierung Ottos lässt – zunächst ohne auf die theorieimmanenten und werkgeschichtlichen Hintergründe einzugehen – eine erste Interpretationsmöglichkeit zu, die dem Zitat eine ganz andere Stoßrichtung zu geben vermag als

4 Die besagte Formulierung (DH 8) im Zusammenhang: »Wer das nicht kann oder solche Momente überhaupt nicht hat, ist gebeten, nicht weiter zu lesen. Wer sich zwar auf seine Pubertätsgefühle, Verdauungsstockungen oder auch Sozialgefühle besinnen kann, auf eigentümlich religiöse Gefühle aber nicht, mit dem ist es schwierig, Religionspsychologie zu treiben.« Ab [8]DH spricht Otto nicht mehr von Religionspsychologie, sondern von Religionskunde. Zu den Gründen dieser Umstellung vgl. Roderich Barth, Das Psychologische in Rudolf Ottos Religionstheorie, in: Protestantismus zwischen Aufklärung und Moderne, hg. v. ders., C.-D. Osthövener u. A. v. Scheliha, Frankfurt am Main 2005, 371–388.

5 Burkhard Gladigow, Gegenstände und wissenschaftlicher Kontext von Religionswissenschaft, in: HrwG I, hg. v. Hubert Cancik, Burkhard Gladigow, Matthias Laubscher, Stuttgart u.a. 1988, 29. Gladigow führt als Begründung für seinen Esoterikvorwurf das besagte Zitat aus *Das Heilige* ausdrücklich an.

diejenige, die ihm vonseiten der angeführten religionswissenschaftlichen Rezeption unterstellt wird. Demzufolge könnte man Ottos konditionierte Aufforderung zum Lektüreabbruch als Hinweis auf eine hermeneutische Grundmaxime verstehen, der zufolge jedes Verstehen ein Interesse voraussetzt, das mit der Bereitschaft verbunden ist, sich vorbehaltlos auf den Gegenstand einzulassen. Ottos Hinweis wäre somit eine Variante der Regel ›hermeneutischer Billigkeit‹, der zufolge man dem vom Autor zur Diskussion gestellten Thema erst einmal prinzipiell Sinnhaftigkeit zu unterstellen hat. Warum aber sollte eine derartige Bemerkung angebracht und nicht einfach redundant sein?

Zieht man die debattenpolitische Großwetterlage in Betracht, so ist *Das Heilige* nicht nur in einer Zeit neu- oder pseudoreligiöser Bewegungen, sondern vor allem auch in einer Hochzeit der Religionskritik zu verorten. Die religionskritischen Schriften der Links-Hegelianer und noch vielmehr diejenigen Nietzsches sind noch in aller Munde, da erscheint mit Freuds ›Totem und Tabu‹ 1912–13 bereits die nächste, nämlich tiefenpsychologische Version einer radikalen Religionskritik, auf deren ethnologisch angehauchte Pathologisierung des religiösen Bewusstseins Otto mit seinem Hinweis auf ›Pubertätsgefühle und Verdauungsstockungen‹ vielleicht sogar implizit anspielt.[6] Den weltanschaulichen Rechtfertigungsdruck in jener Zeit kann man sich jedenfalls gut daran verdeutlichen, dass sich im Erscheinungsjahr von *Das Heilige* in der Theologie selbst eine radikale Religionskritik zu formieren beginnt, die sich nach mehreren paradoxen Pirouetten schließlich in der absurden, gleichwohl aber vonseiten des theologischen Mainstreams und der Pastorenschaft bis weit in die zweite Hälfte des 20. Jahrhunderts mit großem Beifall bedachten These aufgipfelt, Religion sei ein einzig von der christlichen Offenbarung ›aufzuhebender Unglaube‹.[7] Aus der eigenen Disziplin, der Theologie heraus wurde Otto also nachgerade das zum Vorwurf gemacht, was man ihm aus religionswissenschaftlicher Sicht, zumindest seit den 1960er Jahren zunehmend absprach: einen kulturwissenschaftlich-funktionalen Zugang zur Religion.

Wenn man die inkriminierte Formulierung Ottos also in ihrem historischen Umfeld betrachtet und sich die ideologisch aufgepeitschte Zeitstimmung in Erinnerung ruft, so wäre die inkriminierte Bemerkung zunächst einmal als Hinweis auf eine gesteigerte Sensibilität für die methodologische Komplexität des Religionsthemas zu verstehen. *Das Heilige* – so ließe sich paraphrasieren – solle dabei nicht als ein Beitrag zur Weltanschauungsdebatte und als traditionelle Apologie des religiösen Bewusstseins gelesen werden, den Otto freilich in anderen Schriften durchaus zu

---

6 Sigmund Freud, Studienausgabe Bd. IX. Fragen der Gesellschaft. Ursprünge der Religion, hg. v. Alexander Mitscherlich u.a., Frankfurt am Main 1982, 287–444.

7 Gemeint ist die theologische Religionskritik Karl Barths, deren lebensphilosophische Anfänge sich etwa in dem 1917 vor Religionslehrinnen in Safenwil gehaltenen Vortrag *Religion und Leben* identifizieren lassen (in: Karl Barth, Vorträge und kleinere Arbeiten 1914–1921, hg. v. H.-A. Drewes, Zürich 2012, 409–434), die sich dann im *Römerbrief* zuspitzt (»Die Wirklichkeit der Religion ist das Entsetzen des Menschen vor sich selbst«; vgl. K. Barth, Der Römerbrief ²1922, Zürich 1999, 275) und schließlich die oben zitierte dogmatische Fassung erhält, vgl. K. Barth, Kirchliche Dogmatik I,2, Zollikon 1938, 304–397 (§17).

leisten bereit war,[8] sondern vielmehr als ein religionspsychologischer Erkundungsgang, der ein gewisses Maß an innerer Bereitschaft und an konstruktivem Interesse voraussetzte. Gleichwohl ist mit dieser Interpretation der methodologische Sinn des fraglichen Diktums noch nicht ausgeschöpft. Dies kann nur auf dem Weg einer werkgeschichtlichen Vertiefung erfolgen.

3. Ein werkgeschichtlicher Deutungsversuch

Wenn von den entscheidenden werkgeschichtlichen Stationen vor dem Hauptwerk die Rede ist, so wird in der Regel auf zwei wichtige Schriften Ottos verwiesen: zum einen seine berühmte Jubiläumsedition der frühromantischen *Reden* Schleiermachers von 1899, zum anderen seine 1909 erschienene *Kantisch-Fries'sche Religionsphilosophie.*[9] Beide Werke, nicht selten als Indiz für das im Hauptwerk nur unzureichend überwundene theologisch-philosophische Erbe Ottos herangezogen, sind zweifelsohne zentral. Ich werde auf sie zurückkommen. Eine werkgeschichtliche Betrachtung Ottos kann allerdings nicht darauf verzichten, Ottos Lizenziatenarbeit über Luther mit in Rechnung zu stellen.[10] Die Bezüge zwischen Lutherstudie und *Das Heilige* sind vielfach und kaum zu überschätzen. Ich möchte nur ein für die Interpretation unserer Stelle zentrales Motiv herausgreifen. In aller Kürze, ja Verkürzung gesagt, geht es Otto in seiner hochkomplexen bisweilen enigmatischen Lutherinterpretation bereits um das Grundthema seines Denkens, nämlich die Frage nach der psychologischen Gestalt des religiösen Lebens. Wie bereits der Untertitel der Studie deutlich macht, wird die systematische Frage allerdings nicht im Medium des abstrakten Begriffs, sondern an einem historischen Fallbeispiel durchgeführt. Gegen den Trend der zeitgenössischen Lutherforschung wendet sich Otto daher der Pneumatologie des Reformators zu. Die Hauptthese der Interpretation lautet, dass sich bei Luther zwar neben den traditionell-supranaturalen Vorstellungen vom Heiligen Geist die Entwicklung einer rein empirisch-psychologischen Auffassung des religiösen Lebens beobachten ließe, dass sich aber gleichwohl innerhalb dieser empirisch-psychologischen Beschreibung das Recht der traditionellen Vorstellung einer göttlichen oder geistlichen Wirksamkeit nachweisen lasse. Nicht zuletzt aus seiner Erfahrung als Prediger angesichts des Faktums bisweilen ausbleibender Resonanz sei Luther die Grenze eines empirisch-kausalen Zugangs zum religiösen Erlebnis deutlich geworden. In diesem – wie Otto formuliert – »Rätsel des Ursprungs und der zureichenden Gründe

8 Vgl. etwa Rudolf Otto, Naturalistische und religiöse Weltansicht, Tübingen 1904; ders., Kantisch-Fries'sche Religionsphilosophie und ihre Anwendung auf die Theologie. Zur Einleitung in die Glaubenslehre für Studenten der Theologie, Tübingen 1909 (im Folgenden zitiert mit der Sigle KFR).

9 Friedrich Schleiermacher, Über die Religion. Reden an die Gebildeten unter ihren Verächtern. Zum Hundertjahr-Gedächtnis ihres ersten Erscheinens in ihrer ursprünglichen Gestalt neu herausgegeben und mit Übersichten und mit Vor- und Nachwort versehen von Rudolf Otto, Göttingen 1899; ^{2}1906 (im Folgenden mit der Sigle RE zitiert; zur leichteren Auffindbarkeit werden bei Zitaten aus der zweiten Auflage noch die Seitenzahlen der im wesentlichen unveränderten 8. Aufl. beigefügt). Zur Religionsphilosophie (KFR) vgl. Anm. 8.

10 Rudolf Otto, Die Anschauung vom heiligen Geiste bei Luther. Eine historisch-dogmatische Untersuchung, Göttingen 1898 (=AHG). Vgl. dazu Roderich Barth, Systematische Lutherdeutung in der liberalen Theologie, in: JHMTh 16 (2009), 58–74.

des empirischen Charakters« (AHG 39), ja in diesem »undurchdringlichen Geheimnis« (ebd.) liege der sachliche Grund für Luthers Beibehaltung der Vorstellung von einem inneren Wirken des Geistes. Religion – so kann man diese an einer Fallstudie zu Luther gewonnene These zusammenfassen – hat demzufolge natural unableitbare Momente, sie setzt – so Ottos theoriesprachliche Reformulierung – ein »Vermögen für das Übersinnliche« (AHG 48) bzw. ein »nur durch sich definierbare[s] Grundgefühl[] gegen das Übermenschliche und Ewige« (AHG 85) voraus.

Für unsere Fragestellung ist entscheidend, dass Otto im Kontext dieser Lutherdeutung erstmals auch das Profil seiner religionspsychologischen Methodologie entwirft. Das religiöse Erlebnis sei konsequent ›empirisch-psychologisch‹ zu analysieren, so wie bereits bei Luther ansatzweise erfolgt. Das sich aber gerade dabei eine vollständig empirisch-kausale Ableitbarkeit desselben als unmöglich herausstelle, so die raffinierte Komplementärthese, sei die Methodologie durch eine Selbstbeschreibung des religiösen Bewusstseins zu ergänzen. Die für eine äußerlich-empirische Beschreibungsperspektive unüberwindliche Irrationalität könne zwar auch aus dieser Perspektive nicht aufgelöst, aber immerhin qualifiziert werden. Genau aus diesem Grund begegnet bereits in der Lutherstudie nicht nur das in der methodischen Vorbemerkung des Hauptwerkes wiederkehrende Motiv der ›Innenperspektive‹,[11] sondern auch die Qualifizierung als ›heiliges Erschauern‹ und als ›Präsenz eines Numen‹ (AHG 86, 96, 100). Otto entwickelt also bereits hier eine Methodologie, die sich gerade durch die Verschränkung von Außen- und Innenperspektive auszeichnet. Insofern nun aber jeder Begriffsbildung eine normativ-konstruktive Dimension innewohnt – in diesem Falle mit Bezug auf die Religionstheorie – und diese bei deskriptiven Verfahren auf der Selbstevidenz der Beschreibung beruht, ist klar, dass zumindest die aus der Selbstbeschreibung gewonnenen Merkmale nicht vollständig objektivierbar sind.

Man kann die weiteren werkgeschichtlichen Stationen Ottos bis zum Hauptwerk durchaus als eine Anreicherung dieses religionspsychologischen Methodenprogramms verstehen. Die Funktion der nur ein Jahr später erscheinenden Jubiläumsedition der *Reden* Schleiermachers scheint mir diesbezüglich in einem Zwiefachen zu liegen. In der Auseinandersetzung mit Schleiermachers religionspsychologischer Verortung der Religion in Anschauung und Gefühl klärt Otto entscheidende Fragen seiner sich entwickelnden Theorie des religiösen Bewusstseins. Zu denken ist hier vor allem an das von Schleiermacher letztlich abweichende Profil des Gefühlsbegriffs selbst, die damit verbundene Frage nach der Intentionalität der Gefühle sowie die Herausstellung von deren Deutungs- und Auslegungsfunktion mit Bezug auf eine ihnen korrelierende Erlebnisdimension.[12] Für unseren Zusammenhang zentral ist der

11 AHG 104: »Diese Anschauung, dass eben das empirische Geschehen, gleichsam von innen angesehen, Gottes Walten selber sei, zeigt sich bei Luther gelegentlich«.

12 Vgl. dazu Jacqueline Marina, Friedrich Schleiermacher and Rudolf Otto, in: The Oxford Handbook of Religion and Emotion, ed. by J. Corrigan, Oxford 2008, 457–473; Roderich Barth, Religion und Gefühl. Schleiermacher, Otto und die aktuelle Emotionsdebatte, in: Religion und Gefühl. Praktisch-theologische Perspektiven einer Theorie der Emotionen, hg. v. L. Charbonier, M. Mader u. B. Weyel, Göttingen 2013, 15–48; Ulrich Barth, Rudolf Ottos Entwurf einer Religionspsychologie, in: Rudolf Otto. Theologie – Religionsphilosophie – Religionsgeschichte, hg. v. J. Lauster, P. Schüz, R. Barth u. C. Danz, Berlin/Boston 2014, 37–58; Notger Slenczka, Rudolf Ottos Theorie religiöser Gefühle und die aktuelle Debatte zum Gefühlsbegriff, in: a.a.O., 277–293.

Umstand, dass Otto an den Reden auch sein Methodenbewusstsein schärft – ebenfalls mit der bereits gegenüber Luther erprobten Verschränkung von Aneignung und Kritik. Mit den Reden Schleiermachers seien nach Otto zwei methodische Regeln für »die Religionskunde maßgebend« geworden: »die der psychologischen Analyse und die der historischen Induktion« (RE[2] XXI/209). Es besteht kein Zweifel, dass man dieses Urteil auch als Selbstcharakterisierung zu verstehen hat. Psychologische Analyse auf der einen, historische Induktion auf der anderen Seite. Beides gilt bereits – wie wir gesehen haben – für die Lutherstudie und wird fortan auch das sich freilich weiter ausdifferenzierende Werk Ottos bestimmen.

Nicht minder aufschlussreich ist aber die mit dieser Würdigung und prinzipiellen Übereinstimmung verbundene Kritik an Schleiermacher, die in ihrer Vehemenz vielleicht überraschen mag. Otto würdigt Schleiermachers Kritik an den normativen Konzepten einer ›natürlichen Religion‹ der Aufklärer, denen gegenüber historische Religionen zwangsläufig defizitär erscheinen müssen. Schleiermacher habe daher zu recht die Bedeutung der positiven Religionen hervorgehoben und das Interesse auf die historische Induktion gelenkt. Die Durchführung in der Dualität von zweiter und fünfter Rede – also zunächst einer Wesensbestimmung und dann folgend der Zuordnung historischer Religionen nach einem Individuationsprinzip – sei jedoch methodologisch unbefriedigend: »Die wirklich vorhandenen empirischen Religionen sind nicht species eines übergeordneten Begriffes von Religion, sondern Glieder einer historischen Werde-Kette« (RE[1] 177) – so Ottos kritisches Urteil, das angesichts des Umstands, dass ihm dieser Vorwurf einige Jahrzehnte später selbst vorgehalten werden wird, eine gewisse Tragik birgt. Wir werden auf diese Thematik noch zurückkommen.

Mit Blick auf die umstrittene Lektüreanweisung in *Das Heilige* lässt sich allerdings noch eine interessante Parallele zur *Reden*-Edition aufweisen. Denn Otto würdigt die *Reden* als ein »klassische[s] Werk[] der *theologischen* Literatur«, jedoch gerade nicht im Sinne einer normativen Dogmatik, sondern eher als »eine Art Erbauungsbuch solcher, die sonst keine Erbauungsbücher lesen.«[13] Schleiermachers religionspsychologische Leistung ist es also nach Otto, die Voraussetzungen, die man einer theologischen Reflexion von Seiten einer sich als neutral verstehenden Wissenschaft als unausgewiesen normative Selbstreferentialität vorwerfen zu können meint, überhaupt erst für diese Innenperspektive verstehbar werden zu lassen. Die methodische Kritik einer Nichtdifferenzierung von Objekt- und Metasprache übersieht, dass das vermeintliche Objekt problematisch ist und vielmehr nach möglichen Konstitutionsbedingungen gefragt wird. Dass es davon unbeschadet auch um Geltungsprobleme geht, streitet Otto keinesfalls ab, kann aber gerade den *Reden* Schleiermachers deren Vernachlässigung kritisch vorhalten.[14]

Die methodologischen Überlegungen zu Schleiermachers Reden werden im Vorwort der *Kantisch-Fries'schen Religionsphilosophie* von 1909 fast nahtlos weitergeführt (KFR Vff). Ja, Otto scheint förmlich die Konsequenzen aus seiner Kritik

---

13 RE[1] VII; RE[2] VIII/7. Hvh. R.B. Vgl. dazu Claus-Dieter Osthövener, Ottos Auseinandersetzung mit Schleiermacher. Religionstheorie als Zeitdiagnose, in: Rudolf Otto. Theologie – Religionsphilosophie – Religionsgeschichte (s.o. Anm. 12), 179–190. Im Anschluss an Daniel Gold charakterisiert Osthövener diese Gattung treffend als »engagiertes Schreiben« über Religion (182).

14 RE[2] XXI/209.

an Schleiermachers Redenedition in eine komplexe Methodologie der Religionsforschung umzugießen. Die Grundzüge seien hier kurz zusammengefasst. Otto unterscheidet drei methodisch von einander abhebbare Operationen: Die *Religionspsychologie*, die *vergleichende Religionsgeschichte* sowie die *Religionsphilosophie* im engeren Sinne – im engeren Sinne, weil nach Otto auch ein unspezifisch-umfassender Sinn von Religionsphilosophie gebräuchlich sei.[15] Die an Schleiermachers Reden vermisste methodische Sonderbehandlung des Geltungsproblems, also die Frage nach der ›Wahrheit der Religion‹, wie Otto in Reminiszenz an die traditionelle Unterscheidung von Wesens- und Wahrheitsfrage formulieren kann, wird also jetzt methodologisch ausdifferenziert und der *Religionsphilosophie* zugewiesen.

Doch was als eine vermeintliche Auflösung der ab der Lutherstudie zu beobachtenden Spannung zwischen deskriptiven und normativen Aspekten der Religionspsychologie erscheinen könnte, ist bei Lichte besehen nur eine komplexe Verlagerung des Problems. Denn erneut erinnert Otto an die bereits in den Reden kritisch bemerkte Inkommensurabilität empirisch-historischer Religionen gegenüber einer allgemeinen Begriffsbildung: »Was ist Religion? – Ob das im Ganzen eine philosophische Frage ist oder sein kann, läßt sich billig bezweifeln und grade für das Innerlichste, Feinste und Individuelle an ihr wohl von vorne herein verneinen« (KFR V). Dementsprechend wird also auch die Geltungsproblematik in ihrem Beweisanspruch ermäßigt. Die Frage nach der Wahrheit der Religion – so Otto – »ist weithin strenger philosophischer Behandlung, allgemein gültiger und alle zwingender Überführung entzogen« (KFR VI). Was die Vernunftkritik allein leisten kann, ist also der Nachweis allgemein in Anspruch genommener Bewusstseinsstrukturen und der Rechtfertigung geltungslogischer Voraussetzungen des religiösen Bewusstseins. Das Feinste in der Religion jedoch, sei »so sehr Sache des individuellen Fühlens und Erlebens, [...] daß hier alles philosophische Räsonnement nichtig zu werden« (ebd.) scheint. Was aber folgt aus der so noch verstärkten Einsicht in die notorische Inkommensurabilität eines kategorialen Zugangs mit empirisch-historischer Religion für die anderen beiden Operationen der Religionsforschung: Religionspsychologie und vergleichende Religionskunde?

Zunächst könnte man ja vor diesem Hintergrund durchaus erwarten, dass das Erkenntnisziel einer allgemeinbegrifflichen Bestimmung der Religion als solches preisgegeben wird – analog zu entsprechenden Entwicklungen innerhalb der Religionswissenschaft und der Theologie. Otto geht bekanntlich nicht diesen Weg. Es bleibt vielmehr bei der von Schleiermacher begründeten methodischen Korrelation von psychologischer Begriffsbildung und historischer Induktion im Sinne einer vergleichenden Religionsgeschichte – »in Fühlung mit Ethnologie, Völkerpsychologie und Kulturgeschichte« (KFR VI), wie er jetzt ergänzt. Freilich wird die Reichweite einer so zu entwickelnden Begrifflichkeit deutlich ermäßigt – es könne nur um einen wechselseitig sich ergänzenden und fordernden Prozess der ›Annäherung‹ an einen Allgemeinbegriff gehen.

Der methodische Zugang der Religionspsychologie bleibt dabei unverzichtbar, weil die Dimension des Erlebens notwendiges Korrelat der symbolisch-kulturellen

15 Otto selbst hatte in diesem umfassenden Sinne die Reden noch als einen Beitrag zur Religionsphilosophie bezeichnen können, obgleich sie ja, wie wir gesehen haben, näherhin als freilich verbesserungswürdige Verschränkung von Religionspsychologie und historischer Induktion charakterisiert wurden.

Deutungsvollzüge einer Religion ist. Die Verschränkung von Außen- und Innenperspektive ist notwendig, weil nur aus letzterer die Identitätskriterien für religiöse Geistesäußerungen gewonnen werden können. Hier kehrt also die in der Lutherstudie erstmals entfaltete These von der Innerlichkeit der Religion wieder, die Otto schließlich in seiner Auseinandersetzung mit den psychologischen Epigenesis- und Heterogoniemodellen Wilhelm Wundts endgültig durchklärt.[16] Der Vorwurf, Otto setze eine theologische Esoterik an die Stelle psychologischer Zugriffsweisen, ist also abwegig.[17] Wenn überhaupt, geht es um die keinesfalls triviale Frage nach dem methodischen Profil von Religionspsychologie und dem epistemischen Status der sogenannten ›Innenperspektive‹. Auch für Otto ist Religionspsychologie selbstredend empirisch. Als Bestandteil einer Geisteswissenschaft bleibt sie dabei aber an die »Selbstbeobachtung des religiösen Bewußtseins« oder die »Innenschau des Religiösen bei sich selber« rückgebunden.[18] Auf diese Weise wird – wie für eine reflektierte Methodologie historischer Kulturwissenschaften üblich – zwar ein methodischer Individualismus festgeschrieben, ohne damit aber die sozialpsychologische und kulturelle Dimension von Religion methodisch zu eskamotieren. Sie wird nicht erst über die vergleichende Religionsgeschichte integriert, sondern ist schon in der Ausdrucksdimension des religiösen Erlebens angelegt. Die an die individuelle Innenperspektive rückgebundene Explikation des religiösen Bewusstseins kann nicht ohne die Vermittlung von historisch vermittelten Ausdrucksformen erfolgen – Otto würde aber umgekehrt darauf bestehen, dass eine religiöse Kulturhermeneutik nicht ohne eine Religionspsychologie in seinem Sinne möglich ist bzw. die Dimension religiöser Symbolbestände ausschöpfen kann.

Vor dem Hintergrund dieser werkgeschichtlichen Beobachtungen soll ein abschließender Blick auf die strittige Passage im Hauptwerk geworfen werden, von der wir ausgingen und auf die sich die methodische Kritik an Ottos sogenannter theologischer Esoterik bezieht. Noch in der *Religionsphilosophie* von 1909 stellt Otto die baldige Ausarbeitung von Religionspsychologie und vergleichender Religionsgeschichte in Aussicht. Es wurde vermutet, dass *Das Heilige* die Durchführung der Religionspsychologie darstellt. Nicht zuletzt die fast wörtliche Wiederaufnahme der Methodenbeschreibung an unserer Stelle kann dafür als deutliches Indiz gesehen werden. Doch darf man die Gesamtkonzeption von *Das Heilige* nicht aus den Augen verlieren, denn im dritten Teil über die Entwicklungen und die Erscheinungsformen des Heiligen führt Otto wiederum genau das aus, was er in KFR als Methodologie der Religionsgeschichte skizziert hatte. Freilich verbleibt *Das Heilige* im wesentlichen in der kulturellen Perspektive der christlichen Religion – man bedenke nur den Jesuanischen Abschluss des Werkes –, um nicht zu sagen in einer konfessionell-lutherischen Perspektive – man denke an die expliziten und impliziten Rückbezüge zur Lutherstudie.

Man darf also die methodische Aufteilung in KFR wohl eher nicht buchtechnisch zuordnen, sondern muss vielmehr von einer sich ständig dem Untersuchungsgegenstand anpassenden Methodologie ausgehen, für die hinsichtlich des Aspekts einer vergleichenden Religionsgeschichte Ottos Arbeiten zur östlichen, insbesondere

16 Zur Wundt-Kritik vgl. Roderich Barth, Das Psychologische (s.o. Anm. 4) sowie Ulrich Barth, Ottos Religionspsychologie (s.o. Anm. 12).

17 B. Gladigow, Gegenstände (s.o. Anm.), 29; 32 f.

18 KFR V. Auch hier handelt es sich um eine Reminiszenz an Schleiermacher.

indischen Religion zu berücksichtigen sind.[19] Für eine erneute Revision des 1909 entworfenen Methodenmodells spricht auch eine kurze Reflexion über *Religionskunde und Theologie* aus dem Jahr 1931, in der Otto selbst in der heutigen Methodendebatte vorgenommene Differenzierung von ›Innen-‹ und ›Außenperspektive‹ einklagt.[20] Diese Überlegungen scheinen auf den ersten Blick die eingangs zitierten Vorbehalte gegenüber Otto eindrucksvoll zu bestätigen, da er sein eigenes Methodenideal hier der Innenperspektive zuordnet und diese nun nicht mehr als Religionspsychologie, sondern explizit als ›theologische Betrachtungsweise‹ verstanden wissen will. Die in seinen Augen nicht hinreichende Perspektive »von außen« (a.a.O. 58) wird als Religionskunde bzw. – entgegen der heute üblichen Terminologie und Einordnung Ottos in die Traditionen der Religionswissenschaft – als Religionsphänomenologie gekennzeichnet. Doch bei Lichte besehen sind die Ausführungen dazu geeignet, das Ungenügen der von Teilen der neueren Religionswissenschaft kanonisierten Methodenkritik an Otto zu verdeutlichen. Denn wie hier, aber auch schon im unmittelbaren Kontext der strittigen Passage in *Das Heilige* erkennbar ist,[21] geht es Otto erstens gerade nicht um ein exklusiv für den wissenschaftlichen Zugang zur Religion bzw. den Religionen reserviertes Methodenprogramm, sondern um eine grundsätzlich auch für andere Gebiete des kulturellen Lebens, wie etwa Moral und Kunst, einschlägige Frage nach dem epistemologischen Status von Wertbewusstsein. Wie auch immer man Ottos Konzeption hier im einzelnen zu beurteilen hat, sie rangiert jedenfalls auf dem Problemniveau sowohl klassischer Positionen in Kulturphilosophie und Soziologie als etwa auch der aktuellen Debatte um den Zusammenhang von Werten und Emotionen.[22] Vor diesem Hintergrund wird deutlich, dass der Vorwurf einer theologischen Esoterik wohl eher wissenschaftspolitischen Interessen der Gegenwart geschuldet ist als einer sachgemäßen Interpretation.

Dieser Eindruck verstärkt sich noch aus einem zweiten Grund. Denn die von den neueren Kritikern Ottos vorausgesetzte einseitige Zuordnung der unterschiedlichen Methoden zum szientifischen Metadiskurs der Religionswissenschaft auf der einen, zur selbstreferentiell-normativen Theologie bzw. Religionsphänomenologie auf der anderen Seite, ist nicht nur in der Annahme eines vermeintlich neutralen Standpunktes reichlich naiv, sondern verfehlt ihrerseits die Intentionen Ottos. Obwohl die besagte Reflexion aus dem Jahre 1931 sowie die zeitweise favorisierte editorische Umsetzung der ›Beilagen‹ zu *Das Heilige* den Anschein erwecken könnten,[23] zielt

19 Vgl. dazu den Beitrag von Vladislav Serikov in diesem Band.

20 In: Rudolf Otto, Das Gefühl des Überweltlichen (sensus numinis), München 1931, 58–63.

21 A.a.O. 58: »Dieses [sc. die Unterscheidung zwischen Außen- und Innenperspektive] gilt für die ethischen Wertideen.«; a.a.O. 59: »Dasselbe gilt auf ästhetischem Gebiete«. Vgl. dazu schon DH 8 (= [23-25]DH 8), wo Otto bereits die Analogie zur Ästhetik aufmacht, indem er die Reduktion der »›Ästhetik‹ auf sinnliche Lust« kritisiert.

22 Vgl. dazu beispielsweise den Überblick über die Debatte in der ›Allgemeinen Einleitung‹ von Sabine Döring (Hg.), Philosophie der Gefühle, Frankfurt am Main 2009, 12–65, sowie vor allem die Beiträge in Teil VI: Emotionen und Werte, 433–510.

23 Die ständig erweiterten ›Beilagen‹ zu DH erscheinen erstmals 1923 in einem gesonderten Band: Rudolf Otto, Aufsätze das Numinose betreffend, Gotha 1923; ab der vierten Auflage werden sie dann jedoch in zwei Teilbänden (I. Das Ganz Andere; II. Sünde und Urschuld, jeweils Gotha 1929) herausgegeben, wobei der erst den Untertitel ›Religionskundliche Reihe‹, der zweite den Titel ›Theologische Reihe‹ trägt, bevor

sein Insistieren auf einer methodischen Differenzierung im oben genannten Sinne gerade nicht auf eine Absolutsetzung einer Methode, sondern vielmehr auf deren wechselseitige Verschränkung. Das ließe sich an den vielen Facetten seiner Religionsforschung, aber auch schon an seinem Hauptwerk selbst, das mit den ergänzenden Aufsätzen ein systematisches Ganzes bildet, im Einzelnen nachweisen. Hier freilich muss der Hinweis auf Ottos diesbezügliche Selbstauskunft genügen. In einer Anmerkung in der letzten Auflage von *Das Heilige* heißt es mit Rücksicht auf die eigene methodische Differenzierung von ›religionskundlichen‹ und ›theologischen‹ Aussagen: »Ihr Unterschied muß gekannt sein, aber ihre geflissentliche Auseinanderhaltung wäre in einer Schrift wie dieser Pedanterie.«[24] Im Anschluss an eine gegen innertheologische Ressentiments gegenüber den sogenannten ›Außenperspektiven‹ geprägte Formulierung Ulrich Barths könnte man daher die methodologische Maxime Ottos wie folgt zusammenfassen: In Sachen Religion besitzen nicht nur die sogenannten Außenperspektiven Binnenrelevanz, sondern eine methodisch geleitete Selbstreflexion hat ihrerseits Bedeutung für die Außenperspektiven – und zwar nicht allein auf der Ebene des Objektbereichs.[25]

---

schließlich ab der fünften Auflage diese Untertitel wieder entfallen bzw. die Titel erneut modifiziert werden: Das Gefühl des Überweltlichen (senus numinis), München 1932; Sünde und Urschuld und andere Aufsätze zur Theologie, München 1932.

24 DH [23-25]171, Anm. 1.

25 Ulrich Barth, Theoriedimensionen des Religionsbegriffs. Die Binnenrelevanz der sogenannten Außenperspektiven, in: Ders., Religion in der Moderne, Tübingen 2003, 29–87.

Natalia Diefenbach (Frankfurt am Main)

Der Menschenkörper und das Heilige[1]

Der Zusammenhang zwischen dem Heiligen, dessen Kern nach Rudolf Otto das Numinose als eine Deutungs- und Bewertungskategorie bzw. eine eigentümliche Gemütsgestimmtheit in der Form des mysterium und mit dem Gehalt des tremendum und fascinans konstruiert wird,[2] und dem menschlichen Körper im religiösen Kontext ist so heterogen, umfangreich und vielfältig wie der Kontext selbst. Jeglicher Versuch, dieses komplexe Thema religionsübergreifend bzw. -vergleichend einigermaßen vollständig darzustellen, würde den Rahmen dieses Artikels sprengen. Hier können die thematisch relevanten Sachverhalte lediglich stichwortartig bzw. richtungweisend benannt und mit exemplarischen Beispielen versehen werden.

Die Prämisse, die aus der erfassbaren Empirie der materiellen Umgebung hervorgeht, lautet: in der sinnlichen Welt ist die Körperlichkeit eine Voraussetzung für die Wahrnehmung des Heiligen. Demnach entsteht die Religion als spirituelle Bindung des Gläubigen in seiner natürlichen körperlichen Gestalt an das Objekt des Glaubens, welches Rudolf Otto als das Heilige bezeichnet hat. Der Menschenkörper (oder besser der Leib als lebendiger Körper) ist also ein Medium, wodurch das Heilige mit allen Sinnen wahrgenommen werden und ein Instrument, mit dem es in materieller Form reproduziert werden kann (als Doktrin, als Kultusobjekt, als Vision usw.). Der religiöse Reiz wird auf einer physischen, emotionalen, kognitiven, intuitiven Ebene wahrgenommen und kann dann als das Heilige interpretiert, erkannt, erlebt oder auch abgelehnt werden.

Die religionswissenschaftliche Perspektive ermöglicht zahlreiche Herangehensweisen an den zu betrachtenden Themenkomplex; darunter fallen religionshistorische, kunsthistorische, religionspsychologische, religionsphilosophische und andere sachverwandte Methoden. Hier jedoch seien nur einige Aspekte, unter denen man den Zusammenhang von der Körperlichkeit und dem Heiligen angehen könnte, genannt:

Körperlichkeit im narrativen religiösen Kontext;
Körperlichkeit im religionshistorischen Kontext;
Körperlichkeit im visuellen Kontext (als Kunstobjekte).

Weiterhin könnte man den Zustand des Körpers im Lichte einer religiösen Symbolik sehen:

die erotischen Komponenten der Körperlichkeit im religiösen Kontext;

---

1 Diesem Artikel liegt der Vortrag „Das Heilige und der Menschenkörper" zugrunde, der am Symposium „Die Diskussion um das Heilige: alte Fragen – neue Antworten" an der Goethe-Universität Frankfurt am Main im November 2013 präsentiert wurde. Das umfangreiche Bildmaterial kann hier aus technischen Gründen leider nicht reproduziert werden. Interessierte Leserschaft kann dieses problemlos durch die angegebenen Verweise auf die Bildlexika oder im Internet finden.

2 Otto, Rudolf: *Das Heilige. Über das Irrationale in der Idee des Göttlichen und sein Verhältnis zum Rationalen.* München 2004, 7, 42; vgl. den Beitrag von Marianne Schröter in diesem Band.

sterbende, zersetzte und tote, junge und alte, deformierte und heile Körper im religiösen Kontext;

Körperlichkeit im Kontext der Religionspsychologie;

symbolisierte, reduzierte und sublimierte Körperlichkeit in abstrakten semantischen Einheiten;

Körper als philosophische Reflexion;

anthropomorpher Körper im religiösen Kontext – um nur einige Denkrichtungen zu nennen.

Es geht also um eine vieldimensionale Wahrnehmung des Heiligen, die von immateriellen Objekten über erlebte Körper reicht, ja auch Überreste längst verstorbener Körper mit umfasst.

Beim Versuch, den Gegenstand „Menschenkörper“ im religiösen Kontext religionsphänomenologisch systematisch darzustellen, scheinen drei Kategorien relevant zu sein.

Die erste Kategorie sei als der *imaginäre* Körper bezeichnet. So könnte man die Vorstellung von einem übermächtigen, übersinnlichen Körper beschreiben, die der natürlichen Vorstellung von einem sterblichen menschlichen Körper entspringt, die diese aber auf der Ebene der Phantasie bei weitem übersteigt. Götterfiguren entsprechen vielfach nicht oder nur teilweise anatomischer Wirklichkeit, vielmehr sind sie als Visionen zu verstehen,[3] die die natürliche Dimension hinter sich lassen.

Die Fantasie erschafft dabei eine überragende, symbiotische Gestalt, die in der realen Lebenserfahrung niemals vorkommen kann und so zu einem gleichsam irrationalen Sinnbild wird und u.a. belehrende, motivierende, furchterregende Funktionen auf der symbolischen Ebene der Existenz erfüllt. Diese Gestalten sind zeitlich gesehen schon immer da gewesen und bewohnen Bereiche, in denen Menschenleben meistens unvorstellbar ist (im Universum, im Himmel, unter der Erde, in den Felsen usw.). Einer der entscheidenden Unterschiede liegt also in der Vorstellung von Raum und Zeit, in denen sich das Sein der imaginären göttlichen Figuren abspielt, meistens in der Ewigkeit und dem grenzenlosen Universum. Diese beiden Grundvorstellungen unterscheiden sich deutlich von dem übersichtlichen und eingeschränkten räumlichen und zeitlichen Koordinatensystem der Sterblichen. Die hinduistische Kosmologie z.B. unterteilt die ewig als Wiederholung ihrer selbst abrollende Zeit in jeweils vier Weltzeitalter (Yugas), die nach Weltbränden und einer Ruhepause aufs Neue beginnen. Eine solche Weltperiode heißt ein Tag Brahmas oder ein kalpa und währt 4 Milliarden 320 Millionen Menschenjahre.[4]

Die Merkmale eines übernatürlichen imaginären Körpers können sich auf Größe, Form, Farbe und andere Eigenschaften beziehen. Eine der wichtigen Eigenschaften ist aber die Fähigkeit, sich und die Materie endlos zu verwandeln. In diesem Zusammenhang sei nur auf den germanischen Schöpfungsmythos hingewiesen. Nach diesem wurde die übernatürliche Gestalt des Urriesen Ymir von den ersten Götter erschlagen und umgewandelt: aus seinem Leib wurde die Erde, aus seinen Knochen die Berge, aus seinem Blut die Meere, aus der Schale seines Schädels das Himmelsgewölbe, aus

---

3 Keilhauer, Anneliese und Peter: *Die Bildsprache des Hinduismus. Die indische Götterwelt und ihre Symbolik.* Köln 1983, 37.

4 Ebd., 77.

seinem Hirn die Wolken, aus seinen Haaren die Bäume, aus seinen Achselhaaren die ersten Menschen erschaffen.[5]

Der imaginäre Nicht-Körper, wie wir ihn im Judentum und Islam finden, zählt ebenso zu dieser Kategorie. In diesem Fall wird die Körperlichkeit Gottes keineswegs vollständig verneint, sondern nur so verstanden, dass sie durch ein menschliches Geschöpf nicht wahrgenommen werden kann. Nur in den seltensten Fällen offenbart sich Gott einem dazu auserwählten Menschen auf eine für diesen Menschen wahrnehmbare Weise. So erschien Gott dem Mose als brennender Dornbusch. Gott manifestierte sich dem Abraham in der sichtbaren Gestalt von drei Engeln. Der Heilige Geist inkarnierte sich als Taube und Stimme zugleich. Allah sprach zu Muhammad. Auch Zeus offenbarte sich seiner Geliebten Semele als Blitz und verbrannte sie bei lebendigem Leibe, weil sie trotz Verbots ihre Neugierde, die wahre Gestalt des Zeus zu sehen, nicht zügeln konnte; der gemeinsame Sohn von Semele und Zeus, Dionysos, war dem brennenden Leib der Mutter entrissen und in die Hüften seines göttlichen Vater Zeus einverleibt und von dort ausgetragen worden.

Die übernatürlichen Eigenschaften der Götter erlauben es diesen, ihre Kinder auf einem für die menschliche Erfahrung unfassbarem Weg zur Welt zu bringen. Auch hier finden sich in den verschiedenen Religionen auffallende Parallelen. So gebiert Zeus seine Tochter Athene aus seinem Haupt, seinen Sohn Dionysos, wie oben erwähnt, aus der Hüfte. Brahma, der Gott des puranischen Hinduismus, gebiert seine geliebte Tochter Shatarupa aus seinem Körper und findet sie so reizend, dass seine Köpfe in alle Himmelsrichtungen wachsen; als die Tochter seinen Nachstellungen entfliehen und zum Himmel aufsteigen will, wächst bei Brahma auch der fünfte Kopf. Dem Inzest Brahmas mit seiner Tochter entsprießt Manu, der erste Mensch. Wegen des Inzests schlug Shiva zur Sühne dem Brahma das fünfte Haupt ab.[6] Der Hinduismus liefert eine ganze Reihe der menschlichen Imagination entsprungenen göttlichen Figuren. Die obersten Götter des hinduistischen Pantheons wie Brahma, Sarasvati, Vishnu, Lakshmi, Shiva und Durga zählen dazu.

Hier soll ganz allgemein und exemplarisch auf die signifikanten Merkmale imaginärer Körper hingewiesen werden, welche für einen gewöhnlichen Menschen absolut unerreichbar sind. Dazu gehören u. a. Vielgliedrigkeit, Vielköpfigkeit, ungewöhnliche Körpergröße, unterschiedliche Körperfarben (blau ist die Hautfarbe Vishnus) sowie hervorragende Kampffertigkeiten, extremer Scharfsinn, Verschmelzung mit anderen Gottheiten und übermenschliche Potenz, Fruchtbarkeit bzw. Zeugungsfähigkeit.

Vielköpfigkeit und Vielgliedrigkeit können dabei die allumfassende Macht und Gegenwart eines Gottes demonstrieren. Die einzelnen Häupter werden zu verschiedenen Aspekten und Funktionen einer allumfassenden Gottheit, z.B. Vishnu als vierköpfiger Vaikuntha, Shiva als dreiköpfiger Mahadeva oder fünf- oder mehrköpfiger Sadashiva.[7] Vielköpfigkeit bedeutet die universelle Gerechtigkeit. Vielgliedrigkeit kann übernatürliche physische Kräfte anzeigen.[8] So versinnbildlichen die vier Köpfe Brahmas die vier Samhitas der göttlichen Offenbarung (Veda) und ebenso die vier

5 Jacoby, Edmund: *Mythen und Sagen des Nordens.* Hildesheim 2010, 12 ff.

6 Keilhauer, Anneliese und Peter: *Die Bildsprache des Hinduismus. Die indische Götterwelt und ihre Symbolik.* Köln 1983, 59.

7 Ebd., 37.

8 Ebd., 37.

Weltzeitalter oder Kardinalpunkte des Universums.[9] Bereits in früher Zeit wurden Brahma, Vishnu und Shiva zu einer Triade vereint, die als Trimurti (dreifache Erscheinung, ein Gott in drei Gestalten) bezeichnet wird. Trimurti-Darstellungen wurden nie populär und sind nur selten anzutreffen. Vishnuiten und Shivaiten sehen vielmehr alle drei Funktionen und Aspekte, nämlich Schöpfung, Erhaltung und Vernichtung des Kosmos in ihrem jeweiligen Gott vereint.[10] Wesentlich häufiger ist die Verbindung der beiden Hochgötter Vishnu und Shiva als Hari-Hara, die auch als eine männlich-weibliche Darstellung Gottes, zu sehen, wobei Vishnu die linke weibliche Seite und Shiva die rechte männliche bildet. Bei Vishnu steht seine Wandlungsfähigkeit in Form von zehn Herabkünften (Dashavataras) im Mittelpunkt.

Die imaginären körperlichen Gestalten können meistens visuell und narrativ wiedergegeben bzw. in ihrer Wirkung umschrieben werden. Ergänzend - als eine Unterkategorie - könnte man noch die anthropomorphen bzw. zoomorphen mythischen Gestalten (Ganesha, Centaur, Phönix, Cherubim usw.) nennen.

Die zweite Kategorie ist der *natürliche* Körper. Zu dieser Kategorie gehört die Vorstellung (ggf. Darstellung) von einem gewöhnlichen, in der Realität vorkommenden, sterblichen menschlichen Körper, mit dem man sich identifizieren kann.

In dieser physischen Form existieren die Menschen und bauen ihre Beziehungen zu dem Heiligen durch Gefühle, Rituale und sonstige religiös motivierte Handlungen aus. Der Köper kann dabei, je nach Interpretation, die Rolle eines Indikators übernehmen, der dazu dient, die Beziehung zum Heiligen als positiv oder negativ einzuschätzen; man fühlt sich beispielsweise als erleuchtet oder verdammt, belohnt und erhört oder bestraft.

Im spezifisch religiösen Kontext erscheint der natürliche Menschenkörper je nach thematischen Schwerpunkt als neugeboren, jung, alt, weiblich, männlich, unschuldig, sündig, krank, deformiert, sterbend oder tot. Wie bereits erwähnt, ist der natürliche Körper ein Mittel, mit dem Heiligen in Kontakt zu treten (in Form von Erleuchtung, Ekstase, Ergebenheit, Liebe oder einer besonderen Ergriffenheit). Um diesen körperlichen Kontaktzustand zu erreichen, kennen verschiedene Religionen diverse Praktiken (spirituelle Übungen, Gebete, Fasten, spezielle Wirkstoffe, durch die man einen veränderten Zustand des Bewusstseins herbeiführen kann). In diesem Zusammenhang sind schamanistische Rituale, Yoga-Praxis, Zen-Meditationen und vieles mehr zu erwähnen.

Der natürliche Körper kann auch je nach Kontext als eine Quelle bzw. eine Einnistung des Heiligen wahrgenommen werden. So gilt z.B. in Nepal ein ausgewähltes präpubertäres Mädchen als Göttin Raj Kumari oder der römische Papst wird als irdischer Repräsentant des Heiligen und Stellvertreter Jesu Christi verstanden.

Im mythologischen Kontext ist die Erhaltung eines natürlichen Körpers durch die Einwirkung von übermächtigen Kräften möglich. So wird das hebräische Volk mehrfach durch das Eingreifen der göttlichen Kraft gerettet (beim Durchqueren des Roten Meeres oder bei Hungernotleiden in der Wüste). Das Alte Testament nennt eine große Zahl von solchen Motiven. Auch die islamische Überlieferung weiß von solchen Vorkommnissen; beispielsweise wird von der wunderbaren Reise des Propheten Muhammad zum siebten Himmel berichtet. Im christlichen narrativen Kontext begegnet

9 Ebd., 55.
10 Ebd., 51.

man zahlreichen heiligen Viten, in denen die Einwirkung göttlicher Kraft dem gepeinigten menschlichen Körper die Fähigkeit verleiht, während des Martyriums unversehrt zu bleiben. So wurden der hl. Agatha die Brüste vom Leib gerissen; doch wurden sie später durch die Einmischung des von einem Engel begleiteten Apostel Petrus wiederhergestellt.[11]

Die hl. Agnes blieb unversehrt auf dem Scheiterhaufen. Der hl. Dionysius überlebte wunderbarerweise mehrere Folterungen, wurde aber zum Schluss enthauptet. Der hl. Erasmus wurde mit Pech übergossen, jedoch von einem Engel gerettet und erst danach hingerichtet. Die hl. Katharina wurde im Kerker durch die von Gott gesandte Taube mehrere Tage mit der Nahrung versorgt und erst danach richteten sie ihre Peiniger hin.[12]

Daraus ersehen wir, dass die betreffende Person, wenn sie auch nach dem Abschluss der Folterungen Gott noch nicht abgeschworen hat, von dem Peiniger getötet, meist geköpft, werden muss, um als MärtyrerIn unmittelbar ins Paradies gelangen zu können.

Auch können die Sterblichen mit den übermächtigen Göttern in Kontakt treten, indem sie sich mit ihnen in Liebe vereinen. Dabei nimmt Gott meistens eine menschliche Gestalt an. So wurde Vishnu Mensch, um sich als Krishna mit dem Hirtenmädchen Radha zu vereinen. Zeus tat dies ebenso, um sich mit Semele zu vereinen.

Die dritte Kategorie, der *Übergangskörper* oder der *transzendierende* Körper, vereint in gewisser Weise in sich die beiden ersten Kategorien. Diese Körperformation ist ihrer äußeren Gestalt nach mit dem natürlichen Körper identisch, jedoch mit übermächtiger Kraft oder übersinnlichen Eigenschaft erfüllt.

So wird der irdische Jesus durch Kreuzigung und Auferstehung in den majestätischen Gottes Sohn Jesus Christus verwandelt, der nun im Himmelreich thront. Auch die Gottesmutter Maria wird nach ihrem irdischen Dasein von einer Engelschar zu ihrem Sohn ins Himmelreich gebracht, wo sie für die Gläubigen Fürbitte leisten kann. Prinz Gautama kehrt nach seinem Tod als erleuchteter Buddha ins Nirvana ein, wo er sich später mit anderen Erleuchteten zusammenfindet.

In Bezug auf den Übergangskörper lässt sich also ein Zeitpunkt ausmachen, an dem die Verwandlung des natürlichen in den imaginären Körper stattfindet. In der Regel ist das der Zeitpunkt des physischen Todes. Diese Transzendenz von irdischer zu himmlischer Existenz steht meistens im Mittelpunkt des jeweiligen religiösen Kults. Es gibt also eine Zeit davor (in einem natürlichen Körper) und eine Zeit danach (in einem Körper mit übersinnlichen Eigenschaften). In jedem Fall wird die übersinnliche Kraft durch den Verlust der natürlichen Körperlichkeit erlangt.

Die Verwandlung in einen übermächtigen Körper kann aber auch durch finstere Mächte, durch Verdammnis und ähnliches geschehen. Die Übergangsgestalt erscheint in diesem Fall als gefährlich und bedrohlich. Die Beispiele für diese düsteren Übergangsgestalten vom Normalsterblichen zum Übermächtigen sind in der modernen medialen Kultur stark hervorgehoben: Graf Dracula, der sich nach seinem Tod im Mittelalter zu dem prominentesten Vampir gewandelt hat; afrikanische Zombis oder hungrige Geister in der chinesischen Mythologie, die nach dem Tod die Übermacht erlangen; Gestalten der Dämonologie (z.B. Meeresfrauen, die den Seeleuten

11 Giorgi, Rosa: *Die Heiligen. Geschichte und Legende.* Band 2. Berlin 2003, 12.
12 Ebd., 198.

schaden), Golems aus der hebräischen Mythologie. All diesen Gestalten ist gemeinsam, dass sie nach ihrem physischen Tod keine Ruhe im Jenseits finden und deshalb den Lebenden im Diesseits schaden.

Eine spezielle Unterkategorie in dem Themenkomplex „Körperlichkeit" ist der *sublimierte* Körper. Diese Form ist visionärer Natur, existiert sie doch als eine Art Stellvertretung für den Körper, und kann als solche unmittelbar erlebt und erfahren werden. Damit geht das Gefühl der Einheit mit dem Heiligen einher.

Als Beispiel für diese Form der geschauten bzw. geahnten Körperlichkeit sind die liturgischen Gaben zu nennen. Diesen Ersatzgestalten wird als Leib und Blut Gottes eine magische, heilbringende Wirkung zugesprochen. Hostie und Wein sind für einen katholischen oder orthodoxen Gläubigen wahrer Leib und wahres Blut Jesu Christi. Auch die in einer besonders frommen Art und Weise verehrten Ikonen, denen Wunder zugeschrieben werden, fallen in dieser Unterkategorie. In einigen Bereichen grenzt diese Kategorie des sublimierten Körpers durchaus an den religiösen Fetischismus, wo einem materiellen Objekt die Eigenschaften einer angebeteten nicht materiellen Figur zugeschrieben werden.

Die weitere Unterkategorie ist der *reduzierte* Körper. Damit ist ein einzelner Körperteil gemeint, von dem man annimmt, er sei Träger des Heiligen, stellvertretend für eine körperliche Ganzheit. Ein körperliches Organ bzw. ein Körperteil erscheint hier entweder als eine Nachbildung oder als eine authentische Reliquie. Solchen Heil bringenden Körperteilen wird sehr oft ein tiefer metaphorischer bzw. symbolischer Sinn und Wert verliehen, ob nun theologisch reflektiert oder durch intuitive Volksfrömmigkeit erlebt.

In fast jeder Religionskultur findet man die Anbetung einzelner Körperteile als solche oder als Teil einer Gottheit. Bereits die griechische Antike kennt meistens aus Stein angefertigte Phallussymbole, Hermen genannt, die häufig an den Straßenkreuzungen zur Ehre von Gott Hermes aufgestellt wurden. Lingam und Yoni sind die bekanntesten Körperteile, die im hinduistischen Raum intensiv verehrt werden. Das Lingam ist die anikonische Gestalt von Shiva. Im Lingam sehen die Gläubigen nicht nur die schöpferische, sondern ebenso die erhaltende und zerstörende Kraft Shivas. Man findet übrigens verschiedene Arten von Lingams, etwa in der Natur entstandene aus Gestein, Felsformationen oder Eissäulen; oder handwerklich in verschiedenen Ausführungen, aus verschiedenen Materialien und unterschiedlichen Größen gefertigte Idole.[13]

In Tempeln findet man meist eine Kombination von Lingam und Yoni. Dabei stellt die Yoni den weiblichen Aspekt Shivas, seine Shakti, dar.[14] Das Abbild der weiblichen Genitalien (Yoni) gehört zu den ältesten in Stein gearbeiteten Symbolen, deren Darstellung 30000 Jahre zurückliegt. Diese Abbildung würdigt die heilige Macht des Gebärens.[15] Yoni-ähnliche Felsformationen, Höhlen und Steingräber werden in ganz Indien verehrt; Pilger klettern in die Öffnung hinein und wieder heraus, um die göttliche Wiedergeburt zu erleben.[16]

---

13 Das Bildmaterial siehe z.B. unter: http://de.wikipedia.org/wiki/Linga.

14 Husain, Sharukh: *Die Göttin. Das Matriarchat. Mythen und Archetypen. Schöpfung, Fruchtbarkeit und Überfluss.* Köln 2001, 97.

15 Ronnberg, Ami u.a. (Hrsg.): *Das Buch der Symbole.* Köln 2011, 404.

16 Ebd., 404.

Sowohl im Hinduismus als auch Judentum und Islam spielt die Verehrung der abgebildeten Handfläche eine wichtige Rolle. Im Hinduismus werden konkrete religiöse Inhalte durch die symbolhaltigen Gesten der Hände, die Mudras, kommuniziert.[17] Unter den sunnitischen Muslimen wird die Hand Fatimas als Amulett verehrt. Im schiitischen Islam sind das die abgehackten Hände, die im Volksglauben mit den in der Schlacht von Kerbala abgehackten Händen von Abbas in Verbindung gebracht werden. Im Buddhismus ist die ausgestreckte Handfläche ein universales Schutzsymbol. Zweifelsohne ist die Hand ein religionsübergreifender und seit prähistorischer Zeit bekannter Gegenstand der Verehrung.

Im christlichen, speziell katholisch-spirituellen Kontext, denkt man an die Verehrung des Herzens Jesu, welches häufig als Einzelskulptur abgebildet wird. Im Mittelpunkt der Herz-Jesu-Verehrung steht das am Kreuz durchbohrte Herz Jesu, von welchem im Johannes-Evangelium die Rede ist: „Als sie [die Soldaten] aber zu Jesus kamen und sahen, dass er schon gestorben war, zerschlugen sie ihm die Schenkel nicht, sondern einer der Soldaten stieß ihn mit seiner Lanze in die Seite, und sogleich floss Blut und Wasser heraus."[18] Im Stich der Lanze wird die verletzende Kraft der menschlichen Sünde gesehen, das Herz dagegen steht für Gottes Liebe zum Sünder.[19]

Innerhalb der oben aufgeführten Kategorie des *reduzierten* Körpers wären neben den einzeln abgebildeten Körperteilen als Verehrungsobjekte die *heiligen Reliquien* zu nennen. Reliquien sind Überreste eines Heiligen oder Gegenstände, auf die ein Heiliger durch Berührung seine Kraft übertragen hat.

Im Christentum standen sich in Bezug auf einen geteilten Körper zwei entgegengesetzte Positionen gegenüber. Einerseits hieß es, eine Teilung des Leichnams oder auch nur einzelner Knochen vorzunehmen, würde den Unwillen des Heiligen und dessen Strafe nach sich ziehen;[20] andererseits setzte sich bereits im früheren Christentum die Vorstellung durch, in jedem Teil des Leichnams sei das Heilige gänzlich anwesend („ubi est aliquid ibi totum est", wo ein Teil ist, da ist das Ganze).[21]

Bereits im alten Ägypten wurden die toten Körper der Pharaonen, die als Statthalter der himmlischen Götter auf der Erde verehrt wurden, für das Leben im Jenseits aufwendig präpariert und mumifiziert; über dem Sarkophag wurde eine prunkvolle heilige Stätte errichtet.

Die Körperteile, denen man eine besondere Kraft und Wirkung zuschrieb und die dadurch zu heiligen Reliquien erklärt wurden, finden sich in allen Hauptreligionen. Als der erleuchtete Buddha hochbetagt starb, wurde nach der buddhistischen Überlieferung sein Leichnam eingeäschert. Seine Asche, Knochenreste und Zähne teilten sich mehrere Kleinkönige Nordindiens. Über den Buddhareliquien wurden Hügelgräber errichtet, die im Laufe der Zeit immer aufwändiger ausgestaltet wurden. In diesem Zusammenhang ist besonders der Zahn Buddhas im Tempel Sri Dalada Maligawa in Kandy (Sri-Lanka) zu nennen. Laut einer Legende erhielt die buddhistische Nonne Khema nach Buddhas Einäscherung den Zahn und gab ihm danach dem

17 Keilhauer, Anneliese und Peter: *Die Bildsprache des Hinduismus. Die indische Götterwelt und ihre Symbolik.* Köln 1983, 44.

18 Joh 19,33.

19 Siehe *Ökumenisches Heiligenlexikon* online: www.heiligenlexikon.de.

20 Angenendt, Arnold: *Heilige und Reliquien.* Hamburg 2007, 153.

21 Ebd., 154.

König von Dantapuri.[22] Diese Zahnreliquie wird in einer Prozession durch die Stadt getragen, um dadurch Regen und eine gute Ernte zu erreichen. Die Verehrung des Zahns beruht auf der Vorstellung, in ihm sei die übermenschliche Kraft des Buddha gespeichert.

Im Christentum ist die Bedeutung der Reliquien ebenso wichtig. Seit dem Konzil von Nicäa 787 muss jeder katholische Altar, damit er geweiht werden darf, eine Reliquie enthalten. Das Konzil von Karthago (ca. 220) hatte bereits festgelegt, dass eine christliche Kirche nur auf den Körperteilen (Gebeinen) von heiligen Märtyrern errichtet werden darf. Die heiligen Partikel gaben einem Gotteshaus damit eine Bestandslegitimation. Bis heute befindet sich in jeder katholischen und orthodoxen Kirche ein Teilchen vom Körper eines Heiligen. Die jeweilige Reliquie wird in das Antimension eingearbeitet. Wenn ein Antimension abgenutzt ist, werden die Reliquien in ein neues übertragen. Ferner werden die Gebeine im Tabernakel oder in einer speziellen Truhe unter dem Altar aufbewahrt. Ohne Antimension darf nämlich keine Liturgie gehalten werden, daher sind Reliquien eine absolute Notwendigkeit im katholisch-orthodoxen Kultus.

Eine erstrangige Bedeutung unter den Teilreliquien besitzt das Blut, weil es wie kein anderes Mittel Heil verschafft und Sühne bewirkt.[23] Diese Tradition ist auch in der heutigen Zeit noch lebendig, was das nachfolgende Zitat anschaulich belegt:

„Am 25. August soll es losgehen: Eine Reliquie mit Blut des verstorbenen Papstes Johannes Paul II. soll vier Wochen lang durch Mexikos Diözesen getragen werden. Mit der Prozession soll der Frieden in dem von Bandenkämpfen geplagten Land gestärkt werden. Die mexikanische Bischofskonferenz habe den Vatikan um eine Ampulle mit dem Blut des Papstes gebeten, berichtete Radio Vatikan am Mittwoch. Demnach soll die Reliquie kommenden Mittwoch in Mexiko eintreffen, bevor sie in das Marienheiligtum von Guadalupe gebracht wird. Karol Wojtyla war als Papst fünf Mal nach Mexiko gereist. Kurz vor seinem Tod 2005 waren ihm fünf Ampullen mit Blut entnommen worden. Seitdem er im Mai von seinem Nachfolger Benedikt XVI. selig gesprochen wurde, gelten diese Ampullen als Reliquien, die von den Gläubigen verehrt werden dürfen".[24]

Die Verehrung des heiligen Blutes gewann bereits in den Legenden vom Heiligen Gral eine signifikante sakrale Bedeutung. Die Überreste des Körpers Jesu standen in der Hierarchie der Reliquien natürlich an erster Stelle. Unter diesen Reliquien findet man Milchzähne, Haare, Fuß- und Fingernägel Christi. Da Jesus als jüdischer Junge beschnitten wurde, hat er daher eine Vorhaut, das sogenannte sanctum praeputium, hinterlassen. Kurioserweise gab es im europäischen Raum nicht weniger als vierzehn Exemplare dieser heiligen Reliquie. Einen profitablen Reliquienmarkt gab es bereits im 9. Jahrhundert. Neben der Vorhaut bewahrten die römischen Päpste in der Lateransbasilika auch den *umbilicus Christi* – die Nabelschnur von Jesu.[25]

---

22 Vgl. http://de.wikipedia.org/wiki/Sri Dalada_Maligawa.

23 Angenendt, Arnold: *Heilige und Reliquien*. Hamburg 2007, 157.

24 http://www.spiegel.de/panorama/gesellschaft/mexiko-papst-blut-soll-drogenkrieg-beenden-a-779562.html (zuletzt abgerufen am 01.2.2015).

25 Siehe z.B. http://de.wikipedia.org/wiki/Heilige_Vorhaut; http://www.sonntagsblatt-bayern.de/news/aktuell/2012_08_26_01.htm (zuletzt abgerufen am 01.2.2015).

Um die Rolle der Teilkörperreliquien für die Gläubigen im westeuropäischen Mittelalter zu verdeutlichen, sei hier aus dem Buch „Heilige und Reliquien" von Arnold Angenendt über Franziskus und Elisabeth zitiert:

„Franziskus machte bei seiner letzten Reise von Siena nach Assisi einen weiten Bogen um Perugia herum, weil er befürchtete, dort zum Reliquienobjekt zu werden. Elisabeths Leichnam stand vier Tage über Erden, während dessen er keinerlei Verwesung zeigte, ja wunderbar duftete. Als dieser heilige Leib, eingehüllt in ein graues Hemd und das Gesicht mit Tüchern umwickelt, auf der Bahre lag, kamen viele Anwesende, wohlwissend um die Heiligkeit des Leibes und entflammt von Verehrung, und schnitten die Nägel der Hände und Füße ab; andere schnitten die Spitzen ihrer Brüste und einen Finger von ihrer Hand ab, um sie als Reliquie aufzubewahren."[26]

Erstrebt wurde nach Angenendt immer dasselbe: die Segensmacht der Heiligen, ihre heilende und heiligende Wirkung. Denn Gegenstände, die von Natur aus heilig gewesen wären, hat das Christentum nie zugelassen. Und solche gar zu gebrauchen und zu verehren galt als verdammenswerte Zauberei. Erst wenn Dinge von dem Heiligen benutzt, berührt oder gesegnet worden waren oder gar – und das war das Höchste – von seinem Leib herrührten, vermittelten sie himmlische Kraft.[27]

Im orthodoxen Christentum spielte und spielt gegenwärtig eine Verehrung von körperlichen Reliquien eine nicht zu unterschätzende Rolle. Um das in der Bevölkerung tief verankerte religiöse Bewusstsein durch die kommunistische Ideologie zu ersetzten, starteten die Bolschewiki bereits in den 20er Jahren des 20 Jahrhunderts neben dem roten Terror gegen die Geistlichen eine ausgeweitete Kampagne der Entsakralisierung der Körperreliquien. Die Gebeine der teilweise über Jahrhunderte intensiv verehrten Heiligen (wie Serafim Sarovskij, Sergej Radonezhskij, Alexander Nevskij, Tichon Voronezhskij, Pavel Obnorskij, Tichon Zadonskij und viele andere) wurden öffentlich inventarisiert, aus den Sarkophagen herausgenommen, entkleidet, katalogisiert, der Bevölkerung zu Schau gestellt, teilweise belächelt und geschändet, aus dem kirchlichen Besitz konfisziert und dann entweder beerdigt oder an die Museen weitergegeben. Einige Reliquien sind auf diesem Wege abhanden gekommen, und sind bis heute nicht gefunden worden. Das Ziel dieser Aktionen war es, den Gläubigen den aus der Sicht der Bolschewiki Jahrhunderte lang anhaltenden Betrug der Kirche, die Körper seien unverweslich und heilbringend, zu beweisen und dadurch den Atheismus der Massen zu fördern. Ferner war das Ziel, den „schädlichen Kultus um die toten Körper" zu eliminieren.[28] Leo Trotzki rief die revolutionären Führer auf, testamentarisch ihre Feuerbestattung festzulegen. In Sankt Petersburg wurde mit dem Bau des ersten Krematoriums begonnen, welches eine „Fakultät der Gottlosigkeit" (kafedra bezbozhija) werden sollte.[29] Trotz dieser Aktivitäten wurde nach Lenins Tod 1924 entschieden, seinen Leichnam einzubalsamieren und als eine kommunistische Reliquie in einem prunkvollen Mausoleum auf dem Roten Platz in Moskau auszustellen. Der Körper sollte dadurch dem öffentlichen Besucher zwecks einer breiten Verehrung zugänglich gemacht werden. Um die faktische Verehrung

---

26 Angenendt, Arnold: *Heilige und Reliquien*. Hamburg 2007, 154.

27 Ebd., 157.

28 Кашеваров А. Н. *Советская власть и судьбы мощей православных святых*. СПб. 2013, 68 (Kashewarow, A.N.: *Sowjetmacht und das Schicksal der Reliquien von Orthodoxen Heiligen*. Sankt-Petersburg 2013, auf Russisch).

29 Ebd., 98.

eines toten Führers im Mausoleum wurden zahlreiche Rituale der kommunistischen Ideologie entwickelt: zum Beispiel die gesellschaftliche Initiation (Eintritt in die Organisation der jungen Pioniere, Komsomol). Um das Mausoleum in der Kremlmauer wurden die sterblichen Überreste auch anderer sowjetischer Funktionäre beigesetzt. Lenin folgte auch Stalin ins Mausoleum, doch sein einbalsamierter Leichnam wurde nach der Entlarvung seiner Verbrechen durch Chruschtschow aus dem Mausoleum entfernt.

Die Verehrung der heiligen Gräber könnte man als eine sekundäre Reliquienverehrung bezeichnen, tritt man doch nicht in direkten taktilen oder visuellen Kontakt mit den heiligen Gebeinen, allerdings geht man von ihrer Anwesenheit im Grab und der damit verbundenen heilbringenden Energie aus.

Die Körperlichkeit im religiösen Kontext umspannt eine Scala von absoluter Negierung und Abneigung bis zu einer absoluten Glorifizierung und Anbetung. Der Körper im religiösen Raum ist ein imaginäres Konstrukt, welches sich für eine bestimmte Symbolik eignet. Diese Symbolik dient dazu, auf eine bestimmte Art und Weise die emotionale Welt der Akteure zu beeinflussen bzw. ihren religiös determinierten Handlungen zu begleiten.

Wolfgang Gantke (Frankfurt am Main)

Die Diskussion um das Heilige vor dem Hintergrund der Krise des Naturalismus

1. Die Fragestellung

Nach der sogenannten kulturwissenschaftlichen Wende scheint eine ernsthafte Auseinandersetzung mit der Problematik des Heiligen in der Religionswissenschaft eine ausschließlich rückwartsgewandte Angelegenheit zu sein, bei der der neueste Stand wissenschaftlicher Erkenntnis souverän ignoriert wird.

Wer es in der Religionswissenschaft heute noch wagt, sich ernsthaft mit dem nicht eindeutig bestimmbaren Phänomen des Heiligen zu beschäftigen, wird gerne in die Nähe der Unwissenschaftlichkeit gerückt, wobei freilich zumeist ein Wissenschaftsverständnis vorausgesetzt wird, das selbst nicht weiter problematisiert wird. Es ist erstaunlich, dass ungeachtet der Vielzahl der heute in der Religionswissenschaft diskutierten transzendenzverschlossenen Einzeltheorien ihre gemeinsame Grundlage bisher gleichsam außer Streit gestellt wurde. Ich vertrete in diesem Beitrag die These, dass es der „methodische Naturalismus“ ist, der diese gemeinsame Grundlage und damit eine Art unreflektierter „Bodenontologie“ (Georg Misch) bildet und will dies nachfolgend auch zu begründen versuchen. Es geht mir also um eine philosophische Kritik der fragwürdigen Grundlagen einer Religionswissenschaft, die bewusst oder unbewusst von einem naturalistisch geprägten Menschenbild ausgeht, das sich in einem „methodischen Naturalismus“ verbirgt, der keineswegs so wert- und kulturneutral ist, wie er sich selbst gerne sieht.[1]

In meinem Beitrag werde ich die vielleicht voreilig als erledigt erklärte religionswissenschaftliche „Diskussion um das Heilige“ deshalb gezielt auf die aktuelle Naturalismus- Diskussion beziehen, weil in dieser erweiterten, fachübergreifenden Perspektive neue und für die Religionswissenschaft durchaus relevante Antwortversuche auf die alte Frage nach dem Heiligen ermöglicht werden.

Ich werde mich dabei bewusst auf die Grundfragen beschränken, die für die entscheidenden methodischen Weichenstellungen bedeutsam sind.

Dabei genügt es für meine Fragestellung, wenn im folgenden unter Naturalismus eine Programmatik verstanden wird, derzufolge die strengen naturwissenschaftlichen

1 Unter einem „methodischen Naturalismus“ verstehe ich im folgenden die Vorfestlegung auf ein an den exakten Naturwissenschaften orientiertes Methodenideal, das alles Unergründliche und Unberechenbare a priori ausschließt. Diese methodische Vorfestlegung impliziert zugleich erhebliche, das Menschen- und Weltbild betreffende inhaltliche Vorentscheidungen, die in der Religionswissenschaft kaum reflektiert werden. Zur Naturalismus- Diskussion vgl.: Keil, Gert/Schnädelbach, Herbert (Hg.): Naturalismus. Philososophische Beiträge. Frankfurt/M., 2000. Zur grundsätzlichen Kritik am naturalistischen Wissenschaftsverständnis in neuerer Zeit vgl.: Nagel, Thomas: Geist und Kosmos. Warum die materialistische neodarwinistische Konzeption der Natur so gut wie sicher falsch ist. Berlin, 2013; Sheldrake, Rupert: Der Wissenschaftswahn. Warum der Materialismus ausgedient hat. München, 2012; Gabriel, Marcus: Warum es die Welt nicht gibt. Berlin, 2013.

Methoden die einzig wirklich verlässlichen Methoden sind, die zur Erkenntnis der wissenschaftlichen Wahrheit führen.

Der Kerngedanke dieses strengen Naturalismus lautet, dass alles in der Wirklichkeit letztlich materiell bzw. physisch aufgebaut ist, weshalb es fließende Übergänge zu einem weltanschaulichen Materialismus und zum Physikalismus als dem „harten Kern" des Naturalismus gibt.

Durch diese grundsätzliche Programmatik, die den menschlichen Geist naturalisiert und das objektivierende Denken verabsolutiert, werden a priori alle geisteswissenschaftlich orientierten Betrachtungsweisen methodisch ausgegrenzt, in deren Denkrahmen die Diskussion um eine unergründliche und unverfügbare, nicht-objektivierbare und nicht-profane Wirklichkeitsdimension durchaus sinnvoll sein könnte.

Das Verbindlichnehmen des Unergründlichen in der Wissenschaft ist immerhin die Voraussetzung für das Ernstnehmenkönnen der Frage nach dem umstrittenen Phänomen des Heiligen in der Religionswissenschaft.

In dieser Perspektive setzen alle religionswissenschaftlichen Richtungen, die in der Diskussion um das Heilige von vornherein die Frage nach der Relevanz des Unergründlichen und des rational nicht Kontrollierbaren methodisch ausgrenzen, bewusst oder unbewusst, einen „methodischen Naturalismus" voraus. Dieser wird selten nur eigens thematisiert, weil er selbstverständlich erscheint.

Ich betone an dieser Stelle ausdrücklich, dass ich mich im folgenden nur mit der dem „methodischen Naturalismus" innewohnenden grundsätzlichen Programmatik, die über die erlaubten Fragen und damit über Inhalte vorentscheidet, kritisch auseinandersetze, ohne auf die einzelnen Verzweigungen des naturalistischen Binnendiskurses einzugehen.

Es kann ja gar nicht bestritten werden, dass gerade philosophisch orientierte Naturalisten äußerst subtil und scharfsinnig argumentieren und sorgsam auf allerkleinste Differenzierungen innerhalb der vielgestaltigen naturalistischen Betrachtungsweisen achten, aber die innerhalb eines rein naturwissenschaftlichen Fragehorizontes nicht eindeutig zu beantwortende, auf das widerspruchsfrei nicht aussagbare Ganze zielende Frage nach den geistigen Grundlagen der heute offensichtlich in eine Orientierungskrise geratenen modernen Wissenschaftskultur wird vergleichsweise selten gestellt.

2. Zur Notwendigkeit einer Relativierung euro- und anthropozentischer Betrachtungsweisen

Es geht mir in diesem Beitrag vor allem darum, die Bedeutung einer kritischen Vorverständnisforschung für die Religionswissenschaft aufzuzeigen, indem ausdrücklich nach dem Menschenbild gefragt wird, das der naturalistischen Programmatik zugrunde liegt.

Es ist in diesem Zusammenhang interessant, dass diese Programmatik inzwischen in vielen wissenschaftlichen Kontexten, insbesondere dort, wo ihre Kulturbedingtheit problematisiert wird, längst ihren Selbstverständlichkeitscharakter verloren hat.

Ich vertrete im Anschluss an Helmuth Plessner die Auffassung, dass es sich bei der einseitig naturalistischen Betrachtungsweise von Mensch und Natur trotz ihrer heutigen weltweiten Verbreitung um einen Europäismus handelt, der im interkulturellen Kontext relativiert werden muss. Für eine interkulturelle Religionswissenschaft ist dabei besonders interessant, dass Plessner schon 1931 grundsätzlich in der Selbstrelativierungsfähigkeit der europäischen Geistigkeit eine Stärke erkennen zu können glaubte: „In dem Verzicht auf die Vormachtstellung des eigenen Wert- und Kategoriensystems gibt sich der europäische Geist den Horizont auf die ursprüngliche Mannigfaltigkeit der geschichtlich gewordenen Kulturen und ihrer Weltaspekte als einer offenen, unbegrenzten, durch keinen ‚Weltgeist' gebundenen Mannigfaltigkeit frei. Diese Universalität des Blicks verlangt die Rücknahme der Verabsolutierung auch ihres Weltaspektes."[2]

Auch der Religionsphilosoph Georg Picht erinnert daran, dass die neuzeitliche Wissenschaft geradezu ein Extremfall ist, „der sich nur unter den spezifischen Voraussetzungen der europäischen Geschichte ereignen konnte. Es ist in hohem Maße unwahrscheinlich, dass sich der Weltgeist die Europäer ausgesucht hat, um gerade ihnen die absolute Wahrheit zu offenbaren."[3]

Gerade in der vergleichenden Religionswissenschaft sollte über die interkulturelle Verallgemeinerbarkeit einer einseitig naturalistisch orientierten Wissenschaftskonzeption nachgedacht werden.

Immerhin wird heute in den Naturwissenschaften selbst, insbesondere vor dem Hintergrund der vom objektivierenden Denken mitverursachten ökologischen Krise, wieder verstärkt über die Grenzen des rational Wiss- und Planbaren nachgedacht.

Es ist in diesem Kontext zudem zu beachten, dass nicht alle Naturwissenschaftler naturalistische Positionen vertreten.

Viele Wissenschaftler befürworten unter Berufung auf das Ockhamsche Rasiermesserprinzip oder weil sie wilde Spekulationen ausschalten wollen einen methodischen oder, etwas spitzfindig, einen methodologischen Naturalismus, ohne sogleich einen „ontologischen Naturalismus" zu akzeptieren. Das gilt übrigens auch für viele Religionswissenschaftler, die zwar einen strengen „methodischen Naturalismus" in der Religionswissenschaft vertreten, ohne sich sogleich als weltanschauliche Naturalisten zu verstehen.

Diese gern auch mit dem Bescheidenheitsmotiv begründete scharfe Trennung zwischen einem methodischen und ontologisch- weltanschaulichen Naturalismus ist insofern problematisch, als bereits der methodische Naturalismus in der Diskussion um das Heilige Partei ergreift, indem er die Möglichkeit einer transzendenzoffen konzipierten Religionswissenschaft systematisch ausschließt.

Bei aller Anerkennung des relativen Rechtes einer naturalistischen Programmatik in der Religionswissenschaft darf also der Exklusivismus nicht übersehen werden, der sich schon allein darin zeigt, dass durch die binnenwissenschaftliche Verabsolutierung eines bestimmten Methodenideals alternative Betrachtungsweisen ausgegrenzt werden. In diesem Kontext zeigt sich wieder die Bedeutung der Frage nach dem Menschenbild und dem Erkenntnisinteresse, das den religionswissenschaftlichen Forschungen zugrunde liegt.

Angesichts einer veränderten historischen Situation, in der nach Auswegen aus der in verschiedenen Kontexten auftretenden Krise der gerne als „alternativlos" propagierten modernen Kontrollrationalität gesucht wird, scheint es an der Zeit, dass auch eine „engagierte Religionswissenschaft" verstärkt über die Gründe der

---

2 Plessner, Georg: Zwischen Philosophie und Gesellschaft. Ausgewählte Abhandlungen und Vorträge, Frankfurt, 1979, S. 318.

3 Picht, Georg: Der Begriff der Natur und seine Geschichte. Stuttgart, 1990, S. 21.

weiterhin ungebrochenen disziplinübergreifenden Vormachtstellung des „methodischen Naturalismus“ nachzudenken und nach neuen Wegen und Auswegen zu suchen beginnt.

Hier plädiere ich ausdrücklich für die Überwindung von fragwürdigen Ausschließlichkeitsansprüchen auf Wissenschaftlichkeit und für die Anerkennung des relativen Rechts unterschiedlicher, jeweils gut begründeter Betrachtungs- und Vorgehensweisen in der Religionswissenschaft. Die Relevanz der andauernden Diskussion um das Heilige scheint mir insbesondere darin zu liegen, dass alle Versuche einer vollständigen Naturalisierung dieses sich einer Verfügbarmachung entziehenden Phänomens regelmäßig scheitern. Nicht einem fassenden, sondern nur einem lassendes Denken scheinen Annäherungen an dieses Phänomen zu gelingen, was dafür zu sprechen scheint, dass es nicht nur von uns abhängt, ob, wann und in welcher Weise das Heilige sich uns zeigt.

Die Wissenschaftsgeschichte beweist, dass es in der modernen Wissenschaft durchaus Alternativen zu einem „methodischen Naturalismus“ gibt, den ich als den „harten Kern“ der Moderne bezeichnen würde, weil es für ihn die auf Kontrollierbarkeit und Berechenbarkeit zielende Machtförmigkeit ist, die allererst die strenge Wissenschaftlichkeit garantiert und weil sich diese Kontrollrationalität trotz aller Widerstände auch in den Kulturwissenschaften immer stärker durchzusetzen scheint.

Müsste aber nicht eine Naturwissenschaft, die nicht vom Willen zur Macht geleitet wird, auch Betrachtungsweisen gelten lassen, die der Natur erlauben, sich uns Menschen unverfälscht ohne künstliche Eingriffe so zu zeigen, wie sie sich von sich selbst her zeigen will?

Die heutige Wiederentdeckung lebens- und prozessphilosophischer Betrachtungsweisen in einer Naturwissenschaft, die um der Lebendigkeit der von sich selbst her schöpferischen Natur willen Distanz zu unseren humanegoistischen Erkenntnisinteressen und Methodenzwängen zu gewinnen versucht, scheint mir auf dem richtigen Weg zu einer neuen Offenheit für unergründliche und unverfügbare Wirklichkeitsdimensionen, in denen möglicherweise auch uns Modernen Heiliges von sich selbst her begegnen kann.

Die Anerkennung dieser unergründlichen Wirklichkeitsdimension muss nicht sofort religiös interpretiert werden, aber sie legt die Überwindung eines engen naturalistischen Menschenbildes zumindest nahe und erlaubt zudem eine neue Offenheit für das alle Religionen umgreifende Geheimnis.[4]

Es waren die in der Religionswissenschaft bemerkenswerterweise vor der „kulturwissenschaftlichen Wende“ stark rezipierten Strömungen der Lebensphilosophie, der Phänomenologie, der Dialogik und der Hermeneutik, die vergeblich gegen die Vormachtstellung des Naturalismus und der damit verbundenen Naturalisierung des Menschen und seiner Religion Stellung genommen haben.

Wie aktuell klingt es doch, wenn man mit Plessner daran erinnert, dass die Würde des Menschen in seiner Unergründlichkeit liegt und dass Rationalität nicht voreilig mit Berechenbarkeit identifiziert werden darf.

Es zeigt sich immer deutlicher, dass es diese Anerkennung des für alle Kontrollwissenschaften unergründlichen Restes im Menschen und in der Welt ist, der der

4 Zum Zusammenhang zwischen dem Unergründlichen und dem Heiligen vgl.: Frank, Semen L.: Das Unergründliche. Ontologische Einführung in die Philosophie der Religion. Freiburg i.Br./München, 1995, bes. 301 ff.

modernen Programmatik der totalen Verfügbarmachung fast aller menschlichen Lebensbereiche unüberschreitbare Grenzen setzt.

Damit soll nicht einer völlig unkontrollierbaren, chaotischen Beliebigkeit das Wort geredet, sondern nur daran erinnert werden, dass es in einer nicht- naturalistischen Perspektive begrüßenswert ist, dass es in Mensch und Welt stets einen unergründlichen Rest gibt, über den die Wissenschaft niemals beliebig verfügen können wird.

Vor diesem Hintergrund scheint es mir wichtig, dass der von Dilthey, Misch, Plessner, Bollnow u. a. betonte Unergründlichkeitsgedanke in seiner Bedeutung für eine engagierte, naturalismuskritische Religionswissenschaft wahrgenommen wird.

Erst die Anerkennung einer wissenschaftlich verbindlichen, unergründlichen und unverfügbaren Tiefendimension im Menschen und in der Welt erlaubt eine vor der Vernunft verantwortbare Zurückweisung eines „methodischen Naturalismus", in dessen reduktionistischem Rahmen die Rede vom Heiligen in der Tat unter den Sinnlosigkeitsverdacht fallen muss.

Die nicht immer offen ausgesprochene naturalistische Unterstellung einer durchgängigen Berechenbarkeit und damit Beherrschbarkeit der Wirklichkeit hat, wie wir heute nach schmerzhaften Grenzerfahrungen erkennen müssen, nur zu größerer Unberechenbarkeit und Unübersichtlichkeit geführt. Für die Beantwortung der ethischen Frage, was zu wissen gut für eine verantwortliche Wissenschaft ist, bieten sich vor dem Hintergrund der Krise des Naturalismus wieder geisteswissenschaftliche Alternativen an. Im Rahmen eines an der Ich- Du- Beziehung orientierten, humanistischen Vorverständnisses von Wissenschaft kann dann auch wieder das in den Statistiken unterdrückte, unaustauschbare erlebende und erleidende Subjekt eine maßgebliche Rolle spielen und auf der Grundlage dieses erweiterten Vorverständnisses kann dann auch wieder eine sinnvolle nachmoderne Rede vom Heiligen ermöglicht werden, die die Erfahrung der Grenzen der Erkenntnismacht von Naturwissenschaft und Technik bereits hinter sich weiß. Ich denke hier etwa an das Heiligkeitsverständnis, das Hans Jonas in seinem berühmten Buch über das „Prinzip Verantwortung" entwickelt hat und das m. E. in der Religionswissenschaft viel zu wenig beachtet wurde.[5]

Eine problemorientierte Religionsphänomenologie, die es wieder wagt, vom Heiligen zu sprechen, muss also keineswegs, wie immer wieder gerne unterstellt wird, eine vormoderne Angelegenheit sein, sondern kann durchaus auf der Höhe der Zeit argumentieren, indem sie Spuren eines wirkmächtigen Heiligen dort wahrzunehmen versucht, wo heute die humanegoistische Anthropozentrik an ihre Grenzen stößt.

3. Das Heilige im Rahmen des offenen Lebensparadigmas

Dass die Rede vom Heiligen im Denkrahmen der naturalistischen Kontrollrationalität unter Sinnlosigkeitsverdacht fallen muss, ist unbestreitbar. Das flüchtige Phänomen des Heiligen ist kein eindeutig identifizierbarer, handhabbarer Gegenstand und entzieht sich der beliebig reproduzierbaren experimentellen Erfahrung. Dies gilt allerdings auch für andere nicht beliebig objektivierbare und reproduzierbare

5 Jonas, Hans: Das Prinzip Verantwortung. Versuch einer Ethik für die technologische Zivilisation. Frankfurt/M., 1984. Schon vor Jonas hatte Albert Schweitzer eine nicht-anthropozentrische Ethik der Ehrfurcht vor dem Leben, in der von der Heiligkeit des Lebens ausgegangen wird, entwickelt. Schweitzer, Albert: Die Ehrfurcht vor dem Leben. Grundtexte aus fünf Jahrzehnten. München, 1982.

Phänomene, mit deren Realität wir vor allem in außeralltäglichen Grenz-, Krisen- Gipfel- und Sinnerfahrungen konfrontiert werden: ich nenne hier nur die großen, nicht beliebig reproduzierbaren Lebenserfahrungen im Zusammenhang mit der Geburt und dem Tod oder der Todesnähe, mit einer tiefen, auch alles Profane beseligenden Liebesbeziehung, mit dem Geschenk eines Augenblickes der Seele, in der eine mystische Vereinigung von Mensch und Mitwelt gelingt, mit den schmerzhaften Verlusterfahrungen durch unvorhersehbare Katastrophen (Erdbeben, Tsunamis, entfesselte Atomenergien usw.). Diese nicht beliebig verallgemeinerbaren und nicht kontrollierbaren großen Sinn-, Transzendenz-, Grenz- und Krisenerfahrungen, die uns mit einer Realität konfrontieren, die unsere Erkenntnismacht relativiert, sprengen wiederum den Rahmen einer Betrachtungsweise, die sich von vornherein an einen „methodischen Naturalismus" bindet. Dass auch die Natur selbst immer mehr ist als das, was sich naturwissenschaftlich präparieren und objektivieren lässt, wird durch die sich verschärfende ökologische Krise immer schmerzhafter bewusst.

Inzwischen wird auch von nicht-naturalistisch orientierten Naturwissenschaftlern wie Carl Friedrich von Weizsäcker, Klaus Michael Meyer- Abich, Hans Peter Dürr, Günter Altner, Herbert Pietschmann und Rupert Sheldrake die religionswissenschaftlich interessante Frage gestellt, ob es einen Zusammenhang zwischen der Desakralisierung und der zunehmenden, inzwischen das Überleben der Gattung gefährdenden Naturzerstörung als Folgen des objektivierenden Denkens geben könnte.

Es ist nun interessant, dass die Brisanz der von vielen Zeitdiagnostikern verkündeten grundsätzlichen Krise des Naturalismus und damit letztlich auch des Materialismus in der heutigen Religionswissenschaft nach wie vor kaum wahrgenommen wird.

Es fällt in diesem Zusammenhang weiterhin auf, dass in dieser Disziplin die philosophischen Grundfragen gerne übersprungen werden und dass viele Religionswissenschaftler glauben, nach wie vor von objektivierbaren sozialen und historischen Tatbeständen, also von einer theorie- und interpretationsunbeladenen Empirie ausgehen zu können. Durch diesen methodischen Reduktionismus können die grundsätzlichen, normativen Fragestellungen ausgegrenzt werden, die sich in der heutigen Diskussion um das Heilige geradezu aufdrängen.

Ich denke hier vor allem an den ökologischen Kontext, der mir seit Beginn meines Studiums der Religionswissenschaft besonders wichtig ist. Hier könnte eine engagierte Religionswissenschaft durch ihre Orientierung am offenen, beweglichen Lebensparadigma, das auch wieder unberechenbare Grenz-, Krisen- und Sinnerfahrungen ernstznehmen erlaubt, einen nicht zu unterschätzenden Beitrag zum Weltbewahrungswissen leisten.

Während das Phänomen des Heiligen in einem machtförmigen naturalistischen Denkrahmen nicht von sich selbst her in Erscheinung treten kann, erlaubt das offene Lebensparadigma vielfältige Interpretationen des Heiligen im menschlichen und außermenschlichen Leben bis hin zu einer Identifizierung des Heiligen mit dem Leben selbst, wie sie sich etwa bei der von Albert Schweitzer geforderten und nach wie vor aktuellen Ethik der Ehrfurcht vor dem Leben findet.

Der in der Religionsgeschichte durchaus nachweisbare Gedanke, dass alles Leben heilig ist, sprengt wiederum einen naturalistischen Denkrahmen.

Für dogmatische Naturalisten basiert das Gefühl von etwas Heiligem im Menschen und in der Natur ausschließlich auf einer Selbsttäuschung, die hervorgerufen wird durch ein wie immer genauer zu bestimmendes stoffliches Geschehen im Gehirn des Menschen.

Das Heilige ist dann nichts anderes als eine Wunschvorstellung, eine Kopfgeburt, ein Interpretationskonstrukt, bestenfalls etwas, was evolutionär nützlich sein könnte, aber keinesfalls etwas, was mit der von unserem menschlichen Fassungsvermögen unabhängigen Wirklichkeit zu tun hat. Das Heilige als das Unabhängig- Andere und Unberechenbare darf es nicht geben, weil es unser methodisches Sicherheits- und Kontrollbedürfnis zutiefst gefährdet. Alle bisher noch unerklärbaren Phänomene sind in naturalistischer Perspektive entweder auf die menschliche Einbildungskraft zurückzuführen oder sie werden in der Zukunft einmal auf ganz natürliche Weise erklärt werden können. Der Raum für noch unerklärliche Phänomene wird folglich im Zuge des naturwissenschaftlichen Fortschritts immer enger und eines Tages wird dann auch der letzte auf natürliche Weise nicht erklärbare, numinose Lückenbüßer ganz verschwunden und die Welt als lückenloser Kausalzusammenhang vollständig durchschaubar und berechenbar sein. Dieser Mythos von der zukünftigen totalen Erklärbarkeit und Berechenbarkeit der Welt durch einen wissenschaftlichen Fortschritt, der auf der Erde und im Kosmos gleichermaßen geltende, „ewige" Naturgesetze entdeckt und dadurch die Zukunft exakt zu planen erlaubt, bricht gegenwärtig zusammen. Es scheint so, als müsse sich der moderne Mensch trotz aller Anstrengungen damit abfinden, dass ihm die offene Zukunft nicht gehört und dass die Schicksalhaftigkeit nicht völlig ausgeschaltet werden kann. In diesem Kontext lesen wir bei Peter Sloterdijk:

„Modern ist, wer glaubt, dass man bis ins Äußerste etwas anderes tun kann, als sich an Gott und höhere Gewalten hinzugeben. Der moderne Mensch will die höhere Gewalt nicht erleiden, sondern sein."[6]

Auch der „methodische Naturalismus" kann in einer erweiterten religionswissenschaftlichen Perspektive als ein Immanentismus interpretiert werden, der sich gegen den Eingriff einer „höheren Gewalt", wie immer man sie im einzelnen bezeichnen mag, methodisch abzuschirmen versucht. Nach Gadamer hängt die Macht der Geschichte über den Menschen nicht von ihrer Anerkennung durch den Menschen ab. Da hilft dann auch kein „methodischer Naturalismus":

„Das gerade ist die Macht der Geschichte über das menschliche Bewusstsein, dass sie sich auch dort durchsetzt, wo man im Glauben an die Methode die eigene Geschichtlichkeit verleugnet."[7]

4. Ausblick

Vielleicht ist eine neue Offenheit für das Phänomen des Heiligen nur dann erreichbar, wenn zuvor die heute noch vorherrschende „humanegoistische Anthropozentrik" überwunden wird.

Im festgefügten Denkrahmen des „methodischen Naturalismus" wird diese Überwindung kaum gelingen können. Die lange als unwissenschaftlich abqualifizierte

---

6 Sloterdijk, Peter: Chancen im Ungeheuren. Notiz zum Gestaltwandel des Religiösen in der modernen Welt im Anschluß ab einige Motive bei William James. In: James, William: Die Vielfalt religiöser Erfahrung. Eine Studie über die menschliche Natur. Frankfurt/Leipzig, 1997. 19 f.

7 Gadamer, Hans Georg: Wahrheit und Methode. Grundzüge einer philosophischen Hermeneutik. Tübingen. 1975, S. 283.

Lebenshermeneutik besitzt dagegen eine rahmensprengende antinaturalistische, antikonstruktivistische und antianthropozentrische Stoßrichtung. Ihr offenes Vorverständnis eröffnet neue, zukunftsorientierte Perspektiven auf die Diskussion um das Heilige, weil für sie das Leben unergründlich, unausschöpfbar und im Kern heilig ist.[8] Die Lebenshermeneutik erlaubt die Konzeption einer „transzendenzoffenen“ Religionswissenschaft, die der Grundfrage nach der Realität der numinosen Wirklichkeit nicht ausweicht, ohne eine eindeutige Antwort auf diese zentrale Frage vorzuschreiben.

Das relative Recht des naturalistischen Antwortversuches bleibt im Rahmen der pluralistisch orientierten Lebenshermeneutik unbestritten, aber der Versuch einer Verabsolutierung endlicher Teilwahrheiten über das Unendliche, also auch der Versuch einer Verabsolutierung eines naturalistischen Immanentismus, wird zurückgewiesen.

Die Lebenshermeneutik begreift das Leben als ein immerwährendes Sichselbstgestalten aus dem zunächst Grenzenlosen und Chaotischen. Dies gilt auch für das religiöse Leben des Menschen, der Grenzen setzen muss, um sich nicht im Nebel des Unergründlichen zu verlieren, der aber auch immer wieder Grenzen transzendieren muss, um nicht in einer engen Gehäusefrömmigkeit (Fundamentalismus) zu erstarren, die den offenen Blick für die ganze Breite und Fülle der religiösen Lebensformen in den unterschiedlichen Kulturen versperrt.

Schließlich versucht die Lebenshermeneutik fragwürdige Methodenzwänge zu überwinden, um möglichst nah am lebendigen religiösen Phänomen zu bleiben und sich von diesem selbst etwas sagen zu lassen. Im Sinne einer doppelten Hermeneutik versucht sie einerseits Symbole des Heiligen zu vernehmen und andererseits Idole zu entlarven. Das menschliche Leben ist ein Phänomen, das sich nicht auf eine einzige Kultur oder eine einzige Religion beschränken lässt. Es verbindet, ob profan oder religiös gedeutet, die Kulturen. Und es besitzt nach Otto Friedrich Bollnow ein „Doppelgesicht“, das den auf Eindeutigkeit zielenden naturalistischen Denkrahmen sprengt:

„So ist uns die Tiefe des Lebensgrundes selber in unerklärbarer, uns tief beunruhigender Zweideutigkeit gegeben. Es ist der tragende Grund, aus dem sich in schöpferischer Bewegung alles Leben entfaltet, und es ist zugleich die chaotische Macht, die den Menschen mit sich fortzieht und aus deren Verstrickungen er sich zu befreien versuchen muss. Der Widerspruch ist, soweit wir auch sehen, unauflösbar. In jeder der beiden Seiten gründet eine berechtigte und notwendige, vom Leben selber geforderte Betrachtungsweise mit ihrer eigenen, nicht aufhebbaren Wahrheit. Wir stoßen hier, in der Tiefe des Lebens selber (...) auf das unheimliche Doppelgesicht der Wahrheit, die wir, ohne zu resignieren, aushalten müssen.“[9]

---

8 Vgl.: Gantke, Wolfgang: Religion und Leben. Die Verflochtenheit von interkultureller Religionswissenschaft und interreligiöser Theologie am Beispiel einer kulturübergreifenden Lebensphilosophie. In: Bernhardt, Reinhold /Schmidt-Leukel, Perry (Hg.); Interreligiöse Theologie. Chancen und Probleme Zürich, 2013, S. 235-254.

9 Bollnow, Otto Friedrich: Das Doppelgesicht der Wahrheit. Philosophie der Erkenntnis. Zweiter Teil. Stuttgart u.a., 1975, S. 165.

Sven Lichtenecker (Frankfurt am Main)

Das Heilige und die Tempelstruktur

1. Die Kontaktaufnahme mit dem Heiligen im nomadischen Opferritual

Menschen haben eine Tendenz, sich das Heilige analog zu ihrer eigenen Lebenswirklichkeit vorzustellen. Diese Feststellung beabsichtigt nicht, die Existenz eines wie auch immer gearteten Heiligen zu negieren und es als bloße menschliche Projektion zu verstehen. Doch ist es schlichtweg so, dass sich Menschen in ihrer Beziehung zum Heiligen wohler fühlen, wenn sie davon ausgehen, dass seine Form der Existenz der eigenen ähnelt.

Religionshistorisch bedeutet das für die Frage nach der Beziehung des Heiligen zur Tempelstruktur:

- Wandernde Menschen (Jäger und Sammler, Nomaden) neigen dazu, sich das Heilige frei beweglich und nicht unbedingt an einen Ort gebunden vorzustellen.
- Sesshafte Menschen dagegen gehen davon aus, dass das Heilige wie sie selbst an einem bestimmten Ort wohnt und von dort aus wirkt.

Zentrales Bedürfnis aller Menschen ist, zu einer verehrten heiligen Macht einen Kontakt herstellen und so mit ihr kommunizieren zu können. Für eine solche Kontaktaufnahme gibt es aus Sicht des Menschen mannigfaltige Gründe:

- die Erhaltung der Welt und ihrer Ordnung;
- die Sicherung der eigenen Existenz;
- die Äußerung persönlicher Wünsche;
- die Äußerung von Lob und Dank für die Erhaltung der Welt und der eigenen Existenz sowie die Erfüllung von Wünschen;
- das Beschwerdeführen über nicht erfüllte Wünsche;
- das Ablegen eines Eides;
- die Dokumentation der Einhaltung des Eides.

Die Absicherung der eigenen Existenz oder die Gewährung geäußerter Wünsche hängt aus Sicht des Menschen davon ab, ob er der angesprochenen heiligen Macht in ausreichendem Maße eine Gegengabe zur Verfügung stellt. Diese Gegengabe erfolgt auf einfachste Art in Form eines Opfers. Das Opfer kann bei Äußerung des menschlichen Wunsches erfolgen oder nach dessen Erfüllung als Dankesgabe. Im zweiten Fall wird die Opfergabe bei der Wunschäußerung in Aussicht gestellt. Nimmt die heilige Macht das Opfer oder Opferversprechen an, so entsteht ein bindender Vertrag, der sie verpflichtet, entsprechend zu wirken und den Wunsch des Opfernden zu erfüllen. Das Opfer hat also im Kern den Charakter eines do ut des.[1]

1 Vgl. Burkert (1998), S. 158-88. Dieser Charakter des Opfers ist auch dann gegeben, wenn es ganz allgemein zur Stärkung der Kraft der heiligen Macht erbracht wird. Durch die Stärkung ist sie in der Lage, die Welt und ihre Ordnung zu erhalten. Dies dient wiederum den Interessen des Menschen.

Für Menschen bleibt das Problem, wie die Kontaktaufnahme zur verehrten heiligen Macht sicher gelingen und das Opfer seinen Adressaten erreichen kann. Dies gilt umso mehr für Angehörige solcher Kulturen, die davon ausgehen, dass diese heilige Macht nicht ortsgebunden, sonder frei beweglich ist. Das trifft vor allem auf Jäger-und-Sammler- sowie nomadisch-seminomadische Kulturen zu. Diese Kulturformen dominieren die frühe Phase der Geschichte der Menschheit, bleiben aber bis in die Gegenwart hinein existent.

Während Jäger-und-Sammler- sowie nomadisch-seminomadische Kulturen der Gegenwart und zum Teil der jüngeren Vergangenheit für wissenschaftliche Untersuchungen greifbar bleiben, sind Aussagen über Religion und Rituale solcher Gruppen vergangener Epochen schwierig. Auf Grund der steten Wanderschaft ist ihre materielle Kultur wenig ausgeprägt. Archäologische Funde sind entsprechend rar.[2] Wissen und Brauchtum wird in diesen Gruppen mündlich tradiert und nicht schriftlich fixiert. Es geht bei Änderungen der Kulturform häufig verloren. Es gibt jedoch zwei historische Gruppen nomadisch-seminomadischer Menschen, deren rituelles Brauchtum bis heute in Texten greifbar ist: die indische Kultur der Ārya in der Literatur der Vedas und die vorstaatliche Kultur der Israeliten in den Texten der hebräischen Bibel, des Tenach, vor allem der Tora.

Natürlich begegnet die nomadische Kultur in diesen Schriften nicht vollkommen ungefiltert. Die Tora schildert sie aus der Perspektive sesshafter Menschen mit zum Teil erheblichem zeitlichem Abstand zu den dargestellten Praktiken. Von besonderer Bedeutung für ihre Entstehung ist die exilisch-nachexilische Periode von Mitte des 6. Jh. v. Chr. bis zumindest in spätpersische Zeit (2. Hälfte 4. Jh. v. Chr.) hinein.[3] Autoren dieser Epoche nehmen schon vorhandene Erzählungen unterschiedlicher Herkunft über die altisraelitisch-nomadische Kultur und ihre Protagonisten auf und deuten sie aus ihrer Zeit heraus (theologisch) aus.[4] Dadurch entstehen Verzerrungen, und die Authentizität des Dargestellten leidet.[5] Hinzu kommt, dass Vorstellungen und Ideen nachexilischer Zeit in die zwar fiktive, aber autoritative Situation der Gesetzgebung am Sinai rückprojiziert werden.[6] Dies gilt auch für die scheinbar nomadischen Ritualvorschriften der Bücher Exodus bis Deuteronomium. Trotz dieser Probleme bleibt nomadisches Ritualverhalten in den Texten der Tora bedingt greifbar.

Auch die Vedas unterliegen einem langen Entstehungsprozess.[7] Doch misst die indische Kultur durch Erinnerung und Erzählung dem vermittelten heiligen Wissen bis heute einen hohen Wert bei. Veränderungen daran sind nicht gestattet. Auswendig

---

2 Vgl. hierzu Isserlin (2001), S. 48.

3 Kratz (2000, S. 314-331) gibt als Entstehungszeitraum der Tora vor 720 v. Chr. bis in das 4. Jh. v. Chr. an. Gerstenberger (2005, S. 292-322) hält die Texte des Tenach im Wesentlichen für Gebrauchsliteratur frühjüdischer Gemeindeversammlungen, datiert den Beginn einer Tora-Sammlung mit kanonischen Ansprüchen frühestens in die Exilszeit (586-539 v. Chr.) und negiert die Notwendigkeit einer „Heiligen Schrift" in der vorexilischen Königszeit (S. 295).

4 Kratz (2000), S. 315 f, 321 f, 324 f.

5 Finkelstein/Siberman (2003, S. 49-51) verweisen in diesem Zusammenhang auf zahlreiche Anachronismen späterer Epochen in den Erzvätergeschichten der Genesis.

6 Gerstenberger (2005), S. 300.

7 Das Alter der Vedas ist umstritten. Stietencron (2001, S. 16-19) setzt den Sammlungsprozess der Texte ab ca. 1000 v. Chr. an. Kulke/Rothermund (1998, S. 49) datieren die ältesten vedischen Texte auf Mitte des 2. Jahrtausend v. Chr. Jedoch gehen indische

gelerntes Wissen muss bis in das letzte Detail hinein korrekt weitergegeben werden.[8] Diese Tradition hat den Vedas einen ursprünglicheren Charakter bewahrt. Dementsprechend schildern sie weitgehend authentisch die nomadische Opferkultur der Ārya.

1.1 Das Opferritual der Vedas

In der vedischen Epoche Indiens (1400-600 v. Chr.[9]) ist die Religiosität der Ārya, die zunächst nomadisch lebten und erst ab ca. 1000 v. Chr. nach und nach sesshaft wurden[10], in erheblichem Maße von der Durchführung des Brandopfers geprägt gewesen. Diese Brandopfer fanden nicht an speziellen heiligen Orten, z. B. Tempeln, statt. Die Ārya hielten ihre Götter für frei beweglich. Die Opfer wurden deshalb an wechselnden Opferstätten durchgeführt, die für die Rituale vorbereitet und gereinigt werden mussten.[11] An den Opferstätten wurden Altäre errichtet, die aus Erde oder Lehmziegeln bestanden.[12] Häufig wurden darüber leichte Hütten gebaut, die der Intimität des Rituals dienen sollten.[13]

Das Recht, ein Opfer durchzuführen oder durchführen zu lassen, war auf die Mitglieder der drei oberen Kasten der brāhmaṇas, kṣatriyas und vaiśyas beschränkt.[14] Private Opferrituale im eigenen Haushalt konnten von dem Familienvorstand oder seiner Frau, manchmal unterstützt durch den Familienpriester, durchgeführt werden. Für öffentliche Rituale waren aber zunehmend die brāhmaṇas als Ritualspezialisten zuständig, bis sie für ihre Durchführung ein Monopol etablieren konnten.[15] Vor Beginn des Opfers mussten sich der Opfernde wie auch der Opferspender durch Waschen mit Wasser rituell reinigen.[16]

---

und auch westliche Denker zum Teil von einem erheblich höheren Alter aus; vgl. hierzu Klostermaier (2000), S. 41-45; Kulke/Rothermund (1998), S. 49; Mylius (2000), S. 12 f.

8 Kulke/Rothermund (1998), S. 49 f; Klostermaier (2000), S. 47; Stietencron (2001), S. 18 f.

9 Kulke/Rothermund (1998), S. 468; ähnlich Embree/Wilhelm (1967/93), S. 314: 14/1300-600 v. Chr. Dagegen setzt Michaels (1998, S. 48) die vedische Epoche von 1750-500 v. Chr. an.

10 Kulke/Rothermund (1998), S. 44, 55 f; Michaels (1998), S. 49 f.

11 Michaels (1998), S. 51; Stietencron (2001), S. 14, 113.

12 Während Michaels (1998, S. 51) als Material für Opferaltäre nur Lehmziegel angibt, führt Drury (1981, S. 95 ff) aus, dass in vedischer Zeit lediglich beim Agnicayana-Ritual der Opferaltar aus gebrannten Ziegeln besteht. Analog hierzu beschreiben Tachikawa/Bahulkar/Kolhatkar (2001, S. 10 ff) ein Pavitreṣṭi-Opferritual, für das ein Altar aus Erde, Ziegeln und Kuhdung hergestellt wurde.

13 Drury (1981), S. 25 f, 82 ff; Michaels (1998), S. 51.

14 Drury (1981), S. 11, 23 f (Fußnote 53).

15 Michaels (1998), S. 272. Dies liegt auch an der zunehmenden Spezialisierung und Verselbständigung der Opferwissenschaft in den Kommentaren zur vedischen Literatur. Wissen hierüber wurde nur noch innerhalb der brāhmaṇas vermittelt. Die Priester gewannen durch ihr Spezialwissen Macht über Menschen und Götter. Denn nach ihrer Vorstellung bedurften die Götter des Opfers und konnten durch seine korrekte Ausführung gezwungen werden, so zu handeln, wie es dem Opferzweck entspricht. Über die Kenntnisse hierzu verfügten aber nur die brāhmaṇas, die damit nach ihrer Sicht auch über allen Menschen standen (vgl. Stietencron [2001], S. 19; Klostermaier [2000], S. 55).

16 Stietencron (2001), S. 113; Drury (1981), S. 16 f.

Da man sich die Götter frei beweglich vorstellte, mussten sie nicht automatisch am Ort des Opfers anwesend sein und deshalb vom Opfernden als Gast eingeladen werden. Dies geschah dadurch, dass für die verehrte Gottheit ein Sitzplatz am Ort des Opfers eingerichtet und sie anschließend mit Gebeten und Liedern, aber auch dem Duft des Opfers angelockt wurde.[17] Wichtige Opfergaben waren Tiere, darunter sogar Rinder, aber auch der Rauschtrank soma.[18]

Am Ende der vedischen Epoche geriet die zunehmend kostspielige brahmanische Opferreligion in eine tiefe Krise. Grund hierfür mag neben einer Verinnerlichung der Religion und einer Ablehnung der Dominanz der brāhmaṇas[19] auch die Änderung der Lebensweise der Ārya von einer nomadisch-seminomadischen zu einer bäuerlich-sesshaften Form mit dörflichen Strukturen gewesen sein.[20] Dennoch wird das Feueropfer, yajña oder homa genannt, zu unterschiedlichen Anlässen bis heute praktiziert.[21] Tiere als Brandopfer spielen allerdings keine Rolle mehr.[22] Wichtig sind Milchprodukte, vor allem geklärte Butterund vegetabile Opfergaben, wie Getreide und Kuchen sowie Früchte und Blumen.[23] Die Herstellung der für das Opfer besonders wichtigen Milchprodukte beruht aber auf Viehwirtschaft, die an den nomadisch-seminomadischen Ursprung des yajña erinnert.

---

17 Stietencron (2001), S. 15 f, 113.

18 Michaels (1998), S. 51, 272; Klostermaier (2000), S. 71.

19 Die in dieser Phase entstehenden Religionen Buddhismus und Jainismus führen sich auf Gründer aus der Kaste der kṣatriyas zurück, was den Rückgang der Dominanz der brāhmaṇas dokumentiert.

20 Kulke/Rothermund (1998), S. 63; Michaels (1998), S. 50. Die Abkehr vom nomadischen Brandopfer und von der vedischen Götterwelt sogar in einer Hirtenkultur reflektiert die Govardhana-Erzählung. Der menschgewordene Gott Kṛṣṇa kann die Hirten, bei denen er als Kind lebt, überreden, ihr vedisches Opfer an den Gott Indra einzustellen und stattdessen den Berg Govardhana zu verehren. Aus Zorn schickt dieser einen sintflutartigen Regen. Mit seinem kleinen Finger hebt Kṛṣṇa den Berg Govardhana auf, sodass die Hirten und ihre Familien darunter Schutz finden. Indra muss schließlich seine Unterlegenheit eingestehen und den Regen beenden (Prabhupada [1993/96], S. 166-176). Im Gott Kṛṣṇa finden sich Aspekte einer ursprünglichen Hirtengottheit, deren Anhänger Nomaden waren. Diese verehrten sowohl ihre Tiere als auch die Berge ihres Landes als Gottheiten und lehnten die Verehrung der vedischen Gottheiten ab (Jaiswal [1981], S. 83).

21 Klostermaier (2000), S. 72.

22 Tieropfer finden im Hinduismus selten statt und spielen nur bei den śāktas, den Anhängern der Göttin (u.a. Śakti genannt), nicht aber bei den Anhängern von Viṣṇu und Śiva, eine gewisse Rolle (Stietencron [1998], S. 110 ff). Fuller (1992, S. 83 ff) berichtet vom Opfer einer (vermutlich männlichen) Ziege in einem Tempel für die Göttin Chandi zum Fest Durgā Pūjā in Cuttack im ostindischen Bundesstaat Orissa. Der Leichnam des Tieres wird allerdings nicht verbrannt, sondern der Kopf der Göttin dargebracht und der Rest des Tieres dem Opfergeber für ein Gemeinschaftsmahl mit Familie und Freunden überreicht.

23 Tachikawa/Bahulkar/Kolhatkar (2001) beschreiben ein Pavitreṣṭi-Opferritual. Der Altar besteht aus Erde, Ziegeln und Kuhdung (S. 10 ff). Wichtigste Opfergaben sind geklärte Butter und speziell hergestellte Kuchen aus Reismehl (S. 9 f, 13-20). Drury (1981), S. 25 f, 82 ff.

1.2 Das nomadische Opferritual der Tora

In der Tora begegnet dem Leser eine nomadisch-seminomadische Kultur, deren zeitlicher Kontext am Ende der Spätbronzezeit liegt.[24] Die Religion dieser Kultur war ebenfalls von Brandopferritualen geprägt, für die es im Buch Genesis mannigfaltige Belege gibt, z. B. das Opfer von Kain und Abel (Gen 4,3-5) oder die Versuchung Abrahams und das anschließende Opfer eines Widders (Gen 22,1-13).

Die Geschichte von Kain und Abel ist in diesem Zusammenhang wichtig, weil sie verdeutlicht, dass dem Tieropfer, welches einer ursprünglich auf nomadischer Lebensweise beruhenden Viehwirtschaft entstammt, der Vorzug vor vegetabilen Opfergaben aus der bäuerlichen Landwirtschaft gegeben wird. Diese Tendenz ist auch den anderen Texten der Tora, die sich mit dem Opfer beschäftigen, zu entnehmen. Vier der fünf im Buch Levitikus geschilderten Opferkategorien setzen ein Tieropfer voraus: das Brandopfer Ola (Lev 1), das Heilsopfer Sewach Schelamim (Lev 3), das Sünd- und Reinigungsopfer Chattat (Lev 4) und das Schuldopfer Ascham (Lev 5).[25]

---

24 Die Datierung der nomadischen Epoche Israels ist umstritten. Wollte man den Zeitangaben des Tanach zur Lebensdauer der Patriarchen (Gen 12,4.21,5.25,26.47,28), dem Aufenthalt Israels in Ägypten (Ex 12,40) und dem Beginn des Tempelbaus unter Salomo nach dem Exodus (1 Kön 6,1), der klassisch in die Mitte des 10. Jh. v. Chr. datiert wird, folgen, so hätte sich der Aufbruch Abrahams nach Kanaan im 21. Jh. v. Chr. in der ausgehenden Frühbronzezeit ereignet. Doch ist die historische Faktizität dieser Angaben zu negieren.

Die Frage nach einem konkreten geschichtlichen Hintergrund der Erzvätererzählungen wird unterschiedlich bewertet. Als Kontext werden verschiedentlich die Wanderungen der semitischen Amurriter im 18. Jh. v. Chr. angeführt (vgl. Charpin 2003, S. 53). Finkelstein/Silberman (2003, S. 45-51) können in Gen und Ex dagegen keinen verlässlichen Anhaltspunkt zur spezifischen Datierung und Verifikation der erwähnten Personen und Ereignisse entdecken. Sie verweisen auf erhebliche Anachronismen aus späterer Zeit und betrachten die Tora nicht als Darstellung der nomadischen Frühgeschichte Israels. Der älteste Beleg des Namens „Israel" findet sich auf einer Siegesstele des Pharaos Merenptah aus dem Jahr 1208/07 v. Chr. Er bezeichnet eine vermutlich nomadische Volksgruppe, nicht jedoch eine Stadt oder ein Land (Finkelstein/Silberman [2003], S. 28,71; Bock [1989], S. 32). Im 12. Jh. v. Chr. (Eisenzeit I) entsteht im westjordanischen Bergland ein Netz von kleinen Dörfern, die wohl von sesshaft werdenden Hirten gegründet werden. Finkelstein/Silberman (2003, S. 123-135) sehen dies als historischen Hintergrund der Sesshaftwerdung Israels.

Spuren nomadischer Kultur in den Texten der Tora stehen also am ehesten im zeitlichen Kontext der endenden Spätbronzezeit vor Entstehung dieser Siedlungen, als die Merenptah-Stele eine vermutlich nomadische Volksgruppe mit dem Namen „Israel" in Kanaan belegt. Dies korreliert zeitlich mit Funden nomadisch-seminomadi-scher Gruppen in der Gegend von Hebron, die durch Gräber und Brandopfer unter Verwendung von Kleintieren archäologisch nachweisbar sind (Groneberg [2003], S. 38).

25 Die hebräische Bibel kennt auch Opfer, die nicht mit der Schlachtung und Verbrennung von Tieren verbunden sind. Jakob spendet auf dem von ihm errichteten Altar bei Bethel Trankopfer und Öl (Gen 35,14) oder nur Öl (Gen 28,18). Das Speiseopfer Mincha (Lev 2), eine der fünf im Buch Levitikus beschriebenen Opferkategorien, verwendet nur vegetabile Opfergaben in Form von Mehl oder Brot, Öl und Weihrauch. Allerdings darf für die Herstellung des Brotes nur ungesäuerter Teig verwendet werden. Ex 12,39 verbindet den Brauch, Brotteig nicht zu säuern mit den Notwendigkeiten der Wanderschaft, also den Bedingungen einer nomadischen Kultur.

Als Opfertiere sind Rind, Schaf, Ziege und Taube gestattet. Die dargebrachten Tiere müssen rein sein (Gen 8,20), also den rituellen Geboten entsprechen, und dürfen keinen äußeren Makel aufweisen (Lev 1/3-5).

Das Opfer konnte an unterschiedlichen Orten stattfinden, die allerdings von Gott selbst ausgesucht werden mussten (Gen 22,2/35,1; Ex 20,24).[26] Opfer an von ihm nicht erwählten Orten waren nicht zulässig. Als Material zur Errichtung des Altars am Ort des Opfers dienten unbehauene Steine (Gen 28,18; Ex 20,25; Jos 8,31) oder Erde (Ex 20,24).[27] Eine Bearbeitung der Steine mit Eisen entweihte den Altar (Ex 20,25). Erde und unbehauene Steine sind Werkstoffe, die einer nomadischen Kultur entsprechen und für diese leicht zugänglich sind. Dagegen setzt die Bearbeitung mit Eisen Werkzeuge und Formen der Arbeitsteilung, also Elemente einer sesshaften Kultur, voraus. Auch hier gibt die Tora durch das Verbot der Bearbeitung Ritualelementen der nomadischen Kultur den Vorzug. Über den Altarbau hinaus machen die Texte keine Angaben bezüglich einer weiteren Vorbereitungen des Opferortes, z. B. durch eine rituelle Reinigung. Denkbar ist, dass die rituelle Reinheit durch die göttliche Auswahl des Ortes vorausgesetzt wurde.

Die Texte der Genesis sehen für die Durchführung des Opfers keine Ritualspezialisten vor. Ganz selbstverständlich errichten Kain, Abel, Abraham und Jakob, aber auch der nicht als Nomade geschilderte Noah Altäre und opfern darauf. Das aaronitische Priestertum wird erst in Ex 28/Lev 8 eingeführt. Doch handelt es sich hierbei vermutlich um eine Rückprojektion späterer Verhältnisse am Tempel in die Zeit des – historisch nicht verifizierbaren – Exodus[28] und der damit verbundenen mosaischen Gesetzgebung, um dem Tempelpriestertum ein höheres Maß an Legitimität zu verleihen.[29]

1.3 Das Heilige als Gast im nomadischen Opferritual

Beide nomadischen Ritualtraditionen, die vedische und die altisraelitische, weisen erhebliche Parallelen auf. Zunächst ist der zeitliche Kontext nach Mitte des 2. Jahrtausends v. Chr. ähnlich. Gemeinsam ist auch die Vorstellung, dass die verehrte Gottheit nicht an einen Ort gebunden ist, weshalb die Opferrituale an unterschiedlichen Stätten stattfinden können. Die Auswahl des Ortes geschieht in der Tradition der Tora durch Gott selbst. Die gewählte Stätte wird nun für die Durchführung des Opfers vorbereitet. Hierzu gehören die Errichtung eines Altars und das Bereitstellen aller benötigten Gaben und Utensilien. Die vedische Tradition betont außerdem die aufwändige rituelle Reinigung des Opfernden, während das Buch Genesis hierzu keine Angaben macht. Anschließend wird das eigentliche Opfer durchgeführt, indem

26 Auch Dtn 12 spricht von einer von Gott erwählten Stätte, wo er „seinen Namen daselbst wohnen lässt" (12,5) und wohin die Opfergaben gebracht werden sollen. Während Ex 20,24 noch von vielen möglichen von Gott erwählten Opferstätten ausgeht, betont Dtn 12 jedoch, dass Gott nur eine Stelle wählt, an der alle Rituale stattfinden müssen. Der Text steht eindeutig im Zeichen der Kultzentralisation. Diese Vorstellung kommt frühestens in exilischer (586-539 v. Chr.), aber noch wahrscheinlicher erst in deutlich nachexilischer Zeit auf (vgl. Kratz [2000], S. 324 f).

27 Ex 27 spricht dagegen von einem Brandopferaltar aus mit Kupfer überzogenem Akazienholz, der zum Transport mit Tragestangen versehen sein soll.

28 Finkelstein/Silberman (2003), S. 70-82.

29 Kratz (2000), S. 322 ff, besonders Tabelle S. 331.

ein Tier geschlachtet und auf dem Altar verbrannt wird. Die Durchführung des Opfers ist in der indischen Tradition vor allem Aufgabe der Ritualspezialisten.

An Hand der erheblichen Gemeinsamkeiten der Opferrituale vedischer und altisraelitischer Tradition lässt sich die prinzipielle Struktur der nomadischen Kontaktaufnahme mit einer heiligen Macht skizzieren. Diese Macht wird, da sie nicht automatisch am Ort des Rituals anwesend ist, wie ein weitgereister Gast eingeladen. Zur nomadischen Gastkultur gehört die Versorgung des Gastes mit den besten Speisen und Getränken, die der Gastgeber zu bieten hat (vgl. Gen 18,1-8). Bei einer auf Viehwirtschaft beruhenden Kultur ist dies vor allem das Fleisch eines Tieres. Die eingeladene heilige Macht wird vom menschlichen Gastgeber mit dieser kostbarsten Speise bewirtet. Vereinfacht ausgedrückt, muss das Brandopfer, welches aus dem Schlachten und Verbrennen eines Tieres besteht, als Grillen des Menschen mit einer heiligen Macht verstanden werden. Verbunden mit der Opfergabe ist, wie bereits dargestellt, ein Opferzweck, etwa die Sicherung der Existenz, das Äußern einer Bitte oder das Erstatten von Dank. Nach Durchführung des Rituals und Darstellung des Opferzwecks verlässt der Gast, die heilige Macht, den Ort des Opfers. Ist ihr dabei eine Bitte übermittelt worden, so ist sie nun verpflichtet, dieser nachzukommen. Die Kontaktaufnahme hat aus Sicht des Menschen ihren Zweck erfüllt.

2. Heilige Orte

Das Opferritual an wechselnden Orten stellt für Nicht-Sesshafte eine Möglichkeit der Kontaktaufnahme mit einer heiligen Macht dar. Aber auch in nomadisch-seminomadischen Kulturen gibt es Orte, die als permanent heilig betrachtet werden. Denn sie gelten z. B. als ein bevorzugter Aufenthaltsort des Heiligen und können deshalb für eine Begegnung mit ihm genutzt werden. Für die Menschen liegt ein Vorteil darin, hier ihre Rituale zu vollziehen. Sie können sicher sein, das verehrte Heilige anzutreffen. Deshalb erreichen das Ritual und der damit verbundene Zweck zuverlässig den Adressaten.

Beispiele für permanente heilige Orte nomadischer Provenienz finden sich erneut in der altisraelitischen und indischen Tradition. Die Erzählung über die Begegnung zwischen dem Gott Israels und Mose in Ex 19-34 auf dem Gottesberg, Sinai oder Horeb genannt[30], spiegelt möglicherweise Erinnerungen nomadischer Gruppen, die in Israel aufgegangen sind, an diesen Berg als Wohnort ihres Gottes.[31] Auch der Berg Govardhana in der Region Braja im nordindischen Bundesstaat Uttar Pradesh galt ursprünglich wohl als Stätte der Begegnung mit oder Wohnort von einer regionalen Hirtengottheit, deren Kult mit der vedischen Religiosität kollidierte und später mit der Kṛṣṇa-Verehrung verschmolz.[32]

---

30 Bock (1989, S. 53) weist die beiden Bezeichnungen unterschiedlichen Quellen zu, die in Ex verarbeitet werden. Die Identität von Sinai und Horeb ist möglich, aber keinesfalls zwingend notwendig. Dann könnte sich in Ex 19-34 sogar die Erinnerung an zwei unterschiedliche Gottesberge erhalten haben.

31 Der Gottesberg kann nicht einwandfrei lokalisiert werden. Neben einer Verortung auf der Sinaihalbinsel wird auch eine solche im Nordwesten Arabiens diskutiert (Noth [1959], S. 121 ff; Bock [1989], S. 51-54; Koch [2007], S. 174; Isserlin [2001], S. 47 f).

32 Jaiswal (1981), S. 83. Den Anhängern Kṛṣṇas gilt der Berg bis heute als Manifestation dieses Gottes.

Das grundsätzliche Problem ist, dass nomadische Kultstätten häufig schwer durch archäologische Forschung belegbar sind, weil meist dauerhafte Ritualinstallationen fehlen. Die Heiligkeit von Sinai/Horeb, der nicht einmal lokalisiert werden kann, und Govardhana erschließt sich ausschließlich aus nicht-nomadischen Texten späterer Zeit. An verschiedenen Orten der Sinai-Halbinsel gibt es allerdings archäologisch belegbare heilige Stätten nomadisch-seminomadischer Kulturen, die von der Frühbronze- bis zur frühen Eisenzeit angelegt wurden. Sie verfügten bereits über rudimentäre Ritualeinrichtungen. Ein Beispiel hierfür sind die so genannten „cups" auf den Klippen des Timna-Tals: kreisrunde, künstliche Löcher, die wohl zur Durchführung von Opferritualen genutzt wurden.[33]

Deutlich umfangreicher sind die erheblich älteren obermesopotamischen Kultinstallationen[34] auf dem Göbekli Tepe und in Nevalı Çori in der Südosttürkei. Die ältesten Schichten auf dem Göbekli Tepe stammen aus dem 10. Jahrtausend v. Chr., die jüngsten aus dem beginnenden 8. Jahrtausend, die von Nevalı Çori vor allem aus der zweiten Hälfte des 9. Jahrtausends.[35] Beide Anlagen verfügten jeweils über mehrere hausartige Gebäudekomplexe runder oder rechteckiger Form. Innerhalb dieser Gebäude gab es monumentale T-förmige Pfeiler mit Darstellungen von Wildtieren, aber auch von menschlichen Armen und Händen. Auf Grund des Fehlens von Haustierdarstellungen gehörten die Träger der Anlagen vermutlich einer nicht-sesshaften Jäger- und Sammlerkultur an.[36] Möglicherweise gab es in der palästinischen Oase Jericho auf dem Tell es-Sultan in epipaläolithischer Zeit (10.-8. Jahrtausend v. Chr.) auch ein Jägerheiligtum. Eine längliche Gebäudestruktur mit einer Lehmplattform in der Mitte wird als Kultstätte gedeutet. Sie befand sich in der Nähe der für Jäger wichtigen Quelle, die möglicherweise als heiliger Ort galt.[37]

Auch in sesshaften Kulturen spielten natürliche Orte, wie Berge, Höhlen, Haine und Quellen als Stätten der Begegnung mit dem Heiligen eine entscheidende Rolle. Nach dem Glauben der Menschen waren diese Orte von Natur aus heilig, weil sich das Heilige hier manifestiert oder offenbart hat. Solche Plätze konnten architektonisch ausgestaltet werden. Die Heiligkeit der Stätte übertrug sich automatisch auf das Gebäude. Das Bauwerk hatte eine Rechtfertigung für seine Existenz.[38]

Die Heiligkeit eines Ortes und des dort errichteten Tempels konnte auch durch eine Ortslegende begründet werden. Ein Beispiel hierfür sind die zum Teil bis in die Gegenwart überlieferten sthalapurāṇas hinduistischer Heiligtümer. Häufig berichten sie von Träumen oder Visionen, in denen sich das Heilige einem Menschen zeigt.[39] Es

33 Lichtenecker (2006), S. 47.
34 Schmidt (2006), S. 74, 243-255.
35 Schmidt (2006), S. 91, 255.
36 Schmidt (2006), S. 255; Schwertheim (2011), S. 12 f. Den Grund für den Niedergang der Anlage auf dem Göbekli Tepe sieht Schmidt (2006, S. 255) darin, dass die bisherigen Träger als Bauern sesshaft werden.
37 Kenyon (1993), S. 675.
38 Keel (1996), S. 100; Müller-Wiener (1988), S. 138. Naumann (1971, S. 442-51) bietet zwei Beispiele für bronzezeitliche hethitische Naturheiligtümer, die architektonisch ausgestattet wurden: das zentralanatolische Quellheiligtum von Eflatun Pınar und das in mehreren Ausbauphasen mit Tempelanlagen versehene Felsheiligtum von Yazılıkaya in der Nähe von Hattuša.
39 So z. B. die sthalapurāṇas des Gaurāṅga Mahāprabhu-, des Rādhāramaṇa- und des Rādhā Govinda-Tempels in Vṛndāvana (Lichtenecker [2011], S. 85 f; Goswami [1996],

teilt diesem mit, von ihm an einem speziellen Ort in einer bestimmten objekthaften Gestalt auf eine besondere Art und Weise verehrt werden zu wollen.[40] Meist findet der oder die Angesprochene an der angegebenen Stelle ein Objekt, das als Selbstmanifestation des Heiligen gilt. Das Objekt, mūrti genannt, ist also das Heilige. Die mūrti kann anikonisch, z. B. ein Stein, oder auch ikonisch im Sinne einer anthropomorphen oder theriomorphen Darstellung sein.[41] Das Heilige offenbart sich dem Angesprochenen demnach auf zwei Ebenen: in der Ansprache selbst wie auch im Objekt. Die Heiligkeit des offenbarten Ortes ist somit erwiesen. An dieser Stätte etabliert der Offenbarungsempfänger einen Kult, indem er die mūrti auf die offenbarte Weise verehrt oder von dazu angestellten brāhmaṇas verehren lässt. Für die Fortsetzung des Kultes setzt er Nachfolger ein. Stifter, oft auch der Offenbarungsempfänger selbst, versehen den Kultplatz im Laufe der Zeit mit festen Einrichtungen, wodurch Tempelanlagen entstehen.[42]

Auch der Tenach überliefert mehrfach Erzählungen, welche die Heiligkeit eines Ortes mit einer göttlichen Offenbarung begründen. Eine ist durch den Namen des erwähnten Ortes mit dem Tempel in Jerusalem verbunden: die Geschichte des Isaaksopfers (Gen 22). Dieses soll auf einem Berg im Land Morija geschehen sein (22,2). Morija ist nach 2 Chr. 3,1 auch der Name des Jerusalemer Tempelbergs. Der Leser erfährt weiterhin, dass das Opfer als Brandopfer auf einem Altar dargebracht werden soll (22,6-9) und Gott als Gabe Menschen verschmäht (22,12), aber Tiere, vor allem das Schaf bzw. den Widder (22,7-8.13), schätzt. Die Erzählung erklärt also, dass Gott an einem von ihm ausgewählten Ort mit besonderen Gaben, die auf fest definierte Weise dargebracht werden sollen, versorgt werden will und begründet dies unter Verweis auf den Erzvater Abraham, der eine göttliche Offenbarung erhalten hat. Die Erzählung verfügt über die wesentlichen Elemente einer sthalapurāṇa. Entsprechend kann sie u.a. als Erklärung der Heiligkeit des Tempelberges und damit Tempelgründungsgeschichte verstanden werden.

3. Das Tempelwesen

3.1 Anfänge des Tempelwesen: Die Behausung des Heiligen

In den architektonischen Installationen an Kultstätten nomadisch-seminomadischer und früher sesshafter Kulturen begegnet eine erste Wurzel dessen, was zum elaborierten Tempelwesen führt. Die Idee des Tempels gründet neben dem Wunsch, dem Heiligen verlässlich begegnen zu können, vor allem im menschlichen Bedürfnis, sich zum Schutz vor der Natur eine Behausung zu verschaffen. Dieses Bedürfnis übertrugen Menschen schon früh auf das Heilige, für das sie Unterkünfte errichteten,

---

S. Vf; Das [1990], S. 72 f). Bei vielen traditionsreichen Großtempeln ist der ursprüngliche Offenbarungsempfänger allerdings keine historisch greifbare Person, sodass die gesamte Erzählung auf einer mythologischen Ebene spielt.

40 Harman (1987), S. 298, Shulman (1980), S. 4 f.

41 Lichtenecker (2010), S. 187 ff. Zur Unterscheidung „ikonisch-anikonisch" vgl. Eck (1998), S. 32-44.

42 Traditionell verdankte sich der Ausbau eines Tempels meist der Patronage eines Fürsten. Heute treten vermögende Privatpersonen, in der Hindu-Diaspora auch Kultvereine, als Stifter auf (Rabe [1995], S. 235-43; Luchesi [2003], S. 228 f).

die den eigenen nachempfunden waren. Entsprechend bauten Menschen nichtsesshafter Kulturen u.a. Zelte als Behausung für das Heilige. Idealtypisch begegnet ein solches Heiligtum in der biblischen Stiftshütte (Ex 26).[43] Zwar handelt es sich hierbei um einen Entwurf des idealen Heiligtums aus exilisch-nachexilischer Zeit, der in die Situation des Bundesschlusses und der Gesetzgebung am Berg Sinai/Horeb rückprojiziert wurde.[44] Doch der Fund eines früheisenzeitlichen, vermutlich midianitischen[45] Zeltheiligtums im Timna-Gebiet der Sinaihalbinsel belegt, dass solche Einrichtungen tatsächlich existierten.[46]

Die Tendenz, die Unterkunft des Heiligen an die eigene Wohnsituation anzupassen, zeigt sich auch bei sesshaften Kulturen. Im anatolischen Çatal Höyük, einer der frühesten Großsiedlungen der Menschheit (ca. 7000-5700 v. Chr.[47]), wurden neben den damals neuartigen Rechteckhäusern auch zahlreiche Kulträume gefunden, die sich aber in ihrer äußeren Erscheinung nicht von den übrigen Gebäuden unterschieden. Auch die Innenräume waren mit denselben niedrigen Schlafplattformen versehen, besaßen daneben jedoch Kultinstallationen, vor allem Darstellungen des verehrten Heiligen.[48]

Die ägyptischen Tempel der prä- und frühdynastischen Zeit (ca. 4000-2640 v. Chr.[49]) lassen nichts von der Monumentalität der Anlagen des Neuen Reiches ahnen. Ihre Ausmaße waren bescheiden. Wie die Häuser der Menschen bestanden sie aus gebrannten Lehmziegeln, Holz und Schilfmatten. Selbst Zelte und Höhlen fanden noch Verwendung.[50]

---

43 Dalman (1939, S. 35 ff), geht davon aus, dass ein israelitisches Heiligtum sich der Nomadenzeltsitte anschließen musste, stellt aber auch fest, dass viele in Ex beschriebene Elemente der Stiftshütte nicht dem Nomadengebrauch entstammten.

44 Zwickel (1999, S. 24) datiert die Beschreibung in exilisch-nachexilische Zeit. Laut Gerstenberger (2005, S. 300) bezog die „nachexilische Gemeinde [...] die notwendigen Anweisungen für ihr kultisches und ziviles Leben vom Sinai (genauer: sie projizierte ihre Handlungsmodelle an den Sinai) [...]." Hierzu gehört natürlich auch der Entwurf des idealen Heiligtums.

45 Die Midianiter sind ein weitgehend sesshaftes, teilweise auch nomadisch lebendes Volk in Nordwestarabien am Übergang der Spätbronze- zur Eisenzeit (Lichtenecker [2006], S. 58, Fußnote 5).

46 Rothenberg (1993), S. 1482-85; Lichtenecker (2006), S. 47. Das Zeltheiligtum wurde auf den Überresten eines ägyptischen Hathor-Tempels der 19. Dynastie (13./12. Jh. v. Chr.) mit Naos und Hof errichtet, der nach Aufgabe der ägyptischen Minenexpeditionen ins Timna-Gebiet zur Kupfergewinnung im 12. Jh. v. Chr. verfiel und von den Midianitern übernommen wurde. Sie haben über das Heiligtum ein Zeltdach gespannt, von dem Reste gefunden werden konnten. Zwickel (1999, S. 23f) geht unter Verweis auf diese Anlage von der Historizität der Errichtung eines Zeltheiligtums für den Gott Israels in Jerusalem unter König David (2 Sam 6,17) aus.

47 Klotz (1997), S. 17.

48 Klotz (1997), S 18 (Abb. 6), 19, 23-34, Rekonstruktionen Tafeln 6, 8-16. Naumann (1971, S. 431-36) bestätigt den Befund zu Çatal Höyük und führt aus, dass sich in Anatolien bis zur Wende zum 2. Jahrtausend v. Chr. keine eigenständige Sakralarchitektur entwickelt habe. Kultbereiche könnten weiterhin in den Wohnbereich der Menschen integriert gewesen sein.

49 Clauss (2001, S. 484). Die Zeitangaben variieren in der wissenschaftlichen Literatur.

50 Clauss (2001), S. 112; Kurth (1994), S. 15-17, vor allem Abb. 6+7 mit Darstellungen von Tempeln auf ägyptischen Siegelabdrücken der 1. Dynastie um 3000 v. Chr.

Ein frühes, archäologisch belegbares Heiligtum in Palästina ist der chalkolithische Tempel von En Gedi aus Mitte des 4. Jahrtausends v. Chr. Die aus Steinen gebaute monumentale Anlage bestand aus einem 20 Meter langen Hauptgebäude in Breitraumform[51] und einem Nebengebäude. Beide waren von einem Hof umschlossen, in dessen Mitte sich eine runde Steinstruktur befand, die vermutlich kultischen Zwekken diente. Bei der Anlage handelte es sich wahrscheinlich um eine reine Kultstätte, die als Zentralheiligtum für die Menschen der Region diente.[52] Der ebenfalls sehr alte Tempel in Stratum XIX von Megiddo[53] lag dagegen mitten in der Stadt. Er befand sich in einem von drei nebeneinanderliegenden Räumen an einem Hof und bestand wie andere Gebäude auch aus Lehmziegeln. Die Anordnung des Innenraums in Breitraumform mit einem Altar gegenüber dem Eingang jeweils an den Langseiten belegt jedoch die Nutzung als Tempel.[54]

In Indien sind Kultstätten erst relativ spät belegbar. Die nordwestindische Harappa-Kultur (ca. 2800-1700 v. Chr.) hinterließ keine Bauten, die eindeutig kultischen Zwecken zugeordnet werden konnten.[55] Die vedischen Opferaltäre haben sich im feucht-warmen Klima Indiens ebenso wenig erhalten, wie Heiligtümer aus organischen Baumaterialien, die es seit Beginn der Urbanisierung im 7. Jh. v. Chr. zunehmend gegeben haben muss.[56] Erst im letzten Drittel des 1. Jahrtausends v. Chr. errichteten Buddhisten und Jainas, später auch Hindus erste archäologisch belegbare Kultstätten unter Verwendung klimabeständiger Materialien.[57]

3.2 Der Tempel als Palast des Heiligen

Bis heute dienen Tempel in unterschiedlichen Religionen als Behausung und Verehrungsstätte des Heiligen. Jedoch kommt noch eine wichtige dritte Funktion hinzu. Mit der Sesshaftigkeit entstanden zunächst kleine, dann auch größere menschliche Siedlungen, die anfangs noch über kaum ausgeprägte soziale Hierarchien verfügten.[58]

---

51 Bei einem Breitraumtempel befinden sich der Eingang und der gegenüberliegende Altar jeweils an den Langseiten des Tempelraumes, sodass sich ein kurzer Weg von Eingang zum Altar ergibt. Dem steht der Langraumtempel gegenüber, bei dem sich Tür und Altar an den Schmalseiten befinden (vgl. Keel [1996], S. 133 ff).

52 Mazar (1993), S. 405. Spuren profaner Bebauung in der Umgebung oder von Alltagskeramik fehlen.

53 Die Datierung ist umstritten. Mazar (1993, S. 405) ordnet den Tempel wie das Heiligtum von En Gedi dem Chalkolithikum zu. Aharon (1993, S. 1005) datiert ihn auf die späte Frühbronzezeit I (3300-3000 v. Chr.).

54 Aharon (1993), S. 1005.

55 Stietencron (2001), S. 11. Eventuell handelt es sich bei den archäologisch belegten großen Bädern und den sie umgebenden Säulenhallen um Ritualanlagen.

56 Spätere Tempelbauer imitierten die Formensprache der älteren Architektur aus organischen Materialien in Stein. Stierlin (2002, S. 19) nennt dieses Phänomen Versteinerung.

57 Die Baumeister verwendeten Ziegel, gestalteten natürliche und künstliche Höhlen oder schlugen ganze Gebäude aus dem Felsen heraus (Michell [1988], S. 79-82; Stierlin [2002], S. 19-24). Erst in der zweiten Hälfte des 1 Jahrtausends n. Chr. entwickelte sich eine freistehende Tempelarchitektur unter Verwendung von Steinen oder Ziegeln (Stierlin [2002], S. 37-42).

58 Frühe Großsiedlungen der Menschheit wie Catal Höyük (Klotz [1997], S. 18 f, besonders Abb. 6) oder Jericho (epipaläolithische bis chalkolithische Schichten, Kenyon

Doch entwickelten sich in den Siedlungen zunehmend komplexe, arbeitsteilige Gesellschaften mit Spezialisten für Ackerbau, Viehzucht und unterschiedliche Handwerke. Mit der Diversifizierung setzte die Notwendigkeit zur Organisation der Arbeitsprozesse ein. Lebensmittel mussten zur Versorgung der nicht-bäuerlichen Bevölkerung überproduziert, Rohstoffe für Handwerker beschafft, die Siedlung nach außen gesichert, die permanente Kommunikation mit dem Heiligen gewährleistet werden. Neue Berufsgruppen entstanden, z. B. Händler sowie haupterwerbliche Spezialisten für Verwaltung, Kult und Krieg. Dies führte zur Ausbildung einer hierarchischen Gesellschaftsordnung mit einem monarchischen Herrscher an der Spitze.[59] Er wollte seiner Bedeutung durch eine zunehmend prachtvolle Behausung, dem Palast, Ausdruck verleihen. Palastbauten sind verstärkt ab der urbanen Phase der Frühbronzezeit belegbar.[60]

Die hierarchische Gesellschaftsstruktur wurde jedoch nicht auf Menschen beschränkt, sondern nach oben verlängert. An der Spitze der Gesellschaft stand nicht der Monarch, sondern das Heilige selbst, das als der eigentliche Souverän der Stadt oder des Landes betrachtet wurde. Der menschliche Herrscher galt als dessen irdischer Statthalter.[61] Er konnte als leiblicher oder adoptierter Sohn bzw. Gegenwärtigkeit des Heiligen betrachtet werden.[62] Wie der Monarch, so brauchte auch das

---

[1993], S. 675-78), aber auch die zeitlich deutlich späteren mittelbronzezeitlichen (erstes Drittel 2. Jahrtausend v. Chr.) Siedlungen vermutlich indoeuropäischer Provenienz des „Country of Towns“ im südlichen Trans-Ural (Zdanovich/Batanina [2002], S. 121-38, vor allem Abb. 2-5) besaßen relativ einheitliche gestaltete Häuser und verfügten nicht über Paläste.

59 Etablierte soziale Hierarchien spiegeln sich z. B. in der sehr unterschiedlichen materiellen Ausstattung und räumlichen Gestaltung spätchalkolithischer ägyptischer Gräber (Hawass [2006], S. 20). Vorstufe monarchischer Herrschaft in Ägypten war der Häuptling, der in den nicht-sesshaften wie auch frühen sesshaften Gesellschaften als Anführer bei Jagd und Kampf fungierte. Mit zunehmend komplexeren Sozial- und Wirtschaftsstrukturen vergrößerte sich sein Aufgabenbereich, und seine Macht wuchs (Hawass [2006], S. 20; Clauss [2001], S. 196 f.). Für das sumerische Mesopotamien nimmt Golzio (1983, S. 21) zunächst eine primitive Form der Demokratie an, aus er sich das Königtum entwickelt habe, weil in kritischen Situationen Herrscher eingesetzt werden mussten.

60 Während im mesopotamischen Sumer Tempelanlangen (die möglicherweise auch Wohnbereiche einer priesterlichen Herrscherschicht umfassten) schon früher belegbar sind, wurden erst in frühdynastischer Zeit (ab 2900 v. Chr.) monumentale Paläste errichtet (Schmökel [1995], S. 241f). In den kanaanäischen Städten entstanden etwa zeitgleich älteste Paläste, z. B in Arad (Stratum III, 2950-2800 v. Chr., Amiran/Ilan [1993], S. 76ff) oder Ai (Stratum III, 3000-2860 v. Chr., Callaway [1993], S. 41). In den bronzezeitlichen Städten der nordwestindischen Harappa-Kultur gab es Zitadellen genannte Oberstadtbereiche, die jedoch über keine Monumentalarchitektur verfügten (Kulke/Rothermund [1998], S. 25).

61 So im alten Mesopotamien (Schmökel [1995], S. 85-88), bei den Hethitern, wo der König vom Reichsgott eingesetzter Regent ist (Otten [1995], S. 366), in der Tradition mancher hinduistischer Königreiche Indiens (Kulke/Rothermund [1998], S. 188). Auch das in Europa bis ins 20. Jh. hinein betonte Gottesgnadentum der Monarchen steht in dieser Tradition.

62 So in Ägypten, wo der Pharao als leiblicher Sohn des Staatsgottes betrachtet wird (Clauss [2001], S. 193 f; Kurth [1994], S. 33-61, vor allem S. 48) und im alten Israel,

Heilige als Souverän der Stadt oder des Landes einen Palast auf Erden, in dem es nicht nur wohnen, sondern von wo aus es wirken und herrschen konnte. Auch diese Funktion übernahm der Tempel, der damit zur Residenz des eigentlichen Souveräns des Staates wurde.

3.3 Das kosmische Haus: Tempel und Architektur

Für jeden Tempel in Geschichte und Gegenwart ergibt sich ein Grundproblem. Die Menschen betrachten ihn einerseits als Wohnort und Palast des Heiligen. Andererseits wissen sie, dass die verehrte heilige Macht weit über das Heiligtum hinaus wirkmächtig ist und kosmische Verantwortung trägt. Dementsprechend gilt es, den Tempel als einen Ort der Wirkmächtigkeit des Heiligen mit dem Kosmos – wie auch immer man ihn sich vorstellen mag – als dem anderen Ort von dessen Wirkmächtigkeit in Verbindung zu bringen.[63] Dies geschieht in erheblichem Maße durch die Architektur.

Besondere Bedeutung kommt weitverbreitet schon der Ausrichtung des Tempels bei, die sich häufig am Lauf der Sonne oder anderer Gestirne und somit am Kosmos orientiert. Oft besitzen Tempelanlagen eine Ost-West-Ausrichtung.[64] Der Zugang liegt also im Osten auf die aufgehende Sonne zu, das Sanktuarium im Westen. Doch gibt es auch Heiligtümer, die gerade entgegengesetzt orientiert sind[65] oder über andere Ausrichtungspunkte verfügen[66]. In einigen Kulturen spielt die Orientierung nach Himmelsrichtungen keine Rolle.[67]

Neben der Ausrichtung hat der Bauplan des Tempels erhebliche Bedeutung. Er kopiert den Bauplan des Kosmos und verbindet dadurch beide miteinander. Das entstehende Heiligtum wird somit zum Mikrokosmos im Makrokosmos. Die Baupläne verwenden im Allgemeinen geometrische Formen, vor allem Quadrate und Rechtekke, aber je nach Kultur auch Dreiecke und Kreise. Diese gelten als Ausdruck der Perfektion und werden in unterschiedlicher Art und Weise miteinander arrangiert. Die

---

wo der König von Gott an Sohnes statt angenommen wird (Keel [1996, S. 224-247] interpretiert Ps 2,7 als Ausdruck der göttlichen Adoption des Königs während der Inthronisation).

63 In vielen religiösen Traditionen gilt der Kosmos als Selbstmanifestation oder Schöpfung des Heiligen.

64 Nach Möglichkeit ist dies in Ägypten der Fall (Hawass [2006], S. 162). Abweichungen sind zahlreich, z. B. der Tempel von Edfu, der auf die dem Tempelgott Horus Behedeti heilige Mittagssonne ausgerichtet ist (Kurth [1994], S. 55). Hindu-Tempel haben in aller Regel den Eingang im Osten (Michell [1988], S. 72 f). Auch der salomonische und der herodianische Tempel in Jerusalem besaßen nach Angaben des Tanach bzw. antiker Quellen eine West-Ost-Ausrichtung (Ez 8,16; Flavius Josephus, Bel. Iud. 5,204).

65 Ägyptische Totentempel haben den Eingang im Westen mit Blick auf die untergehende Sonne, wo sich das Totenreich befindet (Hawass [2006], S. 162). Auch traditionell errichte abendländisch-christliche Kirchen öffnen sich nach Westen.

66 In der altmesopotamischen Tradition war es üblich, die vier Ecken des Tempelgebäudes nach den vier Himmelsrichtungen auszurichten (Schmökel [1995], S. 238).

67 So z. B. bei den Hethitern (Seeher [2002], S. 139) und den Römern (Rüpke [2001], S. 173). Allerdings gibt Vitruv (De Architectura 4.5.1) an, dass ein römischer Tempel, wenn der Raum gegeben ist, so ausgerichtet sein soll, dass sich das Kultobjekt im Osten und der Eingang mit dem davorliegenden Opferaltar im Westen befindet.

Architektur des Tempels bildet so in ihrem Grundplan die perfekte kosmische Geometrie ab und stellt in ihrem mathematischen Maß die kosmische Ordnung nach.[68]

Unterschiedliche Kulturen aller Epochen verwenden zur Definition von Strecken und Flächen Maße, deren Bezeichnungen der Anatomie des menschlichen Körpers entnommen sind. Längen werden beispielsweise in Finger, Daumen, Handbreit, Spanne, Elle, Klafter, Fuß oder Schritten angegeben. Kleinere oder größere Maßeinheiten können durch ein Bruchteil oder ein Vielfaches der ursprünglichen Einheit definiert werden.[69] Die Anatomie des menschlichen Körpers liefert also das Maß, mit dem die Welt, aber auch der Kosmos vermessen wird. Der Mensch kann seinen (idealen) Körper sogar als Abbild des Kosmos betrachten. Er selbst ist der Mikrokosmos im Makrokosmos. Seinen Körper macht er zum Maß aller Dinge und entsprechend auch zum Maß der Tempelarchitektur.

Der Hinduismus bietet das idealtypische Beispiel für Baupläne von Tempeln, die auf der kosmischen Geometrie beruhen und als Maß die Anatomie des menschlichen Körpers verwenden. Die Tempelgrundrisse basieren immer auf einem Diagramm der Geometrie des Kosmos, dem maṇḍala. Dieses muss quadratisch sein, weil das Quadrat die kosmische Ordnung und den Wohnsitz der Götter verkörpert.[70] In das Quadrat hinein auf die gesamte Fläche verteilt ist der Körper des puruṣa gezeichnet, des kosmischen Menschen, einer Darstellung des eigentlich formlosen Heiligen, das sich im Kosmos wie im Menschen vergegenwärtigt.[71]. Dieses maṇḍala heißt vāstupuruṣamaṇḍala. Exakt in der Mitte des Quadrates, dort, wo sich später das Kultobjekt, die mūrti, in der Cella, dem garbhagṛha, befinden wird, liegt der Bauchnabel des puruṣa. Die mūrti ist also der ομφαλος[72], der Nabel der Welt, sowie Dreh- und

68 Michell (1988, S. 73 f) gibt dies als Ziel der hinduistischen Sakralarchitektur an.

69 So ist die angelsächsische Maßeinheit „inch" (dt. Zoll) der zwölfte Teil eines Fußes, wobei der Begriff von lat. „uncia" für 1/12 abstammt. Der inch wird aber in vielen Landessprachen als Daumen bezeichnen. Der Begriff „Meile" ist wiederum eine Abschleifung von lat. „mille passus", dt. „tausend (Doppel-)Schritte".

70 Kramrisch (1991), S. 22; Stierlin (2002), S. 63 f, 125. Jede Seite des maṇḍalas ist in drei bis neun Bereiche untergliedert, sodass sich Unterquadrate mit einer Anzahl von neun Feldern (3^2, pīṭha-maṇḍala) bis 81 Feldern (9^2, paramasāyika-mandala) ergeben können. Bei einer weiteren Ausdifferenzierung der Formen können Unterquadrate zu anderen quadratischen oder rechteckigen Flächen zusammengefasst oder in Dreiecke unterteilt werden. Wichtige Bedingung eines maṇḍalas ist Symmetrie. Seine einzelnen Unterflächen sind unterschiedlichen Gottheiten gewidmet, die mit einer Himmelsrichtung in Verbindung stehen. Im maṇḍala ist also schon die Ausrichtung des Gebäudes nach Himmelsrichtungen und mit diesen verbundenen kosmischen Mächten festgelegt.

71 Über den puruṣa schreibt Kramrisch (1996), S. 67: „In the Puruṣa, Supernal Man, the Supreme Principle is beheld. Beyond form and non-contingent, it is beyond description. It is known [...] as residing in man, the microcosm, and in universe, the macrocosm. Man and Universe are equivalent in this their indwelling centre. Of this equivalence the Puruṣa is an image." Im Puruṣa-sūkta, einer Hymne des Ṛg-Veda, opfern die Götter den puruṣa, um aus den Teilen seines Körpers die Welt zu schaffen. Der puruṣa ist also gleichzeitig Mensch und Kosmos.

72 Der berühmte ομφαλος, deutsch „Nabel", war ein phallischer Kultstein im Adyton des Apollon-Tempels im griechischen Delphi, der von Zeus selbst in die Erde gesetzt worden sein soll. Der Gott wollte den Mittelpunkt der Erde finden, indem er von Westen und Osten jeweils vom Ende der Welt einen Adler losfliegen ließ. Die Tiere trafen sich

Angelpunkt des Kosmos. Durch sie läuft die kosmische Achse. Hier berühren sich die verschiedenen Weltebenen. Denn die mūrti ist architektonisch durch Substruktionen unter sich mit der Unterwelt und durch den Tempelturm über sich, der den Weltenberg Meru verkörpert, mit dem Himmel verbunden.[73] Die Cella, die das Kultobjekt beherbergt, befindet sich in traditionellen Anlagen ganz tief im Inneren des Tempelturms. Sie ist der dunkelste Ort des Heiligtums, gestaltet als Höhle im Weltenberg und erinnert an den weiblichen Mutterschoß, worauf auch ihre Sanskrit-Bezeichnung garbhagṛha anspielt.[74]

In der römischen Welt vertritt Vitruv, ein Architekturtheoretiker aus dem 1. Jh. v. Chr., die Vorstellung, die Proportionen des idealen Tempels seien denen des idealen, über Ebenmaß verfügenden menschlichen Körpers vergleichbar, den die Natur mit dieser Eigenschaft ausgestattet habe (De Architectura 3.1.1-4). Architektur wird damit zum Nachvollzug der Perfektion des menschlichen Körpers, die ihren Ursprung in der Natur hat. Vitruv führt weiter aus, die Maßeinheiten, mit denen die Architektur rechne, seien der Anatomie des menschlichen Körpers entnommen (3.1.5). Mittelpunkt des Körpers sei der Bauchnabel, von dem aus bei ausgestreckten Extremitäten Finger- und Zehenspitzen gleich weit entfernt seien, weshalb um den Körper ein Kreis gezogen werden könne (3.1.4). Da der Mensch aber vom Kopf bis zu den Füßen genauso lang sei, wie bei ausgestreckten Armen von einer Seite auf die andere breit, könne um ihn herum auch ein Quadrat konstruiert werden (3.1.4). Der menschliche Körper verbindet also die beiden idealen geometrischen Formen der Architektur: den Kreis und das Quadrat. Anders ausgedrückt: Vitruv macht den Menschen zur Quadratur des Kreises. In seiner berühmten Skizze hat Leonardo da Vinci die Beschreibung des vitruvianischen Menschen umgesetzt und dabei ein Werk produziert, dass dem vāstupuruṣamaṇḍala vergleichbar ist. Denn Vitruvs Darstellung diente zur Rechtfertigung des von ihm geforderten Ebenmaßes in der Architektur, das am besten von den Proportionen des menschlichen Körper her erlernbar sei, ebenso wie der puruṣa das ideale Maß eines hinduistisches Tempels verkörpert.

Kreis und Quadrat spielen für die römisch-italische Religion noch in einem weiteren Sinne eine Rolle. Der lateinische Begriff „templum" bezeichnet nicht das Tempelgebäude, welches „aedes" genannt wird, sondern meint ein vom Bereich des Profanen abgegrenztes, heiliges Areal. Dieses kann kreisförmig oder viereckig sein und vorübergehend oder dauerhaft installiert werden. Durch das templum verlaufen an den Himmelsrichtungen orientierte Achsen von Norden nach Süden (cardo) und von Osten nach Westen (decumanus), die sich im Mittelpunkt rechtwinklig schneiden. Dieses an kosmischen Gesichtspunkten ausgerichtete templum dient der Beobachtung göttlicher Omina. Es kann, muss aber nicht mit Kultinstallationen sowie Gebäuden versehen werden.[75]

---

in Delphi, wo Zeus den ομφαλος, den Nabel der Welt und Mittelpunkt des Kosmos, installierte (vgl. hierzu Gladigow [1992], S. 174).

73 Harshananda (o.J.), S. 18, 49 (Abb. 6A).

74 Michell (1988), S. 69 ff.

75 Rüpke (2001), S. 34 f, 180 ff; Pfiffig (1998), S. 112 ff. Die Römer übertragen dieses System auf die Planung und Gründung einer (idealen) Stadt, aber auch eines Kastells. Diese konstituiert sich durch die Festlegung der zwei Hauptachsen cardo und decumanus, die sich wiederum kosmisch an den Himmelsrichtungen orientieren. An ihrem Schnittpunkt befindet sich der Mittelpunkt der Stadt. Hier liegt häufig das Forum mit

Der Gedanke, dass der Mensch und sein Körper in einer besonderen Beziehung zum Heiligen stehen, ist auch der Bibel nicht fremd: „Und Gott sprach: Lasset uns Menschen machen, ein Bild, das uns gleich sei, [...]. Und Gott schuf den Menschen zu seinem Bilde, zum Bilde Gottes schuf er ihn; [...]“ (Gen 1,26 f). Der kontroverse Text, der zahlreiche Deutungsversuche provoziert hat, will sicherlich nicht behaupten, der Mensch sei das exakte Abbild Gottes. Doch ist die im Kontext der Schöpfungsgeschichte getroffene Aussage von Bedeutung, da der Mensch das einzige Geschöpf ist, von dem dies berichtet wird. Von allen Geschöpfen ist er jenes, welches Gott, zumindest in seinem Wesen, ähnlich ist und ihn erfahrbar macht. Unabhängig vom richtigen Verständnis dieses Textes wurden auch in der altisraelitischen Tradition Längenmaße der Anatomie des menschlichen Körpers entnommen, vor allem die Elle, die nach 1 Kön 6 als Maß für den Bau des so genannten salomonischen Tempels verwendet wurde.

Neben der Beschreibung des Tempels und seiner Ausstattung in den Bauberichten (1 Kön 5,15-6,38; 7,13-51 / 2 Chr 1,18-5,1) bietet der Tenach den Entwurf eines idealen Heiligtums. Die Schilderung erfolgt im Buch Ezechiel (Kapitel 40-43) als eine dem Propheten übermittelte Vision.[76] Sie blickt auf den bereits zerstörten ersten Tempel zurück (40,1) und entwirft programmatisch einen neuen. Als Maß dient wieder die Elle, die aber um eine Handbreit länger als gewöhnliche Ellen ist (40,5). Die Tempelanlage ist nach Osten auf die aufgehende Sonne ausgerichtet, von wo die Herrlichkeit Gottes in den Tempel einziehen wird (43,4; vgl. 8,16). Der Grundriss der Anlage ist quadratisch und vollkommen achsensymmetrisch entlang der Ost-West-Achse. Im Mittelpunkt des Quadrates, wo sich die Wege vom Ost-, Süd- und Nordtor kreuzen (ein Westtor ist nicht vorgesehen), liegt nicht die Cella oder das Tempelgebäude, sondern vermutlich der Brandopferaltar.[77] Mit der Positionierung des Altars betont der Entwurf des Ezechiel das auf nomadischen Traditionen beruhende Brandopfer, während die Bedeutung des Tempelgebäudes zurückzutreten scheint.[78] Mit der quadratischen Form und der konsequenten Betonung der Symmetrie als Spiegel der kosmischen Ordnung weist der Entwurf Parallelen zu Prinzipien des idealen Heiligtums in anderen Kulturen auf und erinnert an ein hinduistisches maṇḍala.[79] Ezechiels

---

den Tempeln und öffentlichen Gebäuden. Um die Stadt herum wird in einem Ritual mit einem Pflug eine Furche als Miniaturgraben gezogen, welche ihre Außengrenzen anzeigt. Durch diese Grenzziehung und Umfriedung nach außen entsteht die Stadt als ein dem templum vergleichbarer sakraler und befriedeter Raum göttlicher Ordnung (vgl. Rüpke [2001], S. 179 f). Analog hierzu stellt Müller-Wiener (1988, S. 138) für griechische heilige Bezirke fest, sie „wurden durch Hecken, Zäune oder Mauern aus der ungestalteten Natur [...] herausgelöst und stellten dem ‚Chaos‘ der Umgebung die gestaltenden Kräfte des ‚Kosmos‘ entgegen.“

76 Zum Problem der Verfasserschaft und der Datierung der Vision vgl. Busink (1980), S. 702-09.

77 Der Text in Ez gibt keine eindeutige Positionierung an, doch erscheint der Ort in der Mitte der Anlage am wahrscheinlichsten; vgl. Busink (1980), S. 730 ff.

78 Busink (1980, S. 732) geht allerdings davon aus, dass die Anlage nicht streng auf die Mitte des Vierecks gedacht und ihr Ziel dementsprechend nicht der Altar, sondern selbstverständlich das Tempelgebäude sei.

79 Vgl. die unterschiedlichen Rekonstruktionsversuche bei Busink (1980, S. 707-10, Abb. 175-177). Analog zur Vision des Ezechiel schildert der Verfasser des neutestamentlichen Buches der Offenbarung, der sich Johannes nennt (Offb 1,1), wie ihm das neue

Tempel wurde nie errichtet. Die Realisierung musste schon an den topographischen Gegebenheiten des Tempelberges scheitern, weshalb im 1. Jh. v. Chr. auch König Herodes bei seinem Bauprojekt für den äußeren Hof nicht die ideale, symmetrische Anlagen bauen, sondern nur ein Viereck mit vier unterschiedlichen Seitenlängen errichten lassen konnte.[80] Dennoch floss die Vision des Ezechiel in die jüdische Erinnerungstradition an den Tempel ein.[81]

Der kosmische Bezug eines Tempels kann aber nicht nur durch den Grundriss hergestellt werden. Wie im Hinduismus, so werden auch in anderen Kulturen verschiedene Gebäudeteile als Nachahmung von Elementen der Schöpfungsmythen betrachtet. Weit verbreitete Motive in diesen Mythen sind die Urflut oder der Urozean, der Weltenberg oder der Urhügel. Die Tempel Ägyptens verstanden sich in all ihren Teilen als Abbild der Welt[82] und architektonische Neuinszenierungen der Schöpfung. Die Außenmauern waren häufig in Anlehnung an das Urmeer gewellt, die Säulen in den inneren Höfen wie Papyruspflanzen gestaltet. Sie erinnerten damit an den Sumpf, der den Urhügel umgab, als welcher das eigentliche Tempelgebäude galt. Der Urhügel war der Ort, an dem der Schöpfergott erschienen war und wo die geordnete Welt ihren Anfang nahm.[83]

Auch mesopotamische Tempel vollzogen die Schöpfung architektonisch nach. In Sumer war die Vorstellung des heiligen Hügels (du-ku), auf dem die Götter Wohnung nahmen, weit verbreitet. Vermutlich nahm jede Stadt für sich in Anspruch, diesen zu bergen, weshalb Tempel auf künstlich aufgeschütteten Hügeln errichtet wurden.[84] Die zeitlich deutlich spätere babylonische Ziqqurat imitierte den Götterberg und galt als Fundament der Schöpfung, wie ihr Name belegt: Etemenanki, Haus der Grundfeste/Fundamente des Himmels und der Erde. Weit verbreitet war eine siebenstufige Konstruktion dieser Tempeltürme mit quadratischen Grundrissen einer jeden Stufe. Diese Form stellte einen mikrokosmischen Nachvollzug des mesopotamischen Weltbildes mit einer siebenstufigen Konzeption des Weltalls dar[85] und zeigt wiederum die Bedeutung der Figur des Quadrats für die Tempelarchitektur auf. Der Bezug eines mesopotamischen Tempels auf die Schöpfung wird auch daran deutlich, dass der Gründungsbericht des babylonischen Haupttempels Esaĝila Teil des Schöpfungsmythos Enūma eliš ist.[86] Im syrischen Raum belegen spätbronzezeitliche Texte aus Ugarit, dass der irdische Tempel als Nachahmung des idealen himmlischen galt.[87]

Jerusalem, der Ort des endzeitlichen Heils, in einer Vision gezeigt wird (Offb 21). Wie Ezechiel in seiner Vision von einem Mann, so wird Johannes von einem Engel begleitet, der das Bauwerk vermisst. Das neue Jerusalem wird als Kubus geschildert, bei dem nicht nur die Grundfläche, sondern auch alle Seitenteile aus Quadraten bestehen. Die zweidimensionale Form des Quadrats wird somit in eine dritte Dimension potenziert. Allerdings benötigt das neue Jerusalem keinen Tempel mehr, denn der allmächtige Gott selbst ist der Tempel der Bewohner (Offb 21,22).

80 Geva (1993), S. 737.

81 Lichtenberger (1999), S. 132.

82 Kurth (1998)], S. 31.

83 Hawass (2006), S. 162; Clauss (2001), S. 116; Keel (1996), S. 100.

84 Golzio (1983), S. 23.

85 Golzio (1983), S. 56 ff. Von der siebenstufigen Konzeption gibt es jedoch Abweichungen, sodass eine Verbindlichkeit für die Architektur nicht angenommen werden kann.

86 Keel (1996), S. 100.

87 Olmo Lete (2004), S. 28.

Auch hier waren Tempel eine menschliche Neu- und Nachschöpfung des kosmischen Heiligtums.

Selbst über Elemente der Innenausstattung eines Tempels können kosmische Bezüge hergestellt werden. Flavius Josephus berichtet, ein mit Hyazinth, Byssus, Scharlach und Purpur bestickter Vorhang am Eingang des herodianischen Tempels in Jerusalem sollte auf die Elemente Luft, Erde, Feuer und Wasser verweisen und „ein Bild des Weltalls sein“ (Bel. Iud. 5,212f). Die sieben Arme des Leuchters bezieht Josephus auf die damals bekannten sieben Planeten (Bel. Iud. 5,217). Schließlich zeigte das Räucherwerk aus 13 unterschiedlichen Elementen aus dem Meer, dem bewohnten Land und der unbewohnten Wüste an, „dass alles von Gott komme und für Gott da sei“ (Bel. Iud. 5,218).

Verallgemeinernd lässt sich feststellen: Das auf der Basis des idealen Grundrisses errichtete und auf die Elemente des Kosmos bzw. der Schöpfung Bezug nehmende Tempelgebäude erinnert in all seinen Teilen an den paradiesischen Urzustand der neu geschaffenen Welt bzw. die Perfektion des Kosmos. Der Tempel ist dadurch die neue Schöpfung in der bereits existierenden bzw. der Mikrokosmos im Makrokosmos. Jeder Teil des mikrokosmischen Tempels steht in Verbindung zum Makrokosmos, in dem das Heilige zum Wohl und Wehe der Menschen wirkt. Das Heiligtum wird so zur kosmischen Schalttafel: Jede Handlung im Tempel wirkt sich durch die Analogie von Mikrokosmos und Makrokosmos auf den gesamten Kosmos aus. Da das Heiligtum die Struktur des Kosmos offenbart, dieser aber wiederum in direkter Verbindung mit dem Heiligen steht, z. B. als dessen Schöpfung oder Emmanation, offenbart sich in der architektonischen Struktur des Tempels das Heilige selbst: Im Tempel wohnt nicht nur das Heilige auf Erden, der Tempel ist das Heilige auf Erden.

3.4 Das Tempelritual

Da Handlungen im mikrokosmischen Tempel sich direkt auf den Makrokosmos auswirken, sind die Tempelrituale von besonderer Bedeutung. Der Tempel entspricht in seiner Funktion dem Palast. Dementsprechend liegt es nahe, das Tempelritual am menschlichen Hofzeremoniell zu orientieren. Idealtypisch geschieht dies in der hinduistischen Tempel-pūjā. Das im Tempel verehrte Heilige, hier eine Gottheit, wird in Gestalt des Kultobjektes, der mūrti, von den Priestern wie ein menschlicher Herrscher versorgt: es wird morgens geweckt, gebadet, angezogen, mit Blumen und Schmuck behangen, zu den üblichen Tageszeiten mit Speisen und Getränken versorgt, erhält Unterhaltung in Form von instrumentaler Musik, Gesang und Tanz und wird abends auch wieder zu Bett gebracht. Weiterhin brennen die Priester Weihrauch und andere kostbare Duftstoffen ab, um den Raum zu desinfizieren, unschöne Gerüche zu überdecken und lästige Insekten zu verjagen. Das Tempelritual ist also ein Rundumversorgungsritual.[88] Zwischen den einzelnen Versorgungseinheiten sind Zeiten eingeplant, in denen sich die Menschen dem Heiligen nähern können. Die mūrti in der Cella ist dann frei sichtbar. Die Begegnung zwischen dem Heiligen und dem Menschen geschieht durch einen Austausch von Blicken, darśana genannt, der als segensreich und kraftspendend empfunden wird. Für Menschen, denen aus unterschiedlichen Gründen der Tempel nicht zugängig ist, bieten sich die religiösen Feste

---

88 Der genaue Ablauf des Rituals unterscheidet sich zwischen den Tempeln, die verwendeten Elemente sind jedoch im Wesentlichen gleich. Vgl. hierzu Rao (1985), S. 31-47.

(utsavas) an, um das Heilige sehen zu können. Denn zu diesen Gelegenheiten verlässt die mūrti in einer großen Prozession den Tempel und ist damit für alle Menschen, die an den Wegen stehen, frei sichtbar.[89] Ähnliche, an das Hofzeremoniell erinnernde Versorgungsrituale sind, zumindest an den bedeutsamen Tempelfesten, für Ägypten[90], Mesopotamien[91] und die Hethiter[92] belegt.

Doch finden auch Elemente nomadischer Gastversorgungsrituale Eingang in die Tempelliturgie, hier vor allem das Schlacht- und Brandopfer. Ein Beispiel hierfür sind die gottesdienstlichen Handlungen im Jerusalemer herodianischen Tempel. Vor dem Hauptgebäude befand sich der große Brandopferaltar. Hier wurden gemäß der Vorschriften aus Lev 1;3-5 Teile von Tieren als Opfergabe verbrannt. Doch stand für den Gott Israels im Tempel ein Tisch mit Broten bereit, um dessen Hunger zu stillen. Außerdem wurden dort auf einem Rauchopferaltar 13 Arten von kostbaren Duftstoffen verbrannt.[93] Brot ist eine vegetabile Gabe einer sesshaften Agrarkultur. Weihrauch und andere Spezereien sind sehr kostspielig. Ihr Abbrennen erinnert eher an ein Hofzeremoniell, als an eine nomadische Gastversorgungshandlung. Das Ritual des herodianischen Tempels stellt sich also als Amalgam aus Elementen nomadischer und sesshafter Tradition dar. Allerdings stehen die nomadischen Ritualelemente – nicht nur räumlich – stark im Vordergrund. Auch aus dem indischen Tempelwesen wurden nomadische Ritualelemente nicht grundsätzlich verbannt, wie die gelegentliche Durchführung von yajñas in den Heiligtümern oder die Opferung von Tieren in den Śakti-Tempeln belegt. Doch spielen sie hier eine untergeordnete Rolle. Dennoch stellen sich auch indische Tempelrituale als Amalgam beider Kulturen dar.[94]

Besondere Bedeutung kommt in vielen Ritualtraditionen dem mit dem Opfer bzw. der Speisung des Heiligen verbundenen Kult- und Gemeinschaftsmahl zu. Hierdurch kommt es zu einer intensiven Segens- und Kraftübertragung vom Heiligen an den Menschen. Kult- und Gemeinschaftsmahle können unterschiedliche Formen annehmen:

- die Menschen nehmen sich ein Teil des Opfers für sich selbst;
- die Menschen essen die Speisereste des Heiligen auf;
- die Menschen speisen mit dem Heiligen gemeinsam.

89 Lichtenecker (2010), S. 195-199.
90 Clauss (2001), S. 117 f.
91 Nunn (2006, S. 182 ff) führt Gesang und Musik, Libation, Rauchopfer sowie das Opfern von Tieren an, geht aber davon aus, dass die Götter neben Fleisch auch alle anderen bekannten Nahrungsmittel und Getränke gereicht bekommen haben (S. 185).
92 Martino (2002), S. 118 ff.
93 Flavius Josephus, Bel. Jud. 5,215-218.
94 In der in Indien weit verbreiteten ṣoḍaśopacārapūjā – einer pūjā mit 16 unterschiedlichen Ritualelementen (upacāras) – wird die verehrte Gottheit wie ein weitgereister Gast behandelt: sie wird eingeladen, bekommt Wasser zum Waschen von Gesicht, Händen und Füßen angeboten, wird dann gebadet und neu eingekleidet, erhält Speisen, wird danach auf mannigfaltige Weise verehrt und zum Schluss wieder verabschiedet. In der Tempel-pūjā spielen die Begrüßungs- und Verabschiedungselemente allerdings keine Rolle. Denn die Gottheit ist ja bereits in ihrer mūrti anwesend und geht auch nicht weg. Die Tempel-pūjā betont also eindeutig die an ein Hofzeremoniell erinnernden Elemente der Speisung und Verehrung (Lichtenecker [2010], S. 192 f).

Bei der ersten Form nehmen sich die Menschen beim Darbringen eines (Brand-)Opfers einen Teil des geopferten Tieres. Nach dem Ritual verzehren sie das Fleisch in Gemeinschaft, z. B. der Familie, Freunde oder bedürftiger Menschen. Zu dieser Form gehört das in der Tora beschriebene Dankopfer (Lev 3; 7,15-17). Von dem geopferten Tier sollte das Blut an den Altar gesprengt und vornehmlich das Fett auf dem Altar verbrannt werden. Die übrigen Teile des Tieres standen für ein Gemeinschaftsmahl zur Verfügung, das noch am Tag des Opfers stattfinden sollte. Die rechte Keule erhielt der das Opfer darbringende Priester als Bezahlung (Lev 7,32-34).

Die zweite Form des Gemeinschaftsmahls ist dadurch gekennzeichnet, dass die Menschen dem Heiligen in umfangreicher Menge Speisen darbringen und auf die Speisereste warten. Von besonderer Bedeutung ist dabei, dass das Heilige nach Vorstellung der Menschen beim Einnehmen des Dargebrachten die Speisen berührt und sie dadurch mit der ihm immanenten Macht auflädt. Die Menschen verzehren nun die Speisereste und nehmen so die übertragene heilige Macht in sich auf. Diese zweite Form des Gemeinschaftsmahls liegt dem Speiseritual in Hindu-Tempeln zu Grunde. Nach der Speisung einer verehrten Gottheit (bhog) werden die Speisereste als prasāda (wörtlich „Gnade") verteilt. Dies geschieht zumindest unter den Priestern, häufig aber auch unter der für ein Ritual versammelten Kultgemeinde oder unter Bedürftigen. Bei beiden bisher beschriebenen Arten des Gemeinschaftsmahls essen die Menschen nach, aber nicht gemeinsam mit dem Heiligen.

Die dritte Form des Gemeinschaftsmahls, das gemeinsame Speisen mit dem verehrten Heiligen, könnte möglicherweise dem Ritual in einem Mithräum zu Grunde gelegen haben. Da der Mithras-Kult zu den Mysterienkulten gehörte, sind keine Beschreibungen des Kultrituals überliefert.[95] Dieses lässt sich nur indirekt durch archäologische Funde und die räumliche Anordnung der Mithräen rekonstruieren. Typischerweise bestand ein solches Heiligtum aus einem langrechteckigen Raum. An der einen Schmalseite befand sich der Eingang, an der anderen das Kultbild des Gottes. Mithras galt in seinem Kultbild immanent anwesend galt.[96] Die beiden Langseiten des Heiligtums waren als Podien gestaltet, auf denen die Mitglieder der Kultgemeinde lagen. Diese Aufteilung eines Mithräums erinnert frappierend an ein typisches römisches Speisezimmer, das Triclinium. In einem Triclinium waren drei Liegen u-förmig aufgestellt, auf denen die Teilnehmer des Essens lagen. Die mittlere der drei Liegen war dem Gastgeber vorbehalten, rechts und links lagen die Gäste. Diese prinzipielle Aufteilung bietet sich auch in einem Mithräum: Kultbild und Podien sind u-förmig angelegt. In der Mitte befindet sich der Platz des Gottes, rechts und links jener der Gäste. Die Anlage eines Mithräums ist also triclinear.[97] Wichtiges Element des Rituals in einem Mithräum war das von der Gemeinde gemeinsam eingenommene Kultmahl.[98] Denkbar ist, dass die triclineare Anordnung eines Mithräums auf eine gemeinsame und gleichzeitige Speisung des Gottes mit seiner Gemeinde deutet. Diese Speisung muss dann auf zwei Ebenen verstanden werden.

95 Gordon (2013), S. 217.

96 Gordon (2013), S. 217.

97 Gordon (2013, S. 213) erkennt im Aufbau eines Mithräums nur eine biclineare Anlage. Er bezieht das Kultbild in seine Überlegungen nicht mit hinein.

98 Kultmahle sind laut Gordon (2013, S. 216ff.) durch Funde von Tierknochen und Geschirr belegt. Aus dem Mithräum von Dura Europos in Syrien ist sogar eine Einkaufsliste erhalten.

Mithras bekommt einerseits von seinen Anhängern Opfergaben dargebracht. Andererseits wird der Gott durch seine Positionierung in der Mitte des triclinearen U zum Gastgeber seiner Kultgemeinde, der diese mit Speisen und Getränken versorgt. Dieser Gedanke wird auch dadurch gestützt, dass es drehbare Formen des Kultbildes gab. Auf der Vorderseite befand sich eine Darstellung von Mithras als Stiertöter. Auf der Rückseite konnte der Gott als Teilnehmer an einem Festmahl dargestellt sein. Wenn das Kultbild während des Kultmahls gedreht wurde, dann nahm Mithras, vor dem dann sicherlich Speisen aufgestellt wurden, auch plastisch am gemeinsamen Essen der Kultgemeinde teil.

Eine höhere und intensivere Form der Kraft- und Segensübertragung als das gemeinsame Essen mit dem verehrten Heiligen ist sicherlich nicht denkbar.

Literatur

Quellen

Revidierte Elberfelder Bibel von 2008: SCM R.Brockhaus im SCM-Verlag, Witten.

Vitruv: De Architectura Libri Decem, übers. von Franz Reber, nach der Ausgabe Berlin 1908, Marix Verlag, Wiesbaden, 2004.

Flavius Josephus (Bel. Iud.): Der Jüdische Krieg und kleinere Schriften, übers. von Heinrich Clementz, nach der Ausgabe Berlin 1900, Marix Verlag, Wiesbaden, 2005.

Sekundärliteratur

Aharon, Yohanan (2003): Megiddo – Stratum XIX, in: Stern, Ephraim (Hg.): The New Encyclopedia of Archeological Excavations in the Holy Land, Vol. 3, S. 1005, The Israel Exploration Society and Carta, Jerusalem.

Amiran, Ruth / Ilan, Ornit (1993): Arad – The Canaanite City, in: Stern, Ephraim (Hg.): The New Encyclopedia of Archeological Excavations in the Holy Land, Vol. 1, S. 75-82, The Israel Exploration Society and Carta, Jerusalem.

Bock, Sebastian (1989): Kleine Geschichte des Volkes Israel. Von den Anfängen bis in die Zeit des Neuen Testamentes, Herder Taschenbuch Verlag, Freiburg.

Burkert, Walter (1998): Kulte des Altertums. Biologische Grundlagen der Religion, Verlag C. H. Beck, München.

Busink, Th. A. (1980): Der Tempel von Jerusalem von Salomo bis Herodes. Eine Archäologisch-Historische Studie unter Berücksichtigung des Westsemitischen Tempelbaus, Bd. 2, E. J. Brill, Leiden.

Callaway, Joseph (1993): Ai, in: Stern, Ephraim (Hg.): The New Encyclopedia of Archeological Excavations in the Holy Land, Vol. 1, S. 39-45, The Israel Exploration Society and Carta, Jerusalem.

Charpin, Dominique (2003): „Ein umherziehender Aramäer war mein Vater". Abraham im Lichte der Quellen aus Mari, in: Kratz, Reinhard. G. und Nagel, Tilmann: „Abraham, unser Vater". Die gemeinsamen Wurzeln von Judentum, Christentum und Islam, Wallstein Verlag, Göttingen.

Clauss, Manfred (2001): Das alte Ägypten, Alexander Fest Verlag, Berlin.

Das, R. K. (1990): Temples of Vrindaban, Sundeep Prakashan, Delhi.

Dalman, Gustaf (1939): Arbeit und Sitte in Palästina. Bd. VI: Zeltleben, Vieh- und Milchwirtschaft, Jagd, Fischfang, Der Rufer Evangelischer Verlag, Gütersloh.

Donadoni, Sergio Hg. (2004): Der Mensch des Alten Ägypten, Magnus Verlag, Essen.

Drury, Naama (1981): The Sacrificial Ritual in the Śatapatha Brāhmaṇa, Motilal Banarsidass, Delhi.

Eck, Diana L. (1998): Darśan. Seeing the Divine Image in India, 3. Aufl., Columbia University Press, New York.

Embree, Ainslie T. / Wilhelm, Friedrich (1967/93): Indien. Geschichte des Subkontinents von der Induskultur bis zum Beginn der englischen Herrschaft, Fischer Taschenbuch Verlag, Frankfurt.

Finkelstein, Israel / Silberman, Neil A. (2003): Keine Posaunen vor Jericho. Die archäologische Wahrheit über die Bibel, 3. Aufl., Verlag C. H. Beck, München.

Fuller, Christopher J. (1992): The Camphor Flame. Popular Hinduism and Society in India, Princeton University Press, New Jersey.

Gerstenberger, Erhard S. (2005): Israel in der Perserzeit. 5. und 4. Jahrhundert v. Chr., Biblische Enzyklopädie Bd. 8, Verlag W. Kohlhammer, Stuttgart.

Geva, Hillel (1993): Jerusalem – The Temple Mount and its Environs, in: Stern, Ephraim (Hg.): The New Encyclopedia of Archeological Excavations in the Holy Land, Vol. 2, S. 736-44, The Israel Exploration Society and Carta, Jerusalem.

Gladigow, Burkhard (1992): Audi Juppiter, Audite Fines. Religionsgeschichtliche Einordnung von Grenzen, Grenzziehung und Grenzbestätigung, in: Behrends, Okko u.a. (Hg.): Die römische Feldmeßkunst. Interdisziplinäre Beiträge zu ihrer Bedeutung für die Zivilisationsgeschichte Roms, Vandenhoeck und Ruprecht, Göttingen.

Golzio, Karl-Heinz (1983): Der Tempel im Alten Mesopotamien und seine Parallelen in Indien. Eine religionshistorische Studie, E. J. Brill.

Gordon, Richard (2013): „Glücklich ist dieser Ort …". Mithras-Heiligtümer und Kultgeschehen, in: Badisches Landesmuseum Karlsruhe (Hrsg.): Imperium der Götter. Isis – Mithras – Christus. Kulte und Religionen im Römischen Reich, Konrad Theiss Verlag/Wissenschaftliche Buchgesellschaft, Darmstadt.

Goswami, Padmanābha (1996): Śālagrāma-śilā, Vṛndāvana.

Groneberg, Brigitte (2003): „Zieh hinweg aus Deinem Land!". Abraham, der Mann aus Ur in Chaldäa, in: Kratz, Reinhard. G. und Nagel, Tilmann (Hrsg.): „Abraham, unser Vater". Die gemeinsamen Wurzeln von Judentum, Christentum und Islam, Wallstein Verlag, Göttingen.

Harman, William (1987): The Authority of Sanskrit in Tamil Hinduism. A case study in tracing a text to its sources, in: Jürgens, Hans u.a. (Hrsg.): The Mankind Quarterly, Vol. XXVII, Number 3, Spring.

Harshananda, Swami (o. J.): All about Hindu Temples, Sri Ramakrishna Math, Madras.

Hawass, Zahi (2006): Götterwelt und Pharaonenreich, White Star Verlag, Wiesbaden.

Isserlin, Bendikt (2001): Das Volk der Bibel. Von den Anfängen bis zum Babylonischen Exil, Verlag Philipp von Zabern, Mainz.

Jaiswal, Suvira (1980): The Origin and Development of Vaiṣṇavism, 2. überarb. und erw. Aufl., Munshiram Manoharlal Publishers, New Delhi.

Kenyon, Kathleen M. (1993): Jericho – Tell es-Sultan, in: Stern, Ephraim (Hg.): The New Encyclopedia of Archeological Excavations in the Holy Land, Vol. 2, S. 674-81, The Israel Exploration Society and Carta, Jerusalem.

Klostermaier, Klaus K. (2000): Hinduism. A Short History, Oneworld Publications, Boston.

Klotz, Heinrich (1997): Die Entdeckung von Çatal Höyük. Der archäologische Jahrhundertfund, Verlag C. H. Beck, München.

Keel, Ottmar (1996): Die Welt der altorientalischen Bildsymbolik und das Alte Testament. Am Beispiel der Psalmen, 5. Aufl., Vandenhoeck & Ruprecht, Göttingen.

Koch, Klaus (2007): Jahwäs Übersiedlung vom Wüstenberg nach Kanaan. Zur Herkunft von Israels Gottesverstädnis, in Hartenstein, Friedhelm / Rösel, Martin (Hg.): Der Gott Israels und die Götter des Orients, Religionsgeschichtliche Studien II, S. 171-209, Vandenhoeck & Rupprecht, Göttingen.

Kramrisch, Stella (1991): The Hindu Temple, Bd. I, Motilal Banarsidass Publishers, Delhi.

Kratz, Reinhard G. (2000): Die Komposition der erzählenden Bücher des Alten Testaments, Vandenhoeck & Ruprecht, Göttingen.

Kratz, Reinhard Gregor / Spieckermann, Hermann: Götterbilder – Gottesbilder - Weltbilder, Bd. I, S. 167-98, Mohr Siebeck, Tübingen.

Kulke, Herrmann / Rothermund, Dietmar (1998):

Geschichte Indiens. Von der Induskultur bis heute, 2. verb. und aktualisierte Aufl., Verlag C. H. Beck, München.

Kurth, Dieter (1994): Edfu. Ein ägyptischer Tempel gesehen mit den Augen der alten Ägypter, Wissenschaftliche Buchgesellschaft, Darmstadt.

ders. (1998): Treffpunkt der Götter. Inschriften aus dem Tempel des Horus von Edfu, Verb. Neuaufl., Artemis & Winkler Verlag, Düsseldorf.

Lichtenberger, Achim (1999): Die Baupolitik Herodes des Großen, Abhandlungen des Deutschen Palästina-Vereins Bd. 26, Harrassowitz Verlag, Wiesbaden.

Lichtenecker, Sven (2006): Das Katharinenkloster auf dem Sinai. Geschichte – Kunst – Gottesdienst, in: Schefzyk, Jürgen (Hg.): Alles Echt. Älteste Belege zur Bibel aus Ägypten, Verlag Philipp von Zabern, Mainz.

ders. (2010): Darśana. Die Bedeutung der Visualität in der Tempel-pūjā der Hindus, in: Beinhauer-Köhler, Bärbel u.a. (Hg.): Religiöse Blicke – Blicke auf das Religiöse. Visualität und Religion, Theologischer Verlag Zürich, Zürich.

ders. (2011): Wenn Götter reisen: Das Fest des Gaurāṅga Mahāprabhu-Tempels zur Feier der Ankunft Śrī Kṛṣṇa Caitanyas in Vṛndāvana, in: Federlin, Wilhelm-Ludwig u.a, (Hg.): Was ist Religion? Beiträge zur Religionsforschung, Theion Bd. XXVII, Peter Lang, Frankfurt.

Luchesi, Brigitte (2003): Hinduistische Sakralarchitektur und Tempelgestaltung in Hamm-Uentrop, in: Baumann, Martin u.a. (Hg.): Tempel und Tamilen in zweiter Heimat. Hindus aus Sri Lanka im deutschsprachigen und skandinavischen Raum, Ergon Verlag, Würzburg.

Martino, Stefano de (2002): Kult- und Festliturgie im hethitischen Reich. Öffentlicher Ausdruck staatlich-religiöser Interdependenz, in: Kunst- und Ausstellungshalle der Bundesrepublik Deutschland (Hg.): Die Hethiter und ihr Reich, Konrad Theiss Verlag, Stuttgart.

Mazar, Benjamin (1993): En-Gedi – The Chalcolithic Enclosure, in: Stern, Ephraim (Hg.): The New Encyclopedia of Archeological Excavations in the Holy Land, Vol. 2, S. 405, The Israel Exploration Society and Carta, Jerusalem.

Michaels, Axel (1998): Der Hinduismus. Geschichte und Gegenwart, Verlag C. H. Beck, München.

Michell, George (1988): The Hindu Temple. An Introduction to Its Meaning and Forms, The University of Chicago Press, Chicago.

Müller-Wiener, Wolfgang (1988): Griechisches Bauwesen der Antike, Verlag C. H. Beck, München.

Mylius, Klaus (2000): Beiträge zur Datierungsfrage des Veda, in: Mylius, Klaus: Das Altindische Opfer. Ausgewählte Aufsätze und Rezensionen. Institut für Indologie, Wichtrach.

Naumann, Dudolf (1971): Architektur Kleinasiens von ihren Anfängen bis zum Ende der hethitischen Zeit, Verlag Ernst Wasmuth, Tübingen.

Noth, Martin (1959): Geschichte Israels, 4. unveränderte Aufl., Vandenhoeck & Ruprecht, Göttingen.

Nunn, Astrid (2006): Kulttopographie und Kultabläufe in mesopotamischen Tempeln: drei Beispiele, in: Olmo Lete, Gregorio del (2004): Canaanite Religion According to the Liturgical Texts of Ugarit, Eisenbrauns, Winona Lake.

Otten, Heinrich (1995): Das Hethiterreich, in: Schmökel, Hartmut (Hg.): Kulturgeschichte des Alten Orient, Weltbild Verlag, Augsburg.

Pfiffig, Ambros J. (1998): Die etruskische Religion. Sakrale Stätten, Götter, Kulte, Rituale, Lizenzausgabe der Ausgabe von 1975 „Religio Etrusca", VMA-Verlag, Wiesbaden.

Prabhupāda, Bhaktivedānta Swami (1993/96): Kṛṣṇa. The Supreme Personality of Godhead, Bhaktivedanta Book Trust, New York.

Rabe, Michael D. (1995): Royal Temple Dedications, in: Lopez, Donald S. Jr. (Hg.): Religions of India in Practice, Princeton University Press, Princeton.

Rotenberg, Beno (1993): Timna, in: Stern, Ephraim (Hg.): The New Encyclopedia of Archeological Excavations in the Holy Land, Vol. 4, S. 1475-86, The Israel Exploration Society and Carta, Jerusalem.

Rao, Ramachandra (1985): The Temple Rituals and Festivals, IBH Prakashana, Bangalore.

Rüpke. Jörg (2001): Die Religion der Römer, Verlag C. H. Beck, München.

Schmidt, Klaus (2006): Sie bauten die ersten Tempel. Das rätselhafte Heiligtum der Steinzeitjäger, Verlag C. H. Beck, München.

Schmökel, Hartmut (1995): Mesopotamien, in: Schmökel, Hartmut (Hg.): Kulturgeschichte des Alten Orient, Weltbild Verlag, Augsburg.

Schwertheim, Elmar (2011): Kleinasien in der Antike, 2. durchges. Aufl., Verlag C. H. Beck, München.

Seeher, Jürgen (2002): Heiligtümer – Kultstätten und multifunktionale Wirtschaftsbetriebe. Der große Tempel und das Tempelviertel der hethitischen Hauptstadt Ḫattusa, in: Kunst- und Ausstellungshalle der Bundesrepublik Deutschland (Hg.): Die Hethiter und ihr Reich, Konrad Theiss Verlag, Stuttgart.

Shulman, David Dean (1980): Tamil Temple Myths. Sacrifice and Divine Marriage in the South Indian Śaiva Tradition, Princeton University Press, Princeton

Stierlin, Henri (2002): Hinduistisches Indien. Tempel und Heiligtümer von Khajuraho bis Madurai, Taschen Verlag, Köln.

Stietencron, Heinrich von (2001): Der Hinduismus, Verlag C. H. Beck, München.

Tachikawa, Musashi / Bahulkar, Shrikant / Kolhatkar, Madhavi (2001): Indian Fire Ritual, 1. Aufl., Motilal Banarsidass, Delhi.

Zdanovich, G. B. / Batanina, I. M. (2002): Planography of the Fortified Centers of the Middle Bronze Age in the Southern Trans-Urals According to Aerial Photography Data, in: Jones-Bley, Karlene / Zdanovich, D. G.: Complex Societies of Central Eurasia from the 3rd to the 1st Millenium BC, Volume I, S. 121-138, Journal of Indo-European Studies Monograph Series 45, Institute for the Study of Man, Washington.

Zwickel, Wolfgang (1999): Der salomonische Tempel, Kulturgeschichte der antiken Welt Bd. 83, Verlag Philipp von Zabern, Mainz.

Martin Mittwede (Frankfurt am Main)

Die heilige Transzendenz und empirische Forschung: Überlegungen und Perspektiven

„... Dass unser normales Wachbewusstsein, rationales Bewusstsein wie wir es nennen, nur eine bestimmte Art von Bewusstsein ist, während um es herum, abgeteilt nur durch eine hauchdünne Scheidewand, potentielle Formen des Bewusstseins liegen, die ganz andersartig sind. Wir mögen durchs Leben gehen, ohne ihre Existenz zu ahnen, sobald jedoch der erforderliche Stimulus angewendet wird, sind sie mit einem Schlag in all ihrer Vollständigkeit da; wohlbestimmte Typen der Mentalität, welche sicher irgendwo ihre Brauchbarkeit und Anwendung haben. Keine Betrachtung des Universums in seiner Gesamtheit kann abschließend sein, welche diese anderen Formen des Bewusstseins außer Acht lässt."

William James (1902)

An diese fast paradigmatische Aussage von William James kann man eine Vielzahl von Fragen anknüpfen, die in die Grenzbereiche wissenschaftlichen Forschens weisen. Zuerst einmal würden wir heute das Wachbewusstsein nicht mehr „rationales Bewusstsein" nennen, da dieses sich wesentlich komplexer darstellt und beständig Interaktionen zwischen unterbewussten / unbewussten und bewussten Bereichen der Psyche stattfinden.

Nichtsdestoweniger scheint sich Wissenschaft – von intuitiven Einsichten einmal abgesehen – primär im Wachbewusstsein abzuspielen. Es könnte aber gefragt werden, ob nicht wissenschaftliche Erkenntnis auch in anderen Bewusstseinszuständen möglich wäre und ob durch bestimmte Übungen und Techniken nicht auch eine Reproduzierbarkeit von in anderen Bewusstseinszuständen gewonnenen Erkenntnissen zu erzielen sei. Problematisch ist dabei nur, dass sich Wirklichkeit in der Innenwelt noch stärker anhand der subjektiven Fokussierung formt, als es in der Außenwelt der Fall ist.

Wissenschaftstheoretiker sind mit dem Begriff „Erkennen der Wirklichkeit" wesentlich bescheidener geworden. Wissenschaftliche Erkenntnis ist ebenso wie die Wahrnehmung im Allgemeinen immer eine Konstruktion von Wirklichkeit. Allenfalls können wir davon sprechen, dass Modelle entwickelt werden, die Teilaspekte von Wirklichkeit mehr oder weniger genau abbilden sollen.

Trotzdem zeigt die technologische Entwicklung – also die praktische Umsetzung wissenschaftlicher Konstruktionen – die Existenz einer „objektiv" da seienden Entität, auch wenn Mystiker und Philosophen dies immer wieder bestritten haben. Besonders in buddhistischen und Vedanta-Traditionen ist die Scheinrealität des empirischen Daseins intensiv thematisiert worden. Ob diese Wirklichkeit eine kollektive Täuschung oder tatsächlich vorhanden ist, spielt dabei eigentlich keine Rolle, weil sich so gut wie alle Menschen in dieser Wirklichkeit bewegen. Ändern würde sich das erst, wenn eine anders geartete Metawirklichkeit allgemein zugänglich würde – sei es durch speziell geartete Forschung oder durch alltägliche Erfahrung, die auf einem veränderten Bewusstsein beruhen würde.

Bemerkenswert ist dabei, dass z.B. viele Erkenntnisse der Quantenmechanik überhaupt noch nicht im allgemeinen Bewusstsein und in anderen Forschungsgebieten angekommen sind. Wir projizieren wie selbstverständlich die klassische Mechanik unserer Alltagswirklichkeit auf die Wirklichkeit insgesamt, indem z.B. das Gehirn immer wieder mit einem Computer – also einer mechanischen Rechenmaschine – verglichen wird.

Die Tatsache, dass sich das Gehirn über Erfahrungen in einem dynamischen Formungs- und Wandlungsprozess befindet, also keine feststehende Größe darstellt, ist erst in den letzten Jahren in den Blickpunkt der Neurophysiologie gerückt. Die Formbarkeit des Nervensystems (Neuroplastizität) ist empirisch nachweisbar, indem gezeigt werden konnte, dass wiederholte Übung zu einer Veränderung der Hirnaktivität und der Hirnstrukturen führt. Dies stellt eine besondere Herausforderung für das wissenschaftliche Erkennen dar; denn am Gehirn zeigt sich, dass sich subjektives Erleben direkt organisch, d.h. objektiv manifestiert und somit – zu mindestens auf das Individuum bezogen – eine eigene Wirklichkeit generiert.

Gleichzeitig hat sich in den letzten Jahrzehnten die Erforschung veränderter Bewusstseinszustände – insbesondere meditativer Prozesse – zu einem komplexen eigenen Forschungsgebiet entwickelt. Dies mag von manchen Vertretern einzelner Religionen kritisch gesehen werden – unter dem Motto, dass das wissenschaftlich zerteilende Erkennen nun auch vor dem letzten Ort, an dem Gott sich noch befindet, nicht halt macht, nämlich der menschlichen Seele.

Wissenschaft lebt davon, dass sie sich immer weiter entwickelt, dass sie immer neue Fragen stellt und dass sie in immer neue Grenzbereiche vordringt oder zu mindestens versucht, dorthin vorzudringen. Grenzbereiche haben die Eigenart, dass sie ggf. etwas Verschwommenes besitzen, dass Gesetzmäßigkeiten und Prinzipien ihre Gültigkeit zu verlieren scheinen, wenn zu weit in die Grenzbereiche vorgedrungen wird. Schnell drängt sich der Begriff der Unwissenschaftlichkeit auf, wenn ein Forscher „zu weit" geht.

Aber dieses Etikett „Unwissenschaftlichkeit" kann auch benutzt werden, um ein versteckt dogmatisches Verständnis von Wissenschaft zu etablieren und unliebsame Fragestellungen und Standpunkte auszugrenzen. Dies kann dann wieder zum Untersuchungsgegenstand von Religionswissenschaft werden; denn die Verteidigung von Weltbildern ist ein bekanntes Phänomen der Religionsgeschichte. Wissenschaft ist in der Moderne in nicht wenigen Lebensbereichen an die Stelle von Religion getreten und soll daher auch sinnstiftende Funktionen erfüllen, die ihr aber in vielen Bereichen fern liegen.

Bezogen auf die Religionswissenschaft selbst scheint eine Vorgehensweise unwissenschaftlich zu werden, wenn sie den Rahmen der Deutung von geschichtlichen Tatsachen und Entwicklungsprozessen verlässt und beginnt, eine religiöse Weltsicht zu entwickeln bzw. propagieren. Da die Religionswissenschaft bedingt durch ihren Forschungsgegenstand gewissermaßen gefährdet ist, den „soliden Boden" der Wissenschaftlichkeit zu verlassen, scheint es ein teilweise krampfhaftes Bemühen zu geben, gerade die Wissenschaftlichkeit dieser Disziplin durch besondere Dogmentreue gegenüber etablierten Wissenschaftskonzepten zu beweisen. Dies hat sicher auch damit zu tun, dass die Religionswissenschaft historische Wurzeln in der Theologie besitzt und man sich daher von dieser abgrenzen will.

In den Naturwissenschaften und in anderen Disziplinen wird teilweise offener mit solchen Grenzbereichen umgegangen oder anders gesagt: Es entstehen Forschungsgebiete, die sich intensiv mit Themen befassen, zu denen die Religionswissenschaft auch etwas Sinnvolles sagen könnte, es aber nicht oder zu wenig tut. Klassisch sind in diesem Kontext die Grenzbereiche von Physik und Philosophie, die seit Jahrzehnten immer wieder neu von Fachvertretern der Physik ausgelotet werden. In der jüngeren

Zeit kommen die empirische Meditationsforschung, die Neurophysiologie und die transpersonale Psychologie dazu.

Im Kontext religiöser Erfahrung kann eine Reihe von Fragen gestellt werden, die sich an Forschungen aus anderen Fachgebieten anknüpft:

- Was geschieht im Gehirn / Nervensystem / in der gesamten Physiologie, wenn ein Mensch religiöse / spirituelle Erfahrungen hat?
- Wie könnte über physiologische Parameter erklärt werden, dass Menschen an ein höheres Wesen glauben oder solche wahrnehmen? Gibt es eine Biologie des Glaubens?
- Wie sind Phänomene wie universelle Liebe und Entgrenzung oder aber Fanatismus und fundamentalistische Tendenzen auf einer neurobiologischen Ebene zu beschreiben oder sogar zu erklären?
- Gibt es grundlegende Unterschiede zwischen Alltagserfahrungen und religiösen Erfahrungen? In welchem Verhältnis stehen dazu pathologische Zustände und Wahnvorstellungen?
- Können Erkenntnisse der Neurobiologie etwas über eine „transzendente Wirklichkeit" aussagen? Und wenn ja, was?

Neurobiologische Forschungen zur religiösen Erfahrung

Grundsätzlich haben die Forschungen der letzten Jahrzehnte erst einmal bewirkt, dass religiöse / spirituelle Erfahrungen zunehmend entpathologisiert worden sind. Im Zuge sicher auch religionskritischer Tendenzen gab es viele Veröffentlichungen, die nachweisen wollten, dass religiöse Ekstatiker / Mystiker / Inspirierte in der Regel bedenkliche Pathologien zeigen. Durch ein solches Erklärungsmodell wurden zugleich die Erfahrungen selbst in den Bereich des Irrtums, der Täuschung und des Wahns verwiesen.

Bevor wir nun kurz auf einige Forschungen eingehen, sei zur Orientierung auf die Typologie universaler Merkmale mystischen Erlebens verwiesen, die auf Stace (1960) zurückgeht:

1. Transzendieren der Subjekt-Objekt-Beziehungen;
2. Transzendenz von Raum u. Zeit;
3. Tief empfundene positive Stimmung;
4. Gefühl der Heiligkeit;
5. Empfindung von Objektivität u. Wirklichkeit;
6. Paradoxie;
7. Unaussprechbarkeit.

Diese Merkmale lassen sich in den Beschreibungen mystischer Erfahrungen in vielen Kulturen und in vielen Zeitepochen mit natürlich unterschiedlicher Ausprägung und Betonung wiederfinden.

Piron (2003) hat den Weg zur mystischen / meditativen Erfahrung gegliedert und fünf Tiefenbereiche der Meditation definiert:

1. Hindernisse: Unruhe, Langeweile, Motivations- u. Konzentrationsprobleme;
2. Entspannung: Wohlbefinden, ruhige Atmung, wachsende Geduld, Ruhe;
3. Ausgerichtetheit / Konzentration: Achtsamkeit, kein Anhaften an Gedanken u. Wahrnehmungen, innere Mitte, Energiefeld, Leichtigkeit, Einsichten, Gleichmut, Frieden;

4. Essentielle Qualitäten: Klarheit, Wachheit, Liebe, Hingabe, Verbundenheit, Demut, Gnade, Dankbarkeit, Selbstakzeptanz;
5. Nichtdualität: Gedankenstille, Einssein, Leerheit, Grenzenlosigkeit, Transzendenz von Subjekt u. Objekt.

Auch diese Tiefenbereiche finden ihre Entsprechungen in Dokumenten der Religionsgeschichte. Es gibt zahlreiche Stufenfolgen des religiösen Erkenntnisweges, die in immer neuen Varianten und kulturellen Ausprägungen Erfahrungen reflektieren, die während des Praktizierens und Übens erlebt werden können. Diese werden von Piron gewissermaßen in eine psychologische, nicht-religiöse Sprache übersetzt und damit zum Gegenstand der empirischen Forschung.

Die beobachtbaren interkulturellen Übereinstimmungen, die teilweise frappant sind, könnten auf einen spezifischen neurobiologischen Mechanismus hinweisen, der durch entsprechendes Üben aktiviert werden könnte oder durch bestimmte Lebenserfahrungen (sakrale Erlebnisse, Schicksalsschläge, Krisen) automatisch aktiviert wird und zu einer anderen Weltsicht führt.

Dabei stellt sich auch die Frage, ob es eine spezielle spirituelle Veranlagung gibt, d.h. ob manche Menschen eher zum religiösen, meditativen Erleben neigen als andere. Forschungen weisen darauf hin, dass die Absorptionsfähigkeit zu ca. 40% erblich bedingt sein soll (Ott 2013).

Religiöses Erleben ist in unterschiedlichen empirischen Untersuchungen thematisiert worden: Beauregard & Paquette (2006) führten MRT-Scans an 15 Karmeliternonnen durch, die sich an ihre intensivste mystische Erfahrung erinnern sollten. Azari et al. (2001) untersuchten mittels PET – Positronen-Emissions-Tomographie 6 protestantische Fundamentalisten und 6 nichtreligiöse Probanden, die Psalmen lesen, Kinderreime und eine Bedienungsanleitung lesen, bzw. Ausruhen sollten. Während des Psalmlesens zeigte sich eine stärkere Aktivierung im Präfrontalkortex (Hinweis auf kognitives Erleben). Schjoeld et al. (2009) ließen 20 junge Christen aus Dänemark ein formalisiertes Gebet (Vaterunser), ein freies persönliches Gebet, einen Kinderreim, eine Wunschliste für den Weihnachtsmann sprechen. Der Vergleich wurde mit der Kontrollbedingung: Rückwärtszählen ab 100 durchgeführt. Als Technik wurde fMRT eingesetzt. Das persönliche Gebet erzeugte ähnliche Muster wie die Hinwendung an einen konkreten Mitmenschen.

Besonders bekannt geworden sind die Forschungen von Newberg / d´Aquili (2001), die in ihrer ersten Studie acht tibetische Mönche mit SPECT (ein radioaktives Kontrastmittel ermöglicht die Beobachtung von Hirnaktivität) untersucht haben. Dabei wurden keine subjektiven Daten erhoben. Sie gehen davon aus, dass es zu einer Blockierung des sensorischen Zustroms in bestimmten Bereichen kommt und dadurch eine Auflösung der Subjekt-Objekt-Dichotomie erreicht wird. Nach Deutung der Forscher erlangen die Probanden eine Erfahrung des „Absolute Unitary Being AUB“ und sie formulieren eine sogenannte Neurotheologie.

Ganz abgesehen davon, dass die Autoren kreativ, inspirierend und begeistert über ihre Untersuchungen schreiben, ist natürlich eine Datengrundlage, die auf der Untersuchung von 8 Individuen beruht, äußerst dürftig und nur ein aller erster Anfang. Kritisch hat sich auch Miller (2009) geäußert und die begrifflichen Unklarheiten in der Argumentation bemängelt.

Oder haben die Forscher jetzt wirklich den seit Jahrhunderten angestrebten Gottesbeweis auf der Basis neurophysiologischer Untersuchungen erbracht? Auch wenn die Deutung als Erfahrung des „Absolute Unitary Being AUB“ sehr verlockend zu sein scheint, liegt an dieser Stelle ein Kategorienfehler vor, der aus dem kulturellen

Allmachtsgefühl der modernen Wissenschaften erwächst. Um es ganz einfach zu formulieren: Eine neurophysiologische Untersuchung gibt Aufschluss über die Neurophysiologie. Nicht mehr und nicht weniger.

Wenn wir noch einmal auf die Neuroplastizität des Gehirns und des Nervensystems zurückkommen, dann zeigen eben auch die Untersuchungen von Newberg / d´Aquili, dass meditative Prozesse neuroplastische Effekte erzeugen. Und in diesem Kontext kann intensiver und neu über das Verhältnis von körperlicher und psychischer Aktivität nachgedacht werden, was anthropologische Konsequenzen nach sich ziehen kann.

Die Trennung beider Bereiche, die eine lange philosophische Tradition besitzt, scheint durch die modernen Untersuchungen widerlegt zu sein. Vielmehr können wir mit Uexküll formulieren, dass eine körperliche Wirklichkeit immer auch gleichzeitig eine psychische Wirklichkeit ist und umgekehrt. Bedeutsam sind in diesem Kontext auch Forschungen im Bereich der Emotionspsychologie, weil Emotionen psychische Erlebnisse darstellen, deren physiologische Korrelate unmittelbar und deutlich im Alltag sichtbar werden. Intensive Emotionen scheinen eine Totalität zu besitzen, die an die Einflusskraft numinosen Erlebens erinnert.

Gehen wir nun einen Schritt weiter, kommen wir zur anthropologischen Dimension der Seele oder des absoluten Geistes oder des Selbst oder der Transpersonalität oder der meditativen Stille bzw. Entgrenzung.

Hier sind einige Forscher zu nennen, die dieser Erfahrungswirklichkeit auf die Spur kommen wollten: Persinger et al. (2010), die zeigen wollten, dass elektromagnetische Stimulation zur „Erfahrung höherer Wesen“ führen soll; Vollenweider (2001) unter Zuhilfenahme psychoaktiver Substanzen; Ramachandran (1998), der sich mit Temporallappenepilepsie befasste oder Urgesi et al. (2010), wo es um Hirnschädigungen ging.

Wesentlich bedeutsamer ist aber der breite Strom an Meditationsforschung in den letzten Jahrzehnten, der von Fjorback et al. (2011) und Ott (2011) beschreiben wird. Dabei geht es um kontrollierte Studien zur Meditationserfahrung, in denen verschiedene Dimensionen des Erlebens beschrieben werden:

1. Regulation der Aufmerksamkeit;
2. Gewahrsein des Körpers;
3. Emotionsregulation:
   a. Neubewertung,
   b. Nichtbewertung,
   c. Konfrontation,
   d. Löschung,
   e. Konsolidierung;
4. Veränderte Selbstwahrnehmung.

Besonders in der Mindful-based Stress Reduction (MBSR), die auf Benson (1976) zurückgeht, ist der meditative Prozess systematisiert und säkularisiert worden, ebenso wie es wesentlich früher das autogene Training getan hat. Dabei geht es darum, durch einen gezielten Übungsprozess eine Entspannungsreaktion (relaxation response) zu erzielen. Diese besitzt, wie viele Forschungen zeigen konnten, physiologische und psychologische Korrelate.

Auch wenn der Forschungsstand vielleicht noch weit entfernt von der Beantwortung der grundlegenden Fragen nach der Wirklichkeit und Relevanz von Transpersonalität ist, darf in diese Richtung weiter gefragt werden. Dabei ist es wichtig, sich Klarheit über mögliche Antworten zu verschaffen. Konferenzen zum Dialog zwischen Naturwissenschaftlern und religiösen Gelehrten zur Entwicklung einer „contemplative neuroscience“ (Mind & Life conference 2010 in Indien) könnten in diese Richtung einen Beitrag liefern.

Bemerkungen zur empirischen „Transzendenz“-Forschung

„Die Wissenschaft fängt eigentlich erst da an, interessant zu werden, wo sie aufhört.“
Quelle: Chemische Briefe, Justus von Liebig

Eigentlich schließen sich Transzendenz und empirische Forschung aus, wenn Transzendenz etwas bezeichnet, was außerhalb der Sinneserfahrung liegt, was den Bereich der empirisch erfassbaren Wirklichkeit übersteigt. Also könnte Wissenschaft, wenn sie sich empirisch definiert, nichts über Transzendenz aussagen. Insofern ist auch schon der Begriff „Transzendenzerfahrung“ in sich widersprüchlich, da er impliziert, dass etwas erfahren werden kann, was per definitionem nicht erfahren werden kann. Gibt es also keine Transzendenzerfahrungen? Oder ist es dem Menschen möglich, seine eigene physische Limitierung hinter sich zu lassen und in über ihn hinausweisende Wirklichkeiten vorzudringen? Und ist es vielleicht notwendig, Konzepte für eine subjekt-orientierte Empirie zu entwickeln?

Wenn man davon ausgeht, dass Transzendenzerfahrungen möglich sind, stellt sich die Frage, ob diese natürlich oder übernatürlich sind. Auf alle Fälle sind solche Erfahrungen relativ häufig, dabei kann von 30 – 40% der Bevölkerung ausgegangen werden (Passie et al. 2013). Obwohl also ein so hoher Prozentsatz von Menschen diesbezügliche Erlebnisse hat, werden diese gesellschaftlich kaum diskutiert. Es scheint eine unbewusste Angst in der westlichen Kultur vorhanden zu sein, über solche Themen zu sprechen. Und es existiert teilweise keine angemessene Sprache, kein kulturelles Paradigma, dass es leicht erlauben würde, mit anderen Menschen in einen Dialog über solche Erfahrungsdimensionen zu kommen.

Das Verhältnis zwischen transzendenter und empirischer Wirklichkeit kann unterschiedlich gedacht werden. Darüber liegen in der Geschichte der Philosophie und der Religionen zahlreiche Entwürfe vor. Bei dem Versuch, sich wissenschaftlich den transpersonalen Transzendenz-Erfahrungen zu nähern, kann von folgenden Modellen ausgegangen werden:

1. Es gibt eine Transzendenz, aber sie ist nicht zugänglich. In diesem Fall ist keine empirische wissenschaftliche Erforschung möglich.
2. Es gibt eine Transzendenz, aber sie wirkt in die empirische Wirklichkeit hinein. In diesem Fall ist eine empirische wissenschaftliche Erforschung der von der Transzendenz ausgehenden Effekte möglich.
3. Es gibt eine Transzendenz, aber sie ist gleichzeitig in der empirischen Wirklichkeit gegenwärtig (immanent). In diesem Fall ist eine empirische wissenschaftliche Erforschung der von der Transzendenz ausgehenden Effekte und ggf. der durch ihre Präsenz gegebenen Phänomene möglich.
4. Es gibt keine Transzendenz. In diesem Fall ist keine empirische wissenschaftliche Erforschung möglich.
5. Es gibt keine Transzendenz, aber so etwas wie eine innerweltliche Totalität der Wirklichkeit, die für entsprechende Effekte in einzelnen Bereichen der empirischen Existenz sorgt. In diesem Fall ist eine empirische wissenschaftliche Erforschung der Effekte möglich.

Grundsätzlich stellt sich natürlich die Frage, in wie weit übergeordnete Wirklichkeitsaspekte empirisch erforscht werden können. In diesem Kontext könnte beispielsweise über die empirischen Begründungen für physikalische Feldtheorien philosophisch und wissenschaftstheoretisch reflektiert werden.

Und ebenso bieten individuelle subjektive Erfahrungen von Transpersonalität den Raum für weiter gehende Untersuchungen, die in eine Art subjektorientierte Feldtheorie münden könnten. C.G. Jungs Modell des kollektiven Unbewussten weist in eine solche Richtung. Anknüpfungspunkte sind auch im asiatischen Raum entstandene Bewusstseinslehren, die dem Bewusstsein eine eigenständige Realität zuweisen und es nicht als ein zweitrangiges Epiphänomen der Hirntätigkeit betrachten. Und natürlich kann gefragt werden, ob objektfreie Erfahrungen (Samadhi, Satori, Unio usw.) kulturunabhängig sind? Und wenn ja, welche Effekte solche Erfahrungen auf kulturelle Prägungen besitzen?

Vielleicht gibt es in diesem Gebiet kein Entweder – Oder. Vielleicht benötigen wir für komplexe Phänomene andere Formen der Logik, die zulassen, dass Wirklichkeiten gleichzeitig etwas und etwas anderes sein können. Vielleicht besitzen mystische Erfahrungen gleichzeitig einen natürlichen und einen übernatürlichen Anteil, d.h. einen empirisch untersuchbaren, einen zur Zeit noch nicht untersuchbaren Anteil und einen Anteil, der sich allen Untersuchungsbemühungen widersetzt. Wahrscheinlich ist mystische Erfahrung ein komplexes Phänomen, das als Repräsentation viele Prozesse in verschiedenen Gehirnregionen besitzt oder auf Hypersynchronisierung der Hirnfunktion (Ott 2000) beruht.

Vielleicht ist auch der Leib selbst eine Transzendenz für das Bewusstsein.

Auf jeden Fall sollten wir beschieden sein und offen bleiben. Neurophysiologie ist noch eine sehr junge Wissenschaft. Das Gehirn scheint so komplex zu sein, dass wir davon ausgehen können, aktuell erst an der groben Oberfläche zu kratzen. Wir verstehen noch ungeheuer wenig von dieser „intelligenten Materie." Die Faszination, sie - und damit ein Stück von uns selbst – verstehen zu wollen, ist ungeheuer groß. Paradigmatisch scheint sich die Dichotomie zwischen Physis und Psyche immer mehr aufzulösen.

Grundsätzlich muss es erlaubt sein, sich auch empirisch in die „sakralen Bereiche" der Seele hineinzuwagen. Fragen erzeugt neue Forschung, und neue Forschung erzeugt neue Fragen. Die klare Differenzierung zwischen empirischem Befund und dessen Deutung ist allerdings essentiell notwendig. Geschichtliche Überlieferungen aus verschiedenen Religionen und Kulturen können konzeptionell wichtige Denkanstöße geben; denn intuitiv ist manches schon früh gedacht worden, was erst jetzt in den Blickpunkt empirischer Forschung rückt.

Literatur

Azari, N. P. et al. (2001): Neural correlates of religious eperience. In: European Journal of Neuroscience 13 (2001) 1649-1652.

Beauregard, M. & Paquette, V. (2006): Neural correlates of mystical experience in Carmelite nuns. In: Neuroscience Letters 405 (2006) 186-190.

Benson, H. (1976): The relaxation response. New York 1976.

Fjorback, L. O. et al. (2011): Mindfulness-Based Stress Reduction & Mindfulness-Based Cognitive Therapy - a systematic review of randomised controlled trials. In: Acta Psychiatrica Scandinavica 124, p. 102-119.

Gottwald, C. (2012): Gewahrsein: Dasein und Inspiration in unmittelbarer Erfahrung. In: Psychologische Medizin, 23.3, p. 70 ff.

Miller, J.S. (2009): Are Mystical Experiences Evidence for the Existence of a Transcendent Reality? Evaluating Eugene d'Aquili and Andrew Newberg's Argument for Absolute Unitary Being. Florida Philosophical Review Volume 9,1, Summer 2009.

Newberg, A. B. / D´Aquili, E. (1999): The Mystical Mind: Probing the Biology of Religous Experience. Minneapoils 1999.

Ott, U. (2010): Meditation für Skeptiker. München 2010.

Ott, U. (2011): Religion in der Neurowissenschaftlichen Forschung. In: P. Becker & U. Diewald (Hrsg.): Zukunftsperspektiven im theologisch-naturwissenschaftlichen Dialog. Göttingen 2011, 315-325.

Ott, U. (2013): Bildung und Bewusstsein – neue Perspektiven der kontemplativen Neurowissenschaft. In: Aufgang – Jahrbuch für Denken, Dichten, Musik 10 (2013).

Passie, T. et al. (2013): Neurotheologie – Neurobiologische Modelle religiöser Erfahrungen. In: Der Nervenarzt 84 (2013) 283-293.

Persinger, M. A. et al. (2001): The neuropsychiatry of paranormal experiences. In: Journal of Neuropsychiatry and Clinical Neuroscience 13(4) (2001) 515 – 524.

Piron, H. (2003): Meditation und ihre Bedeutung für die seelische Gesundheit. Oldenburg 2003.

Ramachandran, V. S. (1998): Phantoms in the brain: Probing the mysteries of the human mind. New York 1998.

Schjoeld, U. et al. (2009): The Religious Brain: A General Introduction to the Experimental Neuroscience of Religion. In: Method and Theory in the Study of Religion (2009) 310-339.

Stace, W. T. (1960): Mysticism and Philosophy. New York 1960.

Uexküll, Th. v. et al (Hrsg.): Psychosomatische Medizin. München 2002.

Urgesi, C. et al. (2010): The spiritual Brain. Selctive Cortical Lesions Modulate Human Self-Transcendence. In: Neuron 65 (2010) 309-319.

Vollenweider, F. X. (2001): Brain mechanisms of hallucinogens and entactogens. In: Dialogues in Clinical Neuroscience 3 (2001) 19-28.

Perry Schmidt-Leukel (Münster)

Die Bedeutung des „Heiligen“ für die Erklärung von Religion

1. Wissenschaftliche Erklärung von Religion als Ziel von Religionswissenschaft

Unbestritten verweisen die Begriffe „Religion“ und „Religionen“ auf einen Komplex von Phänomenen, die so vielschichtig sind, dass sie sich nicht unter eine einheitliche Definition bringen lassen. Doch gibt es zwischen diesen Phänomenen hinreichend dichte Zusammenhänge und Verwandtschaften, um sich mit den Begriffen „Religion“ und „Religionen“ auf diese Phänomene zu beziehen, wenn auch quasi mit unscharfen Grenzen. Besonders die in den letzten Jahren vorgeschlagenen Cluster-Definitionen[1] machen deutlich, dass trotz der Abwesenheit einer alleinigen und umfassenden Definition der Phänomenkomplex „Religion“ nicht völlig beliebig ist. Folglich bleibt es möglich, die Termini „Religion“ und „Religionen“ in einem zwar bewusst unpräzisen, aber doch keineswegs diffusen Sinn zu verwenden.[2] Akzeptiert man diese Vorbemerkungen zum Religionsbegriff, dann lässt sich nicht bestreiten, dass es sich bei Religion und Religionen um Phänomene handelt, die über alle Kulturen der Welt verbreitet sind.[3] Zudem lässt sich begründet annehmen, dass der Beginn dieser Phänomene mit dem der Menschheit zusammenfällt.[4]

Wie aber ist dann die Existenz von Religion und Religionen zu erklären? Pioniere der Religionswissenschaft waren sich der Erklärungsbedürftigkeit von Religion bewusst und sahen darin eine der Zielbestimmungen der von ihnen forcierten neuen wissenschaftlichen Disziplin. So schreibt beispielsweise Friedrich Max Müller (1823-1900):

---

1 Vgl. z.B. Ninian Smart, *Dimensions of the Sacred: An Anatomy of the World's Beliefs*, Berkeley 1998; Frank Whaling, *Christian Theology and World Religions: A Global Approach*, Basingstoke 1986, 37-48.

2 Das räumen auf ihre Weise auch Vorschläge ein, die den Religionsbegriff lediglich aus mehr oder weniger pragmatischen Gründen beibehalten wollen. Vgl. beispielsweise Karsten Schmidt, Religionsdefinitionen im Dialog, in: Ders., T. Müller, S. Schüler (Hg.), *Religion im Dialog. Interdisziplinäre Perspektiven – Probleme – Lösungsansätze*, Göttingen 2009, 77-112; Michael Bergunder, Was ist Religion? Kulturwissenschaftliche Überlegungen zum Gegenstand der Religionswissenschaft, in: *Zeitschrift für Religionswissenschaft* 19 (2001) 3-55.

3 Zur viel diskutierten Frage der Anwendbarkeit des Religionsbegriffs in Asien vgl. Peter Schalk (Hg.), *Religion in Asien? Studien zur Anwendbarkeit des Religionsbegriffs*, Uppsala 2013.

4 „Trotz aller Einwände kann die Urgeschichte den Nachweis von Riten erbringen, die ein religiöses Bewusstsein der in urgeschichtlichen Epochen lebenden Menschen, zumindest des *Homo sapiens*, voraussetzen.“ Otto H. Urban, Religion der Urgeschichte, in: J. Figl (Hg.), *Handbuch Religionswissenschaft*, Innsbruck-Wien und Göttingen 2003, 88-103, 101.

„... sicherlich wird der Mensch nicht eher ruhen, bis er den Sinn entdeckt hat, der sich durch die Religionen der Menschheit zieht, und bis er auf einer Grundlage, die so weit ist wie die Welt selbst, die wahre Civitas Dei erkennt. Die Religionswissenschaft mag die letzte der Wissenschaften sein, die zu entwickeln dem Menschen bestimmt ist. Aber wenn sie erst entwickelt ist, dann wird sie das Verständnis der Welt verändern und dem Christentum neues Leben geben."[5]

Und bei Joachim Wach (1898-1955) heißt es bündig:

„Die Religionswissenschaft will die Religionen erforschen, verstehen und deuten."[6]

Den „Sinn (*purpose*) der Religionen entdecken", sie „verstehen" und „deuten", heißt, den damit bezeichneten Phänomenkomplex erklären. Erklärung, aber, ist die Rückführung eines Phänomens auf seine Ursachen bzw. Gründe. Dies kann bei Religion prinzipiell nur auf entweder naturalistische[7] oder religiöse Weise geschehen. Religionen haben in aller Regel selber Erklärungen – d.h. *religiöse Erklärungen* – für den Ursprung ihrer Überzeugungen, Wertvorstellungen und Praktiken. *Naturalistische Erklärungen* hingegen bestreiten die religiösen Erklärungen und versuchen Religionen auf Ursachen zurückzuführen, mit denen keine religiösen Annahmen verbunden sind und die aus naturalistischer Sicht auch nicht wiederum selbst einer religiösen Erklärung bedürfen. Insofern naturalistische Erklärungen von Religion umfassend sein wollen, schließen sie die Gültigkeit religiöser Erklärungen aus und stehen daher zu diesen in einem letztlich[8] unversöhnlichen Gegensatz. Der Existenz dieser beiden gegensätzlichen Erklärungsansätze und ihrer fundamentalen Relevanz für die religionswissenschaftliche Aufgabe war man sich innerhalb der Religionswissenschaft durchaus bewusst, wie es beispielsweise folgende Bemerkung von Ugo Bianchi (1922-1995) deutlich illustriert:

---

5 "...surely man will never rest till he has discovered the purpose that runs through the religions of mankind, and till he has reconstructed the true Civitas Dei on foundations as wide as the end of the world. The Science of Religion may be the last of the sciences which man is destined to elaborate; but when it is elaborated, it will change the aspect of the world, and give new life to Christianity itself." Max Müller, *Chips from a German Workshop*, vol. I, 2nd. edn., London 1868, XIXf. Diese und alle weiteren Übersetzungen aus dem Englischen sind, wenn nicht anders angegeben, von mir.

6 Joachim Wach, *Religionswissenschaft. Prolegomena zu ihrer wissenschaftstheoretischen Grundlegung*, Leipzig 1924, 192.

7 In Übereinstimmung mit der gängigen Praxis analytischer Religionsphilosophie verwende ich das Prädikat „naturalistisch" hier für jene Weltanschauungen, die die Existenz jeglicher übernatürlicher bzw. transzendenter Wirklichkeiten bestreiten. Das Prädikat ist daher umfassender bzw. genauer als „atheistisch", da der Atheismus im engeren Sinn als Nicht-Theismus verstanden werden kann und dann allein die Existenz eines theistisch konzipierten Gottes bestreitet. Der Naturalismus hingegen widerspricht auch nicht-theistischen Transzendenzvorstellungen.

8 Dies besagt nicht, dass (zumindest aus religiöser Sicht) keine partiellen Überlappungen möglich wären. Naturalistische Erklärungen können als Teilerklärungen, als Erklärungen bestimmter Aspekte des Phänomenkonplexes „Religion", durchaus in eine insgesamt religiöse Erklärung mit einfließen, nicht jedoch umgekehrt religiöse Erklärungen in naturalistische. Denn während im Rahmen religiöser Erklärungen, natürlichen Ursachen durchaus eine bestimmte Eigenwirklichkeit und Eigenursächlichkeit zugesprochen werden kann, lassen sich im Rahmen naturalistischer Erklärungen von Religion religiöse Erklärungen letztlich nur als irrig interpretieren.

„Je mehr die religionsgeschichtliche Forschung nicht nur eine einfache Feststellung von Tatsachen bezweckt und die sich offenkundig aus ihnen ergebenden Schlüsse ziehen will, sondern auch ihre endgültige Interpretation anstrebt – auf diese kann sie kaum verzichten (...) – desto mehr kann die Arbeit des Historikers – als eines gläubigen oder nichtgläubigen Menschen – dessen persönliche, philosophische und religiöse Grundhaltung widerspiegeln. (...) ... denn Neutralität, eine *tabula rasa* in Sachen Weltanschauung, gibt es bei keinem denkenden Menschen, also auch bei keinem ernsthaften Gelehrten, der nicht ein bloßer Zettelsammler ist. Und um der Sachlichkeit und Vollständigkeit willen möchten wir hinzufügen, daß nicht nur die endgültigen Interpretationen, sondern mitunter – jedoch nicht immer – auch die Wahl der Arbeitshypothesen von der Grundhaltung des Gelehrten beeinflußt wird.“[9]

2. Die naturalistische Erklärung von Religion

Naturalistische Erklärungen von Religion erklären die Existenz der damit bezeichneten Phänomene durch ihre Rückführung auf ausschließlich innerweltliche Gründe und Ursachen, z.B. auf psychologische, soziologische, ökonomische, biologische, neurologische, klimatische, usw. Gegebenheiten. Insofern nun religiöse Traditionen ihre eigene Existenz auf transzendente Gründe und Ursachen zurückführen, befinden sich diese nach Auffassung der naturalistischen Erklärung im Irrtum. Religion ist damit in zentraler Hinsicht Trug bzw. Illusion.

Da sich Religionen aus naturalistischer Sicht in einem Irrtum über ihr wahres Wesen befinden und diesen Irrtum weiter kultivieren, gelten sie dem Naturalismus prinzipiell als ein negatives Phänomen. Dies schließt nicht aus, dass auch ein Naturalist ihnen bestimmte Werte zubilligen kann, ändert aber nichts an ihrer grundsätzlichen Irrigkeit. So urteilt beispielweise der naturalistische Ethnologe Raymond Firth (1901-2002):

„Wie sollen wir somit diesen immens vielfältigen, häufig paradoxen Komplex von Phänomenen, der als Religion bezeichnet wird, verstehen? (...) Für einen Humanisten wie mich handelt es sich bei Religion nicht um eine Ansammlung von Wahrheiten über das Göttliche oder Transzendente. Die Vorstellung einer Offenbarung von oben ist eine Illusion – jede Religion hat ihre eigene unterschiedliche Offenbarung. (...) ... meiner Meinung nach gibt es eine Wahrheit in jeder Religion. Aber es ist eine menschliche, keine göttliche Wahrheit. In jeder Gesellschaft sind die Überzeugungen und Praktiken der Religion den weltlichen Überzeugungen, Wünschen, Interessen, Ängsten und Handlungen nachgebildet. (...) ... sie sind letztlich ein Resultat der menschlichen Lebenssituation und ein Versuch, die damit verbundenen Schwierigkeiten zu erleichtern.“[10]

Doch nicht immer waren oder sind naturalistische Religionsdeutungen so konziliant. Insbesondere die Religionskritik des neunzehnten und frühen zwanzigsten Jahrhunderts (L. Feuerbach, K. Marx, F. Nietzsche und S. Freud) betrachtete Religion weitgehend als Produkt und Ursache menschlicher Selbstentfremdung, die dem Ziel menschlicher Selbstverwirklichung im Wege steht: Religion mag zwar tröstende und andere Aspekte von begrenztem Nutzen haben. Gerade hierdurch aber verhindert

9 Ugo Bianchi, *Probleme der Religionsgeschichte*, Göttingen 1964, 19.

10 Raymond Firth, *Religion. A Humanist Interpretation*, London – New York 1996, 212 u. 215.

sie die eigentlich gebotene Selbstbesinnung des Menschen auf seine eigenen, wenn auch begrenzten Möglichkeiten. Eine solche negative Sicht der Religion ist unter den sogenannten „New Atheists“ wieder deutlich hervorgetreten, so dass beispielsweise Richard Dawkins einer Fernsehproduktion über Religion den reißerischen Titel geben konnte: „The Root of All Evil?“ („Die Wurzel allen Übels?“), wobei das Fragezeichen rein rhetorisch ist.[11]

3. Die religiöse Erklärung von Religion

Religiöse Erklärungen von Religion liegen traditionell nur in der Form *religionsspezifischer Erklärungen* vor. Die eigene Religion wird dabei auf transzendente Gründe/Ursachen zurückgeführt, die anderen hingegen häufig (wenn auch nicht immer) auf innerweltliche. Während in diesem Prozess die Deutung der eigenen Religion X aus einer Innenperspektive heraus erfolgt, wird die fremde Religion Y aus einer Außenperspektive wahrgenommen.[12] Es handelt sich dabei allerdings um eine partielle Außenperspektive, insofern diese mit einer anderen religiösen Innenperspektive, eben jener der Religion X, verknüpft ist (z.B. islamische Deutungen des Christentums, Judentums, Hinduismus, usw.). Demgegenüber entspringt eine naturalistische Erklärung insofern einer umfassenden Außenperspektive, als sie nicht aus der Innenperspektive irgendeiner bestimmten Religion resultiert, sondern aus der Innenperspektive einer nicht-religiösen Position. Denn was sonst sollte die Betrachtung *aller Religionen aus einer Außenperspektive* bedeuten als ihre Betrachtung aus einer nicht-religiösen und somit naturalistischen Perspektive? „Umfassend“ ist diese also nur in dem Sinn, dass sie sich auf alle Religionen aus einer Außenperspektive bezieht. Keineswegs aber ist sie dabei selber perspektivisch ungebunden bzw. „neutral“, da sie sich gleichfalls einer bestimmten Innenperspektive, eben einer naturalistischen, verdankt. Entgegen dem in der deutschsprachigen Religionswissenschaft verbreiteten kurzschlüssigen Irrtum, Religionen aus der „Außenperspektive“ zu betrachten, sei die einzig neutrale und somit wissenschaftlich bzw. religionswissenschaftlich gebotene Zugangsweise betont die amerikanische Religionswissenschaftlerin Rita Gross mit Recht die perspektivische Gebundenheit aller Zugänge:

„... es gibt keinen neutralen Ort, von dem aus man Religion objektiv erforschen kann. Alle haben ihre Agenda und diejenigen, die beanspruchen, Religion von außen zu betrachten, haben zu Religion eben eine andere Überzeugung, die sie von innen heraus vertreten und verteidigen.“[13]

---

11 Zur Diskussion der gängigen atheistischen Kritikpunkte, Religion sei gewalttätig, irrational, unmoralisch und insgesamt schädlich, vgl. Keith Ward, *Is Religion Dangerous?*, Oxford 2006.

12 Zum Problem der wechselseitigen interreligiösen Wahrnehmung und Deutung siehe: Andreas Grünschloß, *Der eigene und der fremde Glaube. Studien zur interreligiösen Fremdwahrnehmung in Islam, Hinduismus, Buddhismus und Christentum*, Tübingen 1999; Jerald D. Gort, Henry Jansen, Hendrik M. Vroom (eds.), *Religions View Religions. Explorations in Pursuit of Understanding*, Amsterdam – New York 2006; Udo Tworuschka (Hg.), *Die Weltreligionen und wie sie sich gegenseitig sehen*, Darmstadt 2008.

13 „... there is no neutral place from which one can objectively study religion. Everyone has an agenda and those who claim they are outsiders to religion are insiders to and

Zudem bietet die Betrachtung einer Religion aus der Außenperspektive (sei es nun aus einer religiösen oder einer naturalistischen) keineswegs die für deren Verständnis beste Voraussetzung. Wie man gerade anhand jener Außenperspektiven erkennen kann, die Religionen in ihrer wechselseitigen Deutung einnehmen, ist die Außenperspektive keineswegs von vornherein vor Verzeichnungen und Missverständnissen gefeit. Weit entfernt davon, eine außenperspektivische Betrachtung zu glorifizieren, bestand für die Pioniere der Religionswissenschaft nämlich das Hauptproblem einer religiösen Deutung von Religion gerade in deren Gebundenheit an eine Außenperspektive. Denn dieser Perspektive inhäriert immer die Tendenz, (a) die andere Religion unter dem Einfluss der eigenen religiösen oder nicht-religiösen Weltanschauung misszuverstehen, das heißt, ihrem Selbstverständnis nicht gerecht zu werden, und diese (b) aus apologetischen Motiven (im Interesse der eigenen Weltanschauung) negativ zu verzerren. Das Bewusstsein dieser Problematik in der Frühphase der Religionswissenschaft kommt sehr deutlich zum Ausdruck, wenn Max Müller schreibt:

„Kein Richter würde den schlimmsten Verbrecher so behandeln, wie unsere Historiker und Theologen die nichtchristlichen Religionen der Welt behandelt haben. Jeder Umstand im Leben ihrer Gründer, der zeigt, daß sie nur Menschen waren, wird mit Eifer festgehalten und gnadenlos verurteilt; jedes Dogma, das irgendwelche Schwächen aufweist, wird so negativ wie möglich ausgelegt; jede Handlung des Gottesdienstes, die sich von dem Geläufigen unterscheidet, wird lächerlich gemacht und verachtet. Und diese Einstellung ist nicht zufällig, sie hat einen bestimmten Zweck: So wie der Anwalt vor Gericht mit aufgebauschtem Pflichtgefühl seinen Klienten nur engelhafte Eigenschaften zuschreibt, wird der Angeklagte auf der anderen Seite in schwärzesten Farben gemalt. Das Ergebnis, wie nicht anders zu erwarten, ist eine völlig falsche Beurteilung, eine völlige Fehleinschätzung des wirklichen Wesens und Zwecks der Urreligionen der Menschheit."[14]

Man würde den Kern der hier von Müller formulierten Einsicht, dass die religiöse Außenperspektive zu Verzeichnungen neigt, völlig verfehlen, wollte man daraus den Schluss ziehen, dass Religionswissenschaft zur Vermeidung solcher Verzeichnungen allen Religionen gegenüber eine Außenperspektive und damit eine naturalistische Perspektive einzunehmen hätte – geradezu ein Lehrbuchbeispiel dafür, was es heißt, das Kind mit dem Badewasser auszugießen.

---

advocates of some other belief about religion." R.M. Gross, „Methodology – Tool or Trap? Comments from a Feminist Perspective", in: R. Gothóni (ed.), *How to do Comparative Religion? Three Ways, Many Goals*, Berlin – New York 2005, 149-166, 150.

14 "No judge, if he had before him the worst of criminals, would treat him as most historians and theologians have treated the religions of the world. Every act in the lives of their founders, which shows that they were but men, is eagerly seized and judged without mercy; every doctrine that is not carefully guarded is interpreted in the worst sense that it will bear; every act of worship that differs from our own way of serving God is held up to ridicule and contempt. And this is not done by accident, but with a set purpose, nay, with something of an artificial sense of duty which stimulates the counsel for the defense to see nothing but an angel in one client, and anything but an angel in the plaintiff of the other side. The result has been – as it could not be otherwise – a complete miscarriage of justice, an utter misapprehension of the real character and purpose of the ancient religions of mankind." F. Max Müller, *Lectures on the Science of Religion*, New York 1872, 103. Deutsche Übersetzung nach: William E. Paden, *Am Anfang war Religion. Die Einheit in der Vielfalt*, Gütersloh 1990, 62 f.

4. Religionsphänomenologie und die Suche nach einer religiösen, aber nicht religionspezifischen Deutung von Religion

Unter den für die Entstehung der Religionswissenschaft (und den für die Bestimmung ihres Verhältnisses zur Theologie) einflussreichen Wissenschaftlern gab es grob gesprochen zwei unterschiedliche Lager: Ein Lager war von der Richtigkeit einer naturalistischen Erklärung von Religion überzeugt und sah darin die einzig wissenschaftlich korrekte Interpretation von Religion.[15] Hierin macht sich vor allem der Einfluss der atheistisch geprägten Richtungen in der frühen Soziologie (E. Durkheim), Ethnologie (E.B. Tylor, J.G. Frazer) und Psychologie (S. Freud) bemerkbar. Das andere Lager war weiterhin an einer religiösen Erklärung von Religion interessiert, wollte aber das wissenschaftliche Studium vor dem verzerrenden Einfluss sowohl der theologisch als auch der nicht-theologisch geprägten Außenperspektive bewahren, um so ein adäquateres Verständnis der Religionen zu ermöglichen.[16] Dies trifft insbesondere auf die Religionsphänomenologie (N. Söderblom, R. Otto, F. Heiler, M. Eliade, G. Widengren, G. van der Leeuw, u.a.) zu, was sich deutlich in ihren methodologischen Prämissen reflektiert.

- Die Forderung nach *epochē* („Enthaltung") sollte den verzerrenden Einfluss des eigenen weltanschaulichen Hintergrundes ausschließen.
- Die Forderung nach einem teilnehmenden Interesse (*méthexis*) sollte den Zugang zum genuinen Selbstverständnis des religiös Anderen eröffnen.

Als einer der letzten deutschen Vertreter klassischer Religionsphänomenologie fasste Günter Lanczkowski (1917-1993) das hermeneutische Interesse hinter den methodologischen Zielsetzungen von *epochē* und *méthexis* noch einmal klar zusammen. Die „Haltung des Beobachters ... kann, wenn sie nicht auf dem Boden der *epochē* steht, das Fremde nur allzu leicht mit Eigenem identifizieren oder ... sie kann das Fremde

15 Mit Recht urteilt Christian Hardegen über die Religionskritik der Aufklärung: „Diese Religionskritik ist eine der Wurzeln neuzeitlicher Religionswissenschaft." C. Hardegen, Aufklärung, in: *Handbuch religionswissenschaftlicher Grundbegriffe*, Bd. 2, Stuttgart-Berlin-Köln 1990, 104-105, 105.

16 Auch wenn Albert Réville (1826-1906) selber einen anderen Weg einschlägt als die spätere Religionsphänomenologie, so ist es doch erhellend, wie Réville in seiner Eröffnungsrede zum „Premier congrès internationale d'histoire des religions", Paris 1900, die Notwendigkeit der neuen Disziplin begründet. Sie solle nämlich eine Alternative sowohl zu jenen bieten, die in den anderen Religionen nur „Eingebungen des Teufels" zu erblicken vermögen, als auch zu denen, die der Auffassung sind, dass alles, was „Religion" ist, „keine Stunde der Mühe wert sei". „Discours d'ouverture" par Albert Réville, in: *Actes du premier congrès internationale d'histoire des religions, Paris 1900, Première partie, scéances générales.* Paris: Ernest Leroux (éditeur), 1901, S. 46-47. Für den Hinweis auf diese Aussage danke ich David Atwood. Zu Révilles eigenem Weg siehe auch: David Atwood, Die Religion der Anderen. Zur Diskursgeschichte der frühen Religionsforschung, in: A. Heuser, C. Hoffmann, T. Walther (Hg.), Erfassen - Deuten - Urteilen. Empirische Zugänge zur Religionsforschung, Castelen 2013, 367-382, sowie: David Atwood, Stephanie Gripentrog, Dirk Johannsen, Jürgen Mohn, *Genres der Verwissenschaftlichung von Religion. Grenzgänge & Disziplinierungen im 19. und frühen 20. Jahrhundert*, Würzburg 2014 (in Vorbereitung).

vorschnell dämonisieren.“[17] Doch gilt zugleich: „... einem religiösen Phänomen kann, wenn man um sein Verstehen bemüht ist, nicht mit völliger Indifferenz, sondern nur mit Interesse begegnet werden.“[18] In der Verbindung der beiden Forderungen von *epochē* und *méthexis* wird das Anliegen deutlich, eine Deutung von Religion zu entwickeln, die einerseits insofern „religiös“ bleibt, als sie sich nicht in einen prinzipiellen Gegensatz zum Selbstverständnis der Religionen begibt (*méthexis*), die aber andererseits jene Verzerrungen der jeweils anderen Religionen vermeidet, die in der Regel aus der apologetischen Motivationslage der religionsspezifischen Deutungen von Religion und Religionen resultiert (*epochē*). Auch wenn mehrere ihrer Vertreter implizit oder explizit erheblich von einer christlichen Perspektive geprägt blieben, so strebte die Religionsphänomenologie doch von ihren methodologischen Voraussetzungen her nach einer *religiösen, aber eben nicht religionsspezifischen Deutung* von Religion. Es ist diese Zielsetzung, die sich meines Erachtens in ihrer Rede von einem eigenständigen „Wesen des religiösen Phänomens“ und ihrem Versuch, dieses Wesen wissenschaftlich zu erhellen, bezeugt.

Den Dreh- und Angelpunkt einer religiösen, doch nicht religionsspezifischen Interpretation von Religion bildete dabei die Kategorie des „Heiligen“.[19] Sie wurde ausdrücklich geprägt, um mit ihr über ein transzendenzbezogenes Konzept zu verfügen, das im Unterschied zum Gottesbegriff nicht von vornherein auf die spezifische Perspektive einer theistischen Religion eingegrenzt war und das andererseits eine Interpretation von Religion ermöglichte, die nicht auf den für das religiöse Selbstverständnis so grundlegenden Transzendenzbezug verzichten musste, sich also hierin klar von den atheistischen bzw. naturalistischen Interpretationen absetzte. In diesem Sinn konnte Mircea Eliade im Einklang mit vielen anderen Phänomenologen postulieren:

„... ein religiöses Phänomen wird sich nur dann als solches offenbaren, wenn es in seiner eigenen Modalität erfaßt, wenn es also unter religiösen Maßstäben betrachtet wird. Ein solches Phänomen mittels der Physiologie, der Psychologie, der Soziologie der Wirtschaftswissenschaft, der Sprachwissenschaft, der Kunst usw. einzukreisen, heißt, es leugnen.“[20]

Die offene Frage ist dann jedoch, wie sich eine solche religionsübergreifende religiöse Interpretation von Religion zu den konkreten religionsspezifischen Interpretationen von Religion verhält, aus deren häufig rivalisierender Natur die naturalistische Deutung von Religion einen Teil ihrer argumentativen Kraft bezieht.

5. Das Problem der religiösen Vielfalt und die Kategorie des Heiligen

Ein traditionelles Argument zugunsten einer naturalistischen Interpretation von Religion stellt seit der europäischen Aufklärung der Hinweis auf die (scheinbar)

---

17 Günter Lanczkowski, *Einführung in die Religionsphänomenologie*, Darmstadt 1978, 30.

18 Ebd. 30 f.

19 Günter Lanczkowski schreibt über den Begriff des „Heiligen“: „... die Einführung des Begriffs beruht auf der Intention, die Selbständigkeit der Religion herauszustellen und damit zugleich die Unmöglichkeit, sie aus nichtreligiösen Erscheinungen ableiten und begründen zu wollen...“. Ebd. 39.

20 Mircea Eliade, *Die Religionen und das Heilige. Elemente der Religionsgeschichte*, Frankfurt a.M. 1998, 13.

unversöhnliche Vielfalt der Religionen dar. Dieses Argument enthält drei wichtige Implikationen: (a) *Mangelnde Einheitlichkeit*: Wäre eine grundsätzlich religiöse Erklärung von Religion korrekt, das heißt, läge den Religionen tatsächlich eine transzendente Wirklichkeit zugrunde, dann müsste sich in ihnen eine weitaus stärkere Einheitlichkeit zeigen. (b) *Projektion*: Die Vielfalt religiöser Ideen und Praktiken spiegelt die kulturelle und individuelle Vielfalt der Menschen wider. Wie bereits Xenophanes (5.-6. Jh. v. Chr.) bemerkte, zeigen sich in den konkreten Zügen der Götter die Züge ihrer Verehrer. Diese Beobachtung stützt den Verdacht, dass es sich bei Religion insgesamt um Projektion handelt. (c) *Unmöglichkeit einer allgemeinen religiösen Erklärung*: Da es religiöse Erklärung von Religion nur als religionsspezifische Erklärung gibt, muss sich eine religiöse Erklärung auf das Erklärungsmodell einer bestimmten Religion festlegen. Es gibt aber keine rationale Berechtigung, den Standpunkt einer bestimmten Religion gegenüber dem anderer Religionen zu bevorzugen. Dieses wäre reine Willkür und damit unwissenschaftlich. Sich auf den Standpunkt aller Religionen zu stützen, ist wegen ihrer Unversöhnlichkeit unmöglich.

Vor dem Hintergrund dieses Arguments müssen die Bemühungen der Religionsphänomenologie um eine religiöse, aber nicht religionsspezifische Erklärung von Religion als von vornherein zum Scheitern verurteilt erscheinen. Ihr Versuch, eine solche Erklärung zu entwickeln, muss sich aus dieser Perspektive unweigerlich als ein letztlich doch religionspezifischer Erklärungsversuch enttarnen lassen – eben als ein kaschiert christlicher oder auch anders geprägter Erklärungsversuch, etwa als Ausdruck der Privatreligion oder Privattheologie des entsprechenden Gelehrten[21], der bisweilen dann aufgrund der von ihm vertretenen religiösen Interpretation von Religion sogar als „Religionsstifter“ verspottet werden kann.[22] Zudem ergibt sich als weitere Konsequenz, dass aus dieser Perspektive jede religiöse Erklärung von Religion außerhalb des Rahmens wissenschaftlicher Erklärungsmodelle fällt.

Meines Erachtens lässt sich das Argument der (unversöhnlichen) Vielfalt jedoch in allen drei Aspekten entkräften. Gerade von der Religionsphänomenologie gehen hierfür wichtige Impulse aus. Zugleich zeigt sich allerdings auch, dass diese einer Weiterentwicklung bedarf und hierzu durchaus in der Lage ist. Der der Religionsphänomenologie so oft von Kritikern entgegengebrachte Vorwurf, es handle sich bei ihr um „Krypto-Theologie“[23], sollte dabei weder verschämt übergangen, noch empört zurückgewiesen, sondern selbstbewusst als Ahnung ihrer eigentlichen Stärke durch die Gegenpartei gewertet werden. Denn hinter diesem Vorwurf steht die meines Erachtens voreingenommene und nicht zu rechtfertigende Position, dass *allein* eine naturalistische Deutung von Religion als wissenschaftlich zu gelten haben. Aber kommen wir zunächst zu den drei Implikationen des Arguments der Vielfalt.

(a) Wie sehr mangelt es der religiösen Vielfalt tatsächlich an Einheitlichkeit? Es gibt wohl kaum jemanden, der die große Vielfalt und zahlreichen konkreten

---

21 Vgl. beispielsweise Timothy Fitzgerald, *The Ideology of Religious Studies*, Oxford 2000, 41; Tomoko Masuzawa, *The Invention of World Religions*, Chicago – London 2005, 313 f.

22 Burkhard Gladigow, Religionsgeschichte des Gegenstandes – Gegenstände der Religionsgeschichte, in: H. Zinser (Hg.), *Religionswissenschaft. Eine Einführung*, Berlin 1988, 6-37, 11.

23 Vgl. Johann Figl, Einleitung. Religionswissenschaft – Historische Aspekte, heutiges Fachverständnis und Religionsbegriff, in: ders. (Hg.), *Handbuch Religionswissenschaft*, Innsbruck-Wien und Göttingen 2003, 18-80, 51.

Unterschiede zwischen den Religionen ernsthaft bestreiten wollte. Doch ebenso wenig lässt sich die Existenz zahlreicher Gemeinsamkeiten und Ähnlichkeiten leugnen. Die Religionsphänomenologie bemüht sich, beiden Sachverhalten dadurch Rechnung zu tragen, dass sie trotz aller Vielgestaltigkeit von Religion formale und strukturelle Einheitsmomente identifiziert, die auch inhaltlich relevant sind. Damit lässt sich zumindest ein Teil der religiösen Verschiedenheit als Variationen einheitlicher Thematiken verstehen. Dies schwächt die naturalistische These, „dass in der Religion jedes Anderssein ein Widerspruch ist“, wie es David Hume in seiner einflussreichen *Untersuchung über den menschlichen Verstand* (zehnter Abschnitt) behauptet hatte.[24] Dies trifft nun insbesondere auf die Unterschiede in den religiösen Transzendenzvorstellungen zu. Die Kategorie des „Heiligen“ erlaubt es, diese Unterschiede als Variationen der Erfahrung(en) und Thematisierung(en) einer „Kraft oder Macht“ zu deuten, die – so Wolfgang Gantke – „gerade nicht unsere eigene menschliche Kraft oder Macht ist“[25] bzw. die sich aus religiöser Sicht nicht darauf reduzieren lässt.

(b) Stützt aber die Vielfalt der Religionen nicht doch eher die Annahme, dass es sich bei Religion insgesamt um Projektion handelt? Auch hier wird niemand bestreiten, dass in den Konkretionen des „Heiligen“ ein hohes Maß an individuell und kulturell bedingter Projektion wirksam ist. Menschliche Erfahrungen des Heiligen sowie seine bildlichen und begrifflichen Repräsentationen sind immer vom jeweiligen Kontext geprägt. Vielfach ist in den konkreten Religionen mit ihren bildlich-begrifflichen Repräsentationen des Heiligen allerdings auch ein explizites Bewusstsein für deren unzureichenden Charakter verknüpft: steht doch das endliche, begrenzte Medium der Repräsentation für eine unendliche bzw. unbegrenzte Wirklichkeit, auf die das Medium über sich hinausgehend verweist. Die projektive Prägung des Mediums schließt daher keineswegs aus, dass sich der Mensch mit Hilfe dieses Mediums tatsächlich der Gegenwart einer transzendenten Wirklichkeit bewusst wird, bzw. ihm diese in seiner Erfahrung erscheint oder sich manifestiert. Mit dieser Annahme ist keineswegs die etwas naive, gelegentlich (ob zu Recht oder zu Unrecht) dem Perennialismus zugeschriebene These impliziert, dass es sich bei den verschiedenen Religionen um Interpretationen und Ausgestaltungen derselben Erfahrung handelt. Deutlich plausibler scheint mir die Annahme zu sein, dass wir in den Religionen Zeugnissen unterschiedlicher, weil unterschiedlich geprägter, Erfahrungen begegnen, sich diese aber – gemäß einer religiösen Interpretation – als unterschiedliche Erfahrungen mit derselben transzendenten Wirklichkeit deuten lassen. Obwohl sein Urteil, wie er selbst einräumt, eher undifferenziert ist, liegt Timothy Fitzgerald meines Erachtens nicht völlig falsch, wenn er einer Reihe von Religionsphänomenologen und Religionstheoretikern (aus christlichen wie auch aus nicht-christlichen religiösen Traditionen) folgende Grundannahme unterstellt:

„Vereinfacht gesagt lautet der Mythos, dass es eine Letzte Wirklichkeit, Gott oder das Transzendente, gibt, die ontologisch jenseits der Welt ist, aber den Beziehungen des Menschen, seiner Geschichte und seinem Leiden, Sinn und Zweck verleiht. Diese eine unbedingte Realität macht sich einzelnen Menschen in besonderen Formen von

24 David Hume, *Eine Untersuchung über den menschlichen Verstand*. Übersetzt und herausgegeben von Herbert Herring. Durchgesehene und verbesserte Auflage, Stuttgart 1982, 155.

25 Wolfgang Gantke, *Der umstrittene Begriff des Heiligen*, Marburg 1998, 27.

Erfahrung erkennbar, wenn auch in der Brechung ihrer unterschiedlichen Sprachen, Symbole und kulturellen Institutionen, ...".[26]

Fitzgerald bezeichnet diese Annahme als „Mythos". Man kann darin jedoch auch einen stimmigen Ansatz zur Interpretation von Religion in ihrer konkreten Vielfalt erblicken, der durchaus wahr sein könnte.

(c) Muss eine religionsübergreifende religiöse Erklärung von Religion daran scheitern, dass religiöse Erklärungen prinzipiell nur als religionsspezifische Erklärungen möglich sind? Mehr denn je ist man sich heute in den verschiedenen Wissenschaften der unaufhebbaren Perspektivität aller Forschung bewusst. Meines Erachtens besagt dies jedoch nicht, dass keine umfassenden Theorien mehr aufgestellt werden können. Die im Zuge postmoderner Ausführungen beliebte Verabschiedung sogenannter „Grand Narratives" oder „Meta-Theorien" im Namen der Perspektivität menschlicher Erkenntnis ist in mehrfacher Hinsicht nicht schlüssig. Zum einen ist sie selbstwidersprüchlich, weil sie natürlich selber so etwas wie eine Meta-Theorie darstellt.[27] Zum anderen impliziert perspektivische Gebundenheit keineswegs, dass nicht aus einer partikularen Perspektive heraus durchaus allgemeingültige Aussagen getroffen werden können. Sie besagt vielmehr lediglich, dass für den Fall, dass solche Aussagen mit Anspruch auf Allgemeingültigkeit tatsächlich zutreffend sind, sie sich vermutlich auch aus anderen Perspektiven heraus bestätigen lassen bzw. mit diesen nicht völlig unvereinbar sein dürfen. Folglich sind solche Aussagen in einem multiperspektivischen Diskurs zu überprüfen. Im Übrigen handelt es sich natürlich auch bei naturalistischen Erklärungen von Religion um „Grand Narratives", die jeweils einer bestimmten Perspektive verpflichtet sind, je nachdem aus welcher weltanschaulichen Richtung heraus ein solche naturalistische Interpretation konkret entwickelt wird.

Der Versuch, eine religiöse Erklärung von Religion zu entwickeln, die religionsübergreifend bzw. nicht-religionsspezifisch ist, ist daher keineswegs von vornherein allein schon dadurch zum Scheitern verurteilt, dass er selbst zunächst einer partikularen, religions- und kulturspezifischen Perspektive entspringt. Der Anspruch auf einen religionsübergreifenden Charakter besagt nicht, dass eine solche Erklärung in einem prinzipiellen Widerspruch zu den konkreten religionsspezifischen Erklärungen von Religion stünde, sondern lediglich, dass diese Erklärung nicht *ausschließlich* an den Standpunkt einer einzigen Religion gebunden ist. Folglich muss sich ihr Anspruch auf Gültigkeit unter anderem dadurch bewähren, dass sich zumindest partiell ihre Anschlussfähigkeit an unterschiedliche religiöse Perspektiven aufzeigen lässt. Genau dieser Notwendigkeit entspricht die Idee, mit dem Konzept des „Heiligen" eine für unterschiedliche Religionen rezipierbare Kategorie gefunden zu haben und

26 „Put simply, the myth is that there is one Ultimate Reality, God or The Transcendent, who is ontologically outside the world but who gives meaning and purpose to human relationships, to history, and to suffering. This one unconditioned reality makes itself known to human individuals in special kinds of experiences, refracted through their different languages, symbols, and cultural institutions...". T. Fitzgerald, *The Ideology of Religious Studies* (vgl. Anm. 21), 31.

27 Vgl. die viel zitierte Bemerkung von Peter Osborne: "the narrative of the death of metanarrative is itself grander than most of the narratives it would consign to oblivion". P. Osborne, *The Politics of Time: Modernity and Avant-Garde*, London 1995, 157. Siehe auch: Terry Eagleton, *The Illusions of Postmodernism*, Oxford 1997.

damit quasi so etwas wie eine religionsübergreifende Innenperspektive eröffnen zu können. Das „Heilige“ fungiert dabei zunächst lediglich als terminologischer Platzhalter für all jene religionsspezifischen Termini, mit denen innerhalb der religiösen Traditionen auf jene Wirklichkeit verwiesen wird, auf deren Erkenntnis bzw. Manifestation die Religionen selbst ihre Existenz zurückführen.

Mit dem Anspruch, dass eine Kategorie wie die des „Heiligen“ nicht nur religionsübergreifend, sondern gerade darin im Hinblick auf unterschiedliche religionsspezifische Perspektiven anschlussfähig ist, ist nun eine weitere wichtige Annahme verbunden: nämlich, dass zumindest prinzipiell die Religionen auch selber solche inhaltlichen und strukturellen Gemeinsamkeiten unter ihren religionsspezifischen Konzepten erkennen können, wie es deren gemeinsame Repräsentation durch die Kategorie des „Heiligen“ voraussetzt. Insofern impliziert die religionsphänomenologische Theorie des „Heiligen“ eine multireligiöse Rezipierbarkeit, die ihren Ausdruck nicht primär in einem Dialog zwischen Religionen und Religionswissenschaft findet, sondern im Dialog der Religionen untereinander.

An diesem Punkt freilich unterscheiden sich die Vorstellungen der Religionsphänomenologen darin, ob sie trotz all der von ihnen angenommenen Gemeinsamkeit unter den Religionen, dem Christentum dennoch eine Superiorität zuschreiben, die sich entweder evolutiv und quasi autonom (R. Otto) oder im und durch den Wettstreit der Religionen (N. Söderblom) erweisen wird.[28] Andere Phänomenologen – wie eventuell (obwohl nicht immer eindeutig) Mircea Eliade (1907-1986) – verstehen ihre Arbeit wohl eher so, dass sie den Religionen die unbeschadet ihrer Vielfalt und Verschiedenheit bestehende Möglichkeit eines gemeinsamen und tendenziell egalitären religiösen Selbstverständnisses vor Augen führen. Eine solche Möglichkeit lässt sich allerdings nur darin bewähren, dass sie von den Religionen selbst im Zuge wechselseitiger interreligiöser Verstehensprozesse bekräftigt wird. Die religionsphänomenologische Kategorie des Heiligen impliziert somit, dass sie sich im multilateralen Dialog der Religionen als hermeneutisch sinnvoll und aufschlussreich erweist. Insofern ist es nur konsequent, wenn moderne Religionsphänomenologen wie Wolfgang Gantke eine fruchtbare Weiterentwicklung der Religionsphänomenologie von einer interkulturell und interreligiös ausgerichteten Religionswissenschaft erwarten.[29]

Die Entwicklung einer solchen religionsübergreifenden religiösen Erklärung von Religion dürfte im genuinen Interesse der religionsspezifischen Erklärungen selbst liegen – auch wenn dies nicht unmittelbar offensichtlich ist, ja sogar vordergründig in Spannung zu diesen stehen mag. Die Spannung ergibt sich aus den in vielen religiösen Traditionen vorhandenen exklusivistischen Tendenzen, wonach allein der eigene Glaube und die eigene Erkenntnis als gültig betrachtet werden, anderen

---

28 So kürzlich nochmals recht deutlich herausgestellt in Dietz Lange, Offenbarung des Heiligen im Christentum und in anderen Religionen, in: *Zeitschrift für Theologie und Kirche* 110 (2013) 501-517.

29 Vgl. Wolfgang Gantke, Hat Religionsphänomenologie angesichts des veränderten interkulturellen Kontextes noch eine Zukunft?, in: H.R. Yousefi, K. Fischer, I. Braun, W. Gantke (Hg.), *Wege zur Religionswissenschaft. Eine interkulturelle Orientierung. Aspekte, Grundprobleme, ergänzende Perspektiven*, Nordhausen 2007, 49-78; ders., Die Sprachlosigkeit der Religionswissenschaft im aktuellen Streit um die Religion, in: J. Court, M. Klöcker (Hg.), *Wege und Welten der Religionen. Forschungen und Vermittlungen* (FS Udo Tworuschka), Frankfurt a.M. 2009, 137-148.

Religionen jedoch Authentizität und Gültigkeit bestritten werden. Es ist nun aber gerade diese verbreitete exklusivistische Haltung, die dem Eindruck Vorschub leistet, dass die Vielfalt der Religionen die Glaubwürdigkeit einer jeden einzelnen untergräbt, weil es sich hiermit wie bei einem Prozess verhält, „bei dem etwa zwanzig Zeugen aufträten, von denen jeder einzelne von den neunzehn anderen als Lügner bezeichnet würde".[30] Doch wie John Leslie Mackie (1917-1981) einräumt, verliert dieser Einwand gegen die Glaubwürdigkeit von Religion in dem Maße an Gewicht, als sich die Religionen wechselseitig zumindest Elemente der Wahrheit zuschreiben.[31] Genau darin erschließt sich das religionsspezifische Interesse an einer religionsübergreifenden Erklärung von Religion. Es gründet in den beiden Umständen, dass erstens keine Religion davon ausgeht, ihr Glaube sei prinzipiell illusionär, und zweitens eine religiöse, aber nicht religionsspezifische Erklärung von Religion das naturalistische Argument der religiösen Vielfalt bzw. Widersprüchlichkeit entkräftet und damit die Glaubwürdigkeit aller Religionen hebt. Insofern sich religionsphänomenologische Theorien in diesem Sinn deuten lassen, erklärt dies denn auch ihre Affinität zur „Theologie", besser: zu den „Theologien" innerhalb der unterschiedlichen Religionen. Dies spricht nicht etwa gegen die Wissenschaftlichkeit der Religionsphänomenologie (dies wäre nur unter der dogmatischen und selber unwissenschaftlichen Voraussetzung der Fall, dass eine naturalistische Erklärung von Religion die einzig wissenschaftlich legitime Erklärung darstellt), sondern es spricht vielmehr für ihre Validität im Sinne einer denkbaren Hypothese zur religiösen Erklärung von Religion.

6. Weiterführende Perspektiven

In jüngerer Zeit hat der analytische Religionsphilosoph und Theologe John Hick (1912-2012) ebenfalls den Versuch einer Interpretation von Religion vorgelegt, die religiös, aber nicht religionsspezifisch ist und zugleich der Vielfalt ihrer Erscheinungsformen Rechnung trägt.[32] Wenn Hick diese inzwischen als „religiöser Pluralismus" oder „pluralistische Hypothese" bekannt gewordene Theorie als „religious but not confessional" („religiös, aber nicht bekenntnisspezifisch") charakterisiert, so ist es nicht seine Absicht, sich mit ihr in einen umfassenden Gegensatz zu jenen Erklärungen von Religion zu setzen, wie sie in den unterschiedlichen religiösen Traditionen bereits vorliegen. Der Gegensatz bezieht sich vielmehr lediglich auf die von den Religionen traditionell vertretenen Ansprüche auf exklusive Allein- oder inklusive Höchstgeltung. Bei Hick nimmt die sich in der Religionsphänomenologie andeutende Möglichkeit, Religionen als unterschiedliche, aber prinzipiell gleichwertige Manifestationsräume des Heiligen zu begreifen, konkrete Form an. Zugleich beansprucht Hick, dass sich das Selbstverständnis der Religionen zu einer solchen egalitären und zugleich pluralistischen Sichtweise hin entwickeln kann. Die pluralistische Interpretation, so Hick,

30 So John Leslie Mackie im Anschluss an David Hume. Vgl. John Leslie Mackie, *Das Wunder des Theismus. Argumente für und gegen die Existenz Gottes*, Stuttgart 1985, 30.

31 Vgl. ebd.

32 Hick spricht von einer Theorie „that ... is a religious but not confessional interpretation of religion in its plurality of forms...". Vgl. John Hick, *An Interpretation of Religion. Human Responses to the Transcendent*, Basingstoke 1989, 1.

„... muss unvermeidlich über das dominante Selbstverständnis aller religiösen Traditionen hinausgehen. Denn eine jede von ihnen ist im Laufe der Jahrhunderte zu der Überzeugung gekommen, dass sie allen anderen gegenüber auf einzigartige Weise überlegen ist, indem sie davon ausgeht, dass die anderen entweder völlig jenseits des Bereichs von Heil/Erlösung liegen oder aber frühere Stufen innerhalb einer Entwicklung darstellen, die in ihr selbst ihre Erfüllung gefunden hat, oder dass es sich bei den anderen um unvollständige und weniger authentische Versionen dessen handelt, was sie selbst verkörpert. Doch diese Auffassung lässt sich bei unvoreingenommener Betrachtung nicht aufrechterhalten. Unvermeidlich wird eine wahrhaft pluralistische Hypothese daher eine Weiterentwicklung innerhalb einer jeden dieser Traditionen erfordern.“[33]

Nach Hick trägt jede der religiösen Traditionen allerdings „latent oder offen die Ressourcen für ein pluralistisches Verständnis der religiösen Situation in sich.“[34] Hick setzt also deutlich voraus, dass die von ihm vorgeschlagene religiöse, aber nicht religionsspezifische Interpretation, religionsspezifisch rezipierbar ist. Die Weiterentwicklung traditioneller religionsspezifischer Erklärungen von Religion hin zu einer religionsübergreifenden pluralistischen Interpretation kann nach Hick allerdings nur durch theologische Arbeit innerhalb der jeweiligen religiösen Tradition und zwar auf der Basis eines durch den interreligiösen Dialog erreichten besseren wechselseitigen Verständnisses erreicht werden.[35]

Ähnlich wie die Religionsphänomenologie verwendet auch Hick eine Kategorie, die insofern jener des „Heiligen“ gleicht als sie wie diese eine Platzhalterfunktion für die spezifischen Transzendenz- und Gottesvorstellungen der konkreten Religionen einnimmt. Hick verwendet hierfür den Terminus „the Real“. Die beiden entscheidenden Vorteile für diese Wahl bestehen nach Hick darin, dass dieser Terminus zum einen Rückhalt in vielen großen religiösen Traditionen findet (*esse tantum*, *al haqq*, *satya*, *tattva*, *zhen*, etc.) und zum anderen theistische wie nicht-theistische Transzendenzkonzepte umfasst, da er sich sowohl personal (‚der Wirkliche‘) als auch impersonal (‚das Wirkliche‘) lesen lässt.

Hick führt jedoch eine wichtige Differenzierung ein. Der Terminus „the Real“ umfasst zwei Aspekte: zum einen verweist er auf die radikale Transzendenz letzter Wirklichkeit, auf ihren – wie Hick sagt – „transkategorialen“ Charakter, wonach dies Wirklichkeit jede menschliche Vorstellung und Kategorisierung transzendiert und als solche ineffabel ist. Im Hinblick auf diesen Aspekt spricht Hick von „the Real *an sich*“ oder „the Real in itself“. Zum anderen verweist „the Real“ aber auch auf die konkreten Formen und Gestalten, in denen sich Transzendenzerfahrung in den Vorstellungen der einzelnen Religionen manifestiert. Hick nennt dies: „der/das Wirkliche wie er/es vom Menschen gedacht und erfahren wird“ („the Real as humanly thought of and experienced“). Die Manifestationen des „Real“ begegnen uns also in Gestalt

33 Ebd. 2.
34 Ebd. 377.
35 Vgl. ebd. 378 f. Dem entsprechend räumt Hick denn auch unumwunden ein, dass die pluralistische Hypothese ihren Ausgang jeweils bei einer bestimmten religiösen Perspektive nimmt, in seinem Fall der des Christentums: „The hypothesis is thus explicitly a *religious* interpretation of religion, and as such it originate within a particular religious tradition – in my own case Christianity.“ J. Hick, The Possibility of Religious Pluralism: A Reply to Gavin D'Costa, in: *Religious Studies* 33 (1997) 161-167, 164.

der spezifischen personalen Gottesvorstellungen und impersonalen Transzendenzvorstellungen, weshalb Hick diesbezüglich auch von den „*personae*" und „*impersonae*" des „Real" spricht. Diese Unterscheidung hat eine wichtige Konsequenz. Die konkreten Gottes- und Transzendenzvorstellungen haben nicht einfach denselben Referenten. Es sind nicht lediglich Namen für dieselbe Wirklichkeit. Sie verweisen vielmehr auf die sehr unterschiedlichen, historisch gewachsenen und kulturell geprägten *personae* und *impersonae* des „Real". Mit anderen Worten, sie verweisen auf Konzepte, die sich *unterschiedlichen Erfahrungen* mit *derselben transzendenten Wirklichkeit* verdanken.[36] Insofern fungiert der Terminus „the Real" als allgemeiner Platzhalter nur in einem sehr differenzierten Sinn, der jeder oberflächlichen Homogenisierung entgegensteht. Hierdurch trägt Hicks Begrifflichkeit einer Kritik Rechnung, die vielfach gegen phänomenologische Ansätze vorgebracht wurde, wonach diese die historischen und sozio-kulturellen Konkretionen religiöser Vorstellungen zu sehr vernachlässigen. Durch die Unterscheidung von „the Real in itself" und „the Real as humanly thought of and experienced" vermag Hick genau jene konkrete Diversität in den Platzhalter Terminus einzutragen. Gleichzeitig bleibt die Verwendung eines einheitlichen Platzhalters dennoch und insofern berechtigt, als – wie Hick belegt – die Unterscheidung zwischen der transzendenten und unfassbaren Dimension letzter Wirklichkeit („the Real in itself") und ihren konkreten bildlich-begrifflichen Repräsentationen („the Real as humanly thought of and experienced") in den spezifischen religiösen Traditionen selbst verwurzelt ist.[37] Besonders in diesem Punkt zeigt sich die Anschlussfähigkeit von Hicks religionsübergreifenden Interpretation an jene spezifischen Interpretationen wie sie in den Religionen selber vorliegen.

Man kann fragen, warum Hick sich nicht der Tradition der Phänomenologie angeschlossen und den Terminus des „Heiligen" verwendet hat. Meine Antwort ist spekulativ: Ich vermute, dass er nach einem stärker thetisch, d.h. konkret affirmativen Begriff gesucht hat. In seinem Buch *The Fifth Dimension* bezieht sich Hick kurz auf Ottos und Eliades These vom Heiligen als einem Element des menschlichen Bewusstseins. Doch verweist Hick in diesem Zusammenhang mit Recht – und im Einklang mit der Religionsphänomenologie – darauf, dass selbst eine dem Menschen quasi angeborene Religiosität, ein Bewusstsein des Heiligen, „die entscheidende Frage völlig offen lässt, ob es eine transzendente Wirklichkeit, auf die sich Religion antwortend bezieht, gibt oder nicht."[38] Während somit – zumindest aus der Sicht Hicks – die Verwendung der Kategorie des „Heiligen" im Rahmen der Religionsphänomenologie stärker auf die subjektive Dimension menschlicher Religiosität verweist[39], geht es ihm mit der Kategorie des „Real" um den Verweis auf jene transzendente Wirklichkeit,

36 Vgl. auch die Klarstellungen Hicks in Auseinandersetzung mit kritischen Einwänden in: J. Hick, *The Rainbow of Faiths. Critical Dialogues on Religious Pluralism*, London 1995, 42f, 45 f.

37 Vgl. Hick, *An Interpretation* (siehe Anm. 31), 236-240.

38 J. Hick, *The Fifth Dimension. A Exploration of the Spiritual Realm*, Oxford 1999, 3.

39 Besonders deutlich wird dieser Aspekt dann in der sogenannten Neustil-Religionsphänomenologie, wenn etwa Jaques Waardenburg davon spricht, dass sich der Mensch in der Religion „auf etwas ihm Heiliges ... bezieht" (also nicht auf etwas Heiliges oder *das* Heilige, sondern auf etwas dem Menschen subjektiv Heiliges), bzw. wenn Waardenburg den Begriff des „religiösen Tatbestands" davon abhängig macht, dass etwas „für die jeweils in Frage kommenden Menschen eine ‚letzte' Bedeutung, eine

auf die sich die Religionen gemäß ihrem Selbstverständnis beziehen. Das heißt nun allerdings wiederum nicht, dass Hick die Frage nach der Existenz dieser Wirklichkeit für beantwortet hält. Vielmehr betrachtet er diese Frage durchaus ebenso sehr als offen wie viele Religionsphänomenologen. Aber er drückt diese Offenheit anders aus, nämlich dadurch, dass er die von ihm vorgeschlagene religiöse Interpretation von Religion bewusst als Hypothese formuliert – aber eben als eine Hypothese, von der sich zumindest die Möglichkeit ihrer Wahrheit auf rationalem Wege erweisen lässt, so dass sie in den wissenschaftlichen Versuchen einer Erklärung von Religion keineswegs als obsolet und von vornherein zu vernachlässigen betrachtet werden kann.

Wenn Religionswissenschaft ihrem Programm treu bleiben will, den Phänomenkomplex Religion zu erforschen, zu verstehen und zu deuten (J. Wach) und wenn man mit Ugo Bianchi der Meinung ist, dass sie nicht wirklich darauf verzichten kann, hierbei eine „endgültige Interpretation“ anzustreben,[40] dann müssen im Sinne von weitreichenden Arbeitshypothesen sowohl naturalistische als auch religiöse Erklärungen von Religion zugelassen werden. Die Forderung nach einem „methodologischen Agnostizismus“ ergibt nur dann einen praktikablen Sinn, wenn dieser Agnostizismus streng bzw. eng gefasst wird: Das heißt, es kann nicht um Urteilsenthaltung schlechthin gehen, sondern nur um die Enthaltung von apodiktischen Urteilen. Erklärungsversuche von Religion, sowohl naturalistische als auch religiöse, sind zuzulassen, wenn sie ausdrücklich als hypothetische Urteile gekennzeichnet werden.[41]

Doch auch im Sinne einer rein phänomenologischen Methode bedarf die Forderung nach Urteilsenthaltung (*epochē*) einer konstruktiv-kritischen Weiterführung. Völlig berechtigt ist die dahinter stehende Einsicht in den häufig verzerrenden Charakter der außenperspektivischen Betrachtung einer spezifischen Religion und dem vor allem in der Forderung nach *méthexis* zum Ausdruck kommenden Desiderat, die studierten religiösen Phänomene nach Möglichkeit aus einer Innenperspektive bzw. religiösen Perspektive zu erfassen, oder genauer: ihre Bedeutung so zu verstehen wie sie von den jeweiligen Gläubigen verstanden wird. Illusorisch erscheint allerdings der Versuch, dabei jegliche eigenperspektive Prägung ausklammern zu wollen.[42] Doch ist eine *epochē* in diesem Sinn auch gar nicht erforderlich, um die von der Religionsphänomenologie verfolgten Ziele zu erreichen. Wieweit wir das Selbstverständnis religiöser Menschen zutreffend erfassen oder ob wir dieses aufgrund unserer eigenen Hintergrundannahmen verfehlen, kann – zumindest bei lebenden religiösen Traditionen – dadurch überprüft werden, dass man bei den betreffenden Menschen nachfragt. Hier bleibt es bei der eben so einfachen wie luziden Feststellung von Wilfred Cantwell Smith (1916-2000):

„Wenn man untersuchen will, was ein religiöses System seinen Anhängern bedeutet, kann ein diesem System Außenstehender der Natur der Sache nach auf niemanden anderen zurückgreifen, als auf den Gläubigen, denn sein Glaube *ist* die Religion,

---

‚absolute‘ Gültigkeit hat.“ Vgl. J. Waardenburg, *Religion und Religionen. Systematische Einführung in die Religionswissenschaft*, Berlin – New York 1986, 23 u. 31.

40 Vgl. nochmals das Zitat oben bei Anm. 9.

41 Vgl. hierzu auch, Perry Schmidt-Leukel, Der methodologische Agnostizismus und das Verhältnis der Religionswissenschaft zur wissenschaftlichen Theologie, in: *Berliner Theologische Zeitschrift* 29 (2012) 48-72.

42 Vgl. beispielsweise die in vielem berechtigten Einwände in: Raimon Panikkar, *Epoché in the Religious Encounter*, in: ders., *The Intrareligious Dialogue*, New York 1978, 39-52.

und wenn ihn der Gläubige in der Darstellung des Wissenschaftlers nicht wiedererkennen kann, ist es nicht sein Glaube, der dargestellt wurde."[43]

Oder noch einfacher formuliert:

„Um herauszufinden, was etwas einem Menschen bedeutet, ist es wohl am einfachsten, ihn selbst danach zu fragen."[44]

So zeigt sich erneut, dass die wissenschaftliche Suche nach einer religiösen Erklärung von Religion, die zwar nicht religionsspezifisch ist, aber religionsspezifisch anschlussfähig bleiben will, eng auf einen um wechselseitiges Verstehen bemühten interreligiösen Dialog verwiesen ist. In einer aus dieser Haltung heraus betriebenen Religionswissenschaft erfahren zentrale Anliegen der Religionsphänomenologie eine konstruktive Weiterentwicklung.

---

43 Wilfred Cantwell Smith, Vergleichende Religionswissenschaft: Wohin – Warum?, in: M. Eliade, J. Kitagawa (Hg.), *Grundfragen der Religionswissenschaft*, Salzburg 1963, 75-105 u. 239-256, 87.

44 Ebd. 84.

William Schmidt (Moskau)

Das Heilige als Phänomen des Seins: Ontologie und Ideologie

Unsere Zustände schreiben wir bald Gott, bald dem Teufel zu, und fehlen ein wie das andere Mal: in uns selbst liegt das Rätsel, die wir Ausgeburt zweier Welten sind.

Johann Wolfgang von Goethe[1]

Die Grundlage des Mittelalters, i.e. der Epoche des Theo- bzw. Christo-Zentrismus, wie auch sein Geist und sein Bild der Weltordnung, sind rigorose Richtlinien, die auf die folgenden Worte Jesu zurückzuführen sind: „Wer mir nachfolgen will, der verleugne sich selbst, nehme sein Kreuz auf sich und folge mir nach. Denn wer sein Leben retten will, wird es verlieren. Wer aber sein Leben verliert um meinetwillen, der wird es finden" (Mt 16:24–25); „Und jeder, der Häuser, Brüder, Schwestern, Vater, Mutter, Kinder oder Äcker um meines Namens willen verlassen hat, wird es hundertfach wieder empfangen und das ewige Leben gewinnen" (Mt 19:29); „Willst du vollkommen sein, so geh hin, verkaufe, was du hast, und gib es den Armen; so wirst du einen Schatz im Himmel haben; dann komm und folge mir nach" (Mt 19:21). Die Worte des Apostels Johannes sind nicht weniger eindrucksvoll: „Liebt nicht die Welt und nicht das, was in der Welt ist!" (1Joh 2:15). Sie stellen nicht nur ein eigenartiges Prinzip des Lebens im Geiste, sondern ein direktes Gebot Gottes dar.

Daher entzweit Christus die Welt mit der Kirche, nachdem er in die Welt gekommen ist. Mit seinem geistigen Schwert schneidet er die Kirche aus der Welt heraus: „Glaubt nicht, ich sei gekommen, Frieden auf die Erde zu bringen. Ich bin nicht gekommen, Frieden zu bringen, sondern das Schwert. Denn ich bin gekommen, den Menschen mit seinem Vater zu entzweien und die Tochter mit der Mutter und die Schwiegertochter mit ihrer Schwiegermutter. Und die Feinde des Menschen werden seine eigenen Hausgenossen sein. Wer Vater oder Mutter mehr liebt als mich, ist meiner nicht wert, und wer Sohn oder Tochter mehr liebt als mich, ist meiner nicht wert. Und wer wer nicht sein Kreuz auf sich nimmt und mir nachfolgt, ist meiner nicht wert. Wer sein Leben gefunden hat, der wird es verlieren, und wer sein Leben verliert um meinetwillen, der wird es finden" (Mt 10:34–39), – deswegen ist die Kirche ursprünglich prinzipiell säkular, die Inversionen finden später beim Untergang des Mittelalters mit dem Beginn der Renaissance und Neuzeit statt.

Jede nachfolgende Epoche und entsprechende wissenschaftliche Traditionen und alltägliches Denken machen selbstverständlich Gebrauch von entsprechend etablierten semiotischen und erkenntnistheoretischen Paradigmen.[2] Die Fragen nach dem Umfang der gebrauchten Begriffe und nach ihrem Gebrauchskontext, der ihren Inhalt determinierte und der sowohl die Verifikationsprozesse ihrer Realität als auch

1 „Maximen und Reflexionen", nach den Handschriften des Goethe- und Schiller Archivs, Verlag der Goethe-Gesellschaft, Weimar, 1907, (http://www.aphorismen.de/zitat/132944, letzter Zugriff 30.10.2014).

2 Vgl. Rakhmanin 2009, 7–23; Kuhn 2001; Popper 1976, 23–48; Schmidt 2011, 69–74; Elbakyan 2012, 309–331.

ihre Anwendbarkeit reflektiert, werden selten gestellt.[3] Als ein Paradebeispiel dazu könnte die aufregende, aber im russischen Kontext kaum produktive Diskussion über den Säkularismus dienen, wenn wir von der Wertigkeit der wortspielerischen Kategoriebildung[4] und der Metaphorik der Gesprächspartner[5] absehen würden.

Nach unserer Meinung sind alle Versuche, etwas über die Welt zu sagen ohne vom menschlichen Bewusstsein auszugehen, d. h. ohne den Status der „Ich-Perspektive" mit ihrem Ontologisierungsprinzip zu berücksichtigen, zum Scheitern verurteilt.[6] Kaum ist ein besseres Resultat zu erwarten, wenn auf analytisch-synthetisches Denken, die Fähigkeit zur Abstraktion, i.e. auf die Produktion der Kategorien das „Allgemeine/Ganze/Eine/Absolute" und die Betrachtung der Phänomene der Welt (=das Ganze) als Relationen Teil/Ganzes oder umgekehrt verzichtet wird.[7]

Ausgehend von den Vorstellungen der Historio- und Ontogenese, die am Anfang des 21. Jahrhunderts in der Akademie vorhanden sind, bedarf es keiner Rekonstruktionen der Weltgeschichte als Geschichte der lokalen nationalen Kulturen und Zivilisationen, wie auch keiner Aufstellung von entsprechenden Seins- und Repräsentations-Korrelationen in ihren sozialen, politischen, institutionellen, philosophischen und kulturellen Formen, um die offenkundige Einheit der folgenden Kontinua zu beweisen:

- des physischen und des metaphysischen, d.h. semiotischen, Seins;
- des Traszendentalen, d.h. die Konkretheit der sinnlich-repräsentationalen und begrifflich-kategorialen Sphären, und des Transzendenten, d.h. Gestalt[en] des Binoms *A=nicht-A* als qualitativ bestimmte logisch-epistemische Art-Gattung-Relation;

---

3 Wir haben an anderswo auf das vorliegende Problem der in der Religionswissenschaft verwendeten Begriffe und deren Revision in der russischen Religionswissenschaft hingewiesen. Vor dem Hintegrund der multireligiösen Gesellschaft ist irrtümlicherweise häufig die Rede von „religiösem Bewusstsein" statt „religiösem Denken" und von „Beziehungen zwischen Staat und Konfessionen" statt „Beziehungen zwischen Staat und Religionen". Siehe z.B. dazu Arinin 2013a; Zabiyako 2009; Ryazanova 2013.

4 Siehe Appolonov, Uzlaner 2011. Zur Problematik des Säkularen/Postsäkularen aus Sicht des partikularen Erkenntnisinteresse und einzelner Ideenrezeptionen der westlichen Religionsforschung siehe State, Religion, Church in Russia and Worldwide 2012, Logos 2011. Einen Überblick über den russischen Kontext gibt Stroop 2014 [Text der Vorlesung, gehalten am 29. April 2013 im Institut für die Wissenschaften vom Menschen in Wien, Österreich, im Rahmen von Colloquia on Secularism].

5 Siehe z.B. Epstein 1996, 2013.

6 Die auf dem methodologischen Polyontologismus ruhenden Zugangsweisen der „postsäkularen Welt", insb. der Kognitivismus, erregen zwar verstärkte Aufmerksamkeit. Sie versprechen aber kaum etwas Fundamentaleres als die „klassischen" epistemischen Ansätze, siehe Agadjanian 2013, Shakhnovich 2013, Mikhelson 2013, Geertz 2013, Arinin 2013b u.a. in: *State, Religion, Church in Russia and Worldwide* 2013/3(31). Dabei sollte auch die radikale Konzeption von Arkadyev (2013) in Betracht kommen, die davon ausgeht, dass die Sprache in ihrer Komplexität eine Ursache und keine Wirkung des menschlichen Bewusstseins ist. D.h., das Bewusstsein wird als eine eigenartige differenzierende, objektivierende und entfremdende Fähigkeit betrachtet, welche ihren Ursprung in der differenzierenden Kraft und Struktur der Sprache hat.

7 Siehe Kharitonov, Schmidt 2012.

- der Interdependenz der praxiologischen, epistemischen und transzendenten Modelle, im Kontext der Lebensordnung der konkreten kulturellen Tradition als Weltbild, welche eine hierarchische onto-gnoseo-axiologische Struktur als Kern des Weltbilds aufweist und sich als ein System von Interpretationen und Reinterpretationen, Rekonstruktionen und Dekonstruktionen entfaltet, die konkrete Erfahrung der Produktion und Reproduktion konkreter Generation[en] und der dazugehörigen soziokulturellen und sozioökonomischen Prognostik basaler Sinnbestimmtheiten und Sinndeutungen darstellt.[8]

Bevor wir eine Antwort auf die Frage „Wer kann den Kern des Weltbilds als Objekt durchschauen und auf welche Weise?“ geben werden, wäre es gut, an eine wichtige Idee zu erinnern, auf die Karl Marx in seinen Thesen über Feuerbach [1845] hinwies:

> „1. Der Hauptmangel alles bisherigen Materialismus (den Feuerbachschen mit eingerechnet) ist, dass der Gegenstand, die Wirklichkeit, die Sinnlichkeit, nur unter der Form *des Objekts oder der Anschauung* gefaßt wird; nicht aber als *sinnlich menschliche Tätigkeit, Praxis*; nicht subjektiv. Daher sich die *tätige* Seite abstrakt im Gegensatz zu dem Materialismus von dem Idealismus – der natürlich die wirkliche, sinnliche Tätigkeit als solche nicht kennt – entwickelt. Feuerbach will sinnliche – von den Gedankenobjekten wirklich unterschiedene Objekte: aber er faßt die menschliche Tätigkeit selbst nicht als *gegenständliche* Tätigkeit. Er betrachtet daher im „Wesen des Christentums“ nur das theoretische Verhalten als das echt menschliche, während die Praxis nur in ihrer schmutzig jüdischen Erscheinungsform gefaßt und fixiert wird. Er begreift daher nicht die Bedeutung der „revolutionären“, der „praktisch-kritischen“ Tätigkeit.
> 2. Die Frage, ob dem menschlichen Denken gegenständliche Wahrheit zukomme – ist keine Frage der Theorie, sondern eine *praktische* Frage. In der Praxis muß der Mensch die Wahrheit, i.e. Wirklichkeit und Macht, Diesseitigkeit seines Denkens beweisen. Der Streit über die Wirklichkeit oder Nichtwirklichkeit des Denkens – das von der Praxis isoliert ist – ist eine rein *scholastische* Frage.“[9]

Wie wir sehen, ist es wichtig (sic!), dass das „Sinnliche“, Beschaulichkeit als Fähigkeit der Praxiologie der Gnosis, als „sinnliche“ Gegenständlichkeit, zu der Metaphysik/dem Metaphysischen (einschließlich dem Transzendenten) zurückkehrt. Noch wichtiger ist es, bei dieser Rückkehr nicht zu vergessen, Ockhams Rasiermesser einzusetzen, um die Wesenheiten, die nicht verifiziert=nachgewiesen (ontologisiert) werden können, aber als Quasi-Formen und Quasi-Phänomene existieren können, nicht postulieren zu lassen. Wir können keine Meerjungfrau in der Natur finden, sondern ihr Bild als Objekt der zweiten Natur. Wir können keine Texte von der „lieben Sonne“ und dem melancholischen Mond, i.e. den menschlichen Tropen und audiovisuellen Artefakten, erhalten.

Offensichtlich geht es hier um den Status des Objekts als Element eines metaphysischen Systems und um seine Genese und Repräsentation. Die Feststellung des Objektstatus ist unmittelbar gebunden an Verifikationsmethoden, die für das konkrete Weltbild zugänglich sind, und danach wird es als Gegenstand gedacht ohne

8 Siehe z.B. Molchanov 1992, Zabiyako 2010, 2011.
9 Marx 1845.

Berücksichtigung seiner Entfremdung von dem vorhandenen Phänomen. Dies betrifft gleichermaßen den religiösen Komplex als den Kern des Weltbilds.[10]

Der moderne Mensch lebt in einer Epoche, die durch das naturalistisch-wissenschaftliche Denken konstruiert wird im Kontext einer Weltanschauung, die sich auf die vorhandene, bestimmte, historisch-kulturelle, philosophisch-ideologische, religiös-axiologische Realität bezieht, und die für ihn (den modernen Menschen) als normativ fungiert.[11] Aber es ist die Frage, ob diese Weltanschauung und die durch sie abgebildete bzw. konstruierte Realität für den Menschen durchschaubar sind? Oder werden diese möglicherweise vielmehr mit der Wirklichkeit, d.h. der bestimmten Erfahrung der sinnlichreichen Prozessualität, verwechselt?[12]

Das Empfinden der Verstehens- und Transformationsfähigkeiten einerseits und die Unbestimmtheit oder sehr breite Invarianz der soziokulturellen, psychosomatischen Erlebnisse und Erfahrungen andererseits sprechen nicht für einen Monismus, sondern für die Eklektik des Menschen bzw. der Menschennatur, einschließlich seiner weltanschaulichen Bestimmtheit und seiner geistigen Verfassung. Das Verlangen nach der eigenen Bestimmtheit, nach dem Monismus als Ganzheit, führt nicht nur zu Versuchen, die allgemeinen Grundsätze für die Makro- und Mikrowelten zu bestimmen bzw. zu konstruieren, sondern auch zu Experimenten sowohl mit den Methoden als auch mit den Instrumenten im Kontext des eigentlich vorhandenen Weltbildes, sowie der spezifischen Diskurse im Rahmen der eigenen, häufig sehr begrenzten, individuellen oder kollektiven Erfahrung – der modischen, innovativen und politisierten Erfahrung. Die Qualität wird dabei nicht durch einen akademisch belegten Umfang des Begriffs[13] bestimmt, sondern durch die Quantität des Wortgebrauchs und die sinnaxiologische Insuffizienz.

Wir kommen zurück zu der Frage „Wer kann den Kern des Weltbilds als Objekt durchschauen und auf welche Weise?"

Die Antwort liegt auf der Hand: es kann jeder tun vor dem Hintergrund des entsprechenden Engagementniveaus im allgemeinen kulturellen Diskurs und in der

10 Es wird gewöhnlich behauptet, dass das Phänomen der Religion universal sei – genau wie Sprache, Arbeitspraxis, Rationalität – obwohl der Begriff „Religion" relativ jung ist. Es ist außerordentlich schwierig, angesichts der Vielfalt der konkreten Religionsformen, die genauen Charakteristika festzustellen, die Phänomene als religiös bestimmbar werden zu lassen, Yablokov (o.J.). Daher auch der hermeneutische Zirkel: um zu verstehen, was Religion ist, müsste die ganze Vielfalt der Religionsformen untersucht werden. Auf der anderen Seite, um diese Vielfalt untersuchen zu können, müsste man wissen, was genau untersucht werden sollte, um Religion von Nicht-Religion zu unterscheiden. Siehe dazu die Ausführungen von Emile Benveniste über den Begriff „das Heilige" in Benveniste 1977.

11 Schmidt 2011 und Danilov 2009.

12 So z.B. wurden vor kurzem ca. 1500 Aussagen in der Blogosphäre analysiert, die durch Schlüsselwörte wie „Glaube", „Religion", „Kirche" gefunden wurden, um festzustellen, mit welchen weiteren Begriffsfeldern diese Schlüsselbegriffe in der öffentlichen Meinung vernetzt sind. Im Ergebnis wird lediglich konstatiert, dass „dieses Schema überaus komplex und die Abbildung der öffentlichen Meinung sehr reichhaltig" ist (Lubarsky 2012).

13 Solche rationalisierende Funktion – eine Funktion der metaphysischen und exstatischen Ordnung – kann nur durch einen Philosophen, der eine besondere Einstellung zu Religion hat, gewährleistet werden (Jaspers 1932).

Aneignung der Gnoseopraxeologie, des sozial reproduzierten Weltmodells (=des Seins) im Kontext des Weltbildes. Auf welche Weise kann man denn den Begriffsumfang und die praxeologischen Modelle, die die Subjekte der soziokulturellen Beziehungen verwenden, bestimmen?

In dieser Hinsicht teilen wir die Meinung von N. Sokolov, der behauptet, dass Kulturen keine homogenen Größen darstellen, sondern einem „Blätterteigkuchen" ähneln, dessen Elemente sich gegenseitig wegen der ständig aktualisierten weltanschaulichen Selbstbestimmung der Beziehungssubjekte wunderlich durchdringen.[14] Außerdem finden wir das „Emanationsmodell des Seins" von D. Rodzinsky sinnvoll, das eine Detailanalyse und eine tiefe hermeneutische Untersuchung des begrifflichen Systems ermöglicht, welches die komplexen Phänomene und Inhalte reflektiert, die traditionellerweise als Religion, Glaube, das Sakrale, das Profane, das Heilige, das Numinose usw. bezeichnet werden.

Rodzinsky sagt: „Emanation hat die Form einer kegelförmigen Spirale, die auf unterschiedlichen Etappen ihrer Entfaltung alle Mechanismen der Anthropogenesen mit einbezieht: Kreationismus, Emanationismus, Evolutionismus und Metamorphismus. Jede Anthropogenese stellt die bestimmte Spezifik der menschlichen Eigenschaften dar, die mit ihrem Sein/Nichtsein verbunden sind und durch die entsprechenden Kategorien vorbestimmt/ausgedrückt werden können:

- Kreationismus bildet die mystische Natur der Genese des Menschen, die der Relation „das Nichtsein des Nichtseins" entspringt;
- Emanationismus produziert die metaphysische Natur des Menschen, die der Relation „das Sein des Nichseins" entspringt;
- Evolutionismus verwirklicht die dialektische Natur des Menschen, die mit „dem Nichtsein des Seins" verbunden ist;
- Metamorphismus reduziert die mythologische Natur der Genese des Menschen, die am Zustand „das Sein des Seins" gebunden ist."

Somit stellt das Emanationsmodell das Wesen der integrativen Konzeption der ontologisch-nichtontologischen Natur des Menschen, die unterschiedliche anthropologische Lehren beinhaltet, dar.

Daher sollte die ontologisch-nichtontologische Natur des Menschen in verschiedenen anthropologischen Konzeptionen die folgenden Erscheinungsformen annehmen bzw. erscheinen bzw. die folgende Gestalt haben:

> „– in der Mystik kommt sie [die ontologisch-nichtontologische Natur des Menschen] zu einer Art „Potentialdifferenz" zwischen vollkommenem Nichtsein und unvollkommenem Sein. Anders ausgedrückt, zwischen Leerheit und Fülle, Einfachheit und Komplexität, Ruhe und Bewegung, Unendlichkeit und Begrenztheit. Daher, je weniger erfüllt, komplex, beweglich und eingegrenzt durch das Sein der Mensch ist, desto näher ist er der Vollkomenheit des Nichtseins, desto näher ist er dem Absoluten, Gott;
> – in der Metaphysik kommt sie zu „Potentialdifferenz" zwischen der nichtseienden Vollkommenheit des Guten, Wahren, Schönen und Gerechten und ihren entstellten Formen im Sein des Menschen, d.h. Irrtum, Lüge, Hässlichkeit und Willkür. Daher,

14 Sokolov 2011.

je mehr sich das Sein des Menschen vom Guten und seinen Bestandteilen entfernt, desto schwächer ist seine Natur und desto größer ist seine Zerrissenheit;
– Dialektik findet sich in einer ganzen Reihe von Disziplinen, die den Menschen untersuchen. Aus psychologischer Sicht wird seine Natur zu einer „Potentialdifferenz" zwischen dem Nichtsein, als Latenz der Gefühle und Archetypen des kollektiven Unbewussten, und dem Sein des Bewusstseins. Aus soziokultureller Sicht stellt die Natur des Menschen eine „Potentialdifferenz" zwischen den Formen des kollektiven Bewusstseins und der Form des individuellen Bewusstseins. Aus biologischer Sicht wird die Natur des Menschen zu einer „Potentialdifferenz" zwischen dem den Sinnen nicht bewusst zugänglichen Genom und seiner Fähigkeit, sein Potential im sozialen Verhalten zu verwirklichen. Aus kosmologischer Sicht wird die Natur des Menschen zur einer „Potentialdifferenz" zwischen den seinen Sinnen nicht zugänglichen Wellenpattern des Universums, die den Ideen Platons ähneln, und seiner Auswahl des Seins – der alternativen Welt (einer Parallelwelt des Hugh Everett). Daher wird der nichtontologische Genpool jedes Menschen, jeder Nation, jedes Volkes und der ganzen Menschheit zu einem kulturellen Gut, das sich reproduziert und sich selbst erkennt in unterschiedlichen Formen der sozialen Praxis;
– in der Mythologie wird sie [die ontologische-nichtontologische Natur des Menschen] zu einer „Potentialdifferenz" zwischen den Seinsformen der Welt, die Götterideen hervorbringen, und den diesen Götterideen entsprechenden Eigenschaften des Bewusstseins des Menschen, aus denen ein Harmonisierungsprozess der letzteren mit den ersten hervorgeht. Anders gesagt, die „Potentialdifferenz" zwischen Raum und Intuition, Zeit und Verstand, Bewegung der Elemente und Instinkten, Materie und Empfindungen. Hier ist es so, dass je stärker und ganzheitlicher die Natur des Menschen ist, desto näher ist er dem einheitlichen Leben im Einklang mit der Welt und ihren Gottheiten. Und umgekehrt: je schwächer und zerrissener die Natur des Menschen, desto isolierter sein Sein von jenen."[15]

Daher halten wir zwei Punkte fest. Zum einen stellt das ontologische Modell (= das Transzendente, inklusive der Mechanismen des Transzendierens) der metaphysischen Systeme ein trinitarisches Modell mit seinem basalen Binom A=nicht-A dar (dieses Binom ist der Grund des binär kodierten Modells als Spezialfall der Trinität).[16] Zum anderen markiert jedes Weltbild mit seinem eigenen Thesaurus nicht nur die für es offensichtlichen Objekte, sondern auch garantiert eigene Reproduktion und Sicherheit. Es bleibt uns nun übrig, klarzustellen, welches Begriffsinstrument ein metaphysisches System ein ethnokulturelles (Zivilisations-)Weltbild repräsentieren und „präparieren" könnte.

Da die Akteure und Interpreten der Grundkategorien des Weltbildes eben Menschen sind, schlagen wir vor, von der Vorstellung des *Menschen als eines komplex organisierten Systems* auszugehen, *das sich als mit sich selber nicht identisch weiß.* Dieses System sollte aus philosophischer und religionswissenschaftlicher Sicht als ein religiöser Komplex betrachtet werden, dessen Strukturelemente die folgenden Vorstellungen sind: 1. Gott (=Transzendentes), 2. Mensch, 3. Beziehungen zwischen Gott und Mensch, 4. religiöse/nicht-religiöse geistige Einstellungen (transzendental, inklusive der Gnoseologie und Epistemologie), 5. religiöse (ritual-kultische) und

15 Vgl.: Rodzinsky 2011.
16 Vgl. ein Modell der holistischen Mathematik in: Kharitonov, Schmidt 2012.

nicht-religiöse (immanent, inklusive der Praxeologie und Ethik) Praxis, und 6. Dialog (kommunikative Modelle und Techniken, die den Diskurs aufrechterhalten: die Reproduktion und Sicherheit der semiotischen Systeme im Rahmen des Thesaurus.

Daher nehmen wir das Folgende an:

1) das repräsentierende Modell des Menschen, wie auch das Modell des Seins (ontologisch und transzendent) der ethno-kulturellen Tradition (des Nationalstaates, der Zivilisation) ist ihr Sakrales, das im Rahmen einer traditionellen Kultur immer tabuisiert wird, und daher nicht artikulierbar ist, aber in der Kultur als das Numinose funktioniert – und repräsentiert wird durch ein religiös bzw. glaubensbeladenes Zeichen bzw. Symbol als sakrales Objekt, eingebettet in das System religiöser Handlungen und gekoppelt an das Modell und Mechanismen der Reproduktion/Regeneration, Hierarchiesierung/Sakralisierung und Legitimation/Zurückweisung;
2) Das Sakrale bildet die Antinomie „das Heilige – das Profane“, im Rahmen welcher sich das Binom das Geistige (ideokratisch) – das Weltliche (Physiokratisch) realisiert;
3) Der allgemeine kulturelle Diskurs macht Gebrauch von Fachdiskursen: philosophisch, theologisch, religiös-mythologisch, religionswissenschaftlich, inklusive phänomenologisch, um Begriffe der geistigen (religiösen) Sphäre zu repräsentieren, zu politisieren und zu ideologisieren. Die Ideologisierung beinhaltet aber unvermeidlich auch die Profanierung bzw. Vulgarisierung des Kontextes der Repräsentation.

Literatur

Agadjanian, A. (2013) „Religion and theory: current trends“ in: *State, Religion, Church in Russia and Worldwide* 2013/3(31), 7-31 (Агаджанян А. „Религия и теория: современные тенденции“ в *Государство, религия, Церковь в России и за рубежом*, 2013/3(31), 7-31).

Appolonov, A., Uzlaner, D. (2011) „Discussion“ in: *Research in Religious Studies*, 2011/1-2(5-6), 110-149 („Дискуссия“: Апполонов А.В. „О понятиях „религия“ и „светское“ в средневековой европейской традиции“; Узланер Д.А. „О „религии“ и „секулярном“ еще раз: ответ Алексею Апполонову“; Апполонов А.В. „Еще раз о том же“ in *Религиоведческие исследования*, 2011/1–2(5–6), 110-149).

Arinin, E. (2013a) *What is Religion? 500 Definitions of the Term with Comments*, Vladimir, 2013 (Аринин Е. И. *Что такое религия: 500 определений термина с комментариями*. Владимир, 2013).

Arinin, E. (2013b) „Religion as an „autopoietic system“ in the works of Niklas Luhmann“ in: *State, Religion, Church in Russia and Worldwide* 2013/3(31), 130-161 (Аринин, Е. „Религия как „аутопойетическая система“ в работах Никласа Лумана“ в *Государство, религия, Церковь в России и за рубежом*, 2013/3(31), 130-161).

Arkadyev M. (2013) *Linguistic Catastrophe*, Moscow, 2013 (Аркадьев М.А. *Лингвистическая катастрофа*, М., 2013).

Benveniste, E. (1969) „Das Heilige“ in: Colpe, C. *Die Diskussion um das „Heilige“*. Darmstadt: Wissenschaftliche Buchgesellschaft, 1977, 223-254.

Danilov, A. (2009) *The Complexity of Understanding of Religion* (Данилов А.В. *Сложность понимания религии*, online: http://elib.bsu.by/bitstream/123456789/8183/1/pages%20from%20 ph%26ss_2009-3.%2033-40pdf.pdf).

Elbakyan, E. (2012) „The mundanity of religion and the religion of mundanity“ in: *Religion in the Changing World*, St. Petersburg, 2012, 309-331 (Элбакян Е.С. „Повседневность религии или религия повседневности?“ in: *Религия в меняющемся мире*, Санкт-Петербург, 2012, 309–331, online: http://www.religio-polis.org/religiovedenie/5985-povsednevnost-religii-ili-religija-povsednevnosti.html).

Epstein, M. (1996) „Post-atheism or poor religion“ in: October 1996/9, 158-165 (Эпштейн М.Н. „Пост-атеизм, или бедная религия“ in: Октябрь, 1996, ном. 9, с. 158–165).

Epstein, M. (2013) Religion after Atheism: New Opportunities for Theology. Moscow 2013 (Эпштейн М.Н. Религия после атеизма: новые возможности теологии. Москва, 2013).

Geertz, A. (2013) „New atheistic approaches in the cognitive science of religion“ in: *State, Religion, Church in Russia and Worldwide* 2013/3(31), 77-109 (Гирц А. „Новые атеистические подходы в когнитивной науке о религии“ в: *Государство, религия, Церковь в России и за рубежом*, 2013/3(31), 77-109).

Jaspers, K. (1932) *Philosophie. I. Philosophische Weltorientierung*. Berlin: Springer, 1932.

Kharitonov, A, Schmidt, W. (2012) „Practicing philosophy: grounding the teleological approach“ in: *EURASIA: National Spiritual Traditions*, 2012/3, 15-38.

Kuhn, Th. (1962) *Die Struktur wissenschaftlicher Revolutionen*, Suhrkamp, Frankfurt/M. 2001.

Logos (2011) *Logos*, 2011/3(82) (*Логос*, 2011, Ном. 3 (82)).

Lubarsky G. (2012) *Faith. Religion. Church* (Любарский Г.Ю. *Вера. Религия. Церковь*, online: http://www.polit.ru/article/2012/07/10/cognitometry_church1).

Marx, K. (1845) „[Thesen über Feuerbach]“ in: ders. *Werke, Schriften. Band II. Frühe Schriften. Teil II.* Hg. von Hans-Joachim Lieber. Darmstadt: Lambert Schneider Verlag 2013, 1, 1.

Mikhelson, O. (2013) „Approaches to the study of religion in modern evolutionary psychology“ in: *State, Religion, Church in Russia and Worldwide* 2013/3(31), 63-76 (Михельсон О. „Подходы к изучению религии в современной эволюционной психологии“ в: *Государство, религия, Церковь в России и за рубежом*, 2013/3(31), 63-76).

Molchanov, V. (1992) „Paradigms of Consciousness and the structures of experience“ in: *Logos*, 1992/3, 7-36.

Popper, K. (1976) „The myth of the framework“ in: Freeman E. (Hg.) *Essays in Honour of Paul Arthur Schilpp. The Abdication of Philosophy: Philosophy and Public Good.* La Salle, Illinois: Open Court, 1976, 23-48.

Rakhmanin, A. (2009) „Towards a meta-theory of religious studies: the theoretical framework and the problem of the normative criterion of science“ in: *Research in Religious Studies*, 2009/1-2, 7-23 (Рахманин А.Ю. „К метатеории религиоведения: концептуальный каркас и проблема нормативного критерия науки“ в: *Религиоведческие исследования*, 2009/1-2, 7-23).

Rodzinsky, D. (2011) *The Nature of Human Reason in Philosophies*, Moscow, 2011 (Родзинский Д.Л. *Природа ума человека в философских мировоззрениях*, Москва, 2011).

Ryazanova, S. (2013) „Categories in religious studies: limits, principles, paradigms“ in: *Yearbook of the Urals Institute of Philosophy and Law of the Russian Academy of Sciences*, 2013/13-1, 37-50 (Рязанова С. В. „Категориальный аппарат религиоведения: границы, принципы, парадигмы“ в: *Научный ежегодник Института философии и права Уральского отделения Российской академии наук*, 2013/13-1, 37–50).

Schmidt, W. (2011) „Sign and symbol in religion and society as a problem of interinstitutional dialogue“ in: *Religiovedenie*, 2011/3, 69-74 (Шмидт В.В. „О знаке и символе в религии и обществе в аспектах межинституционального диалога“ в: Религиоведение, 2011/3, 69–74).

Shakhnovich, M. (2013) „Cognitive science and the study of religion“ in: *State, Religion, Church in Russia and Worldwide* 2013/3(31), 32-62 (Шахнович М. „Когнитивная наука и исследования религии“ в: *Государство, религия, Церковь в России и за рубежом*, 2013/3(31), 32-62).

Sokolov, M. (2011) *Principle of Paradise... Chapters on Iconology of Garden, Park and beautiful View*, Moscow, 2011 (Соколов М.Н. *Принцип рая... Главы об иконологии сада, парка и прекрасного вида.* М., 2011.).

State, Religion, Church in Russia and Worldwide (2012) *State, Religion, Church in Russia and Worldwide* 2012/1(30) 2012/2(30) (*Государство, религия, Церковь в России и за рубежом*, 2012/1(30), 2012/2(30)).

Stroop, Ch. (2014) „The Russian Origins of the So-Called Post-Secular Moment: Some Preliminary Observations“ in: *State, Religion, Church in Russia and Worldwide*, 2014/1(32), 9-39 (Струп К. „Российские истоки так называемого „постсекулярного момента“: некоторые предварительные наблюдения“ в: *Государство, религия, Церковь в России и за рубежом*, 2014/1(32), 9-39).

Yablokov, I. (o.J.) *Problem of definition of religion* (Яблоков И.Н. *Проблема определения религии*, online: http://www.religare.ru/print21.htm).

Zabiyako, A. (2009) „Religion: an essay on understanding and typology.“ Papers of the international academic research online conference *Comparative Study of Religions: From the Object to the Problem*, Oct.-Dec. 2009 (Забияко А.П. „Религия: опыт понимания и типологии.“ Докл. на II Междунар. науч. интернет-конф. Моск. религиовед. о-ва *Сравнительное религиоведение: от предмета к проблеме*, окт.-дек. 2009 г., online: http://religious-life.ru/2013/03/zabiyako-religiya-opyit-ponimaniya-i-tipologii).

Zabiyako, A. (2010) „Phenomenology of religion" in: *Religiovedenie*, 2010/4, 152-164 (Забияко А.П. „Феноменология религии" в: *Религиоведение*, 2010/4, 152-164).

Zabiyako, A. (2011) „Phenomenology of religion" in: *Religiovedenie*, 2011/1, 114-126, 2011/3, 88-94 (Забияко А.П. „Феноменология религии" в: *Религиоведение*, 2011/1, 114-126, 2011/3, 88-94).

Marianne Schröter (Halle-Wittenberg)

Das Numinose als Kategorie: Beobachtungen zu einem religionstheoretischen Zentralbegriff

Rudolf Ottos religionstheoretisches Hauptwerk *Das Heilige* umgreift eine große Spannweite von religionskulturellen Thematiken und religionshermeneutischen Theoriehinsichten. Dieses Spektrum reicht von etymologischen, methodologischen, anthropologischen, kulturalistischen, literatur- und musiktheoretischen, religions- und christentumsgeschichtlichen bis hin zu den facettenreichen, diesen Entwurf prägenden emotionspsychologischen Beschreibungshinsichten. Auch anlässlich unseres Symposiums kommen diese und andere Aspekte von Ottos Werk zur Sprache. Im Zusammenhang der Betrachtungen, die hier angestellt werden sollen, wird eine Interpretation des den Entwurf kennzeichnenden Ausdrucks des ›Numinosen‹ versucht. Dieser Versuch stellt näherhin auf die Art und Weise der Einführung und Verwendung dieses Zentralbegriffs ab. Das Numinose und der ihm eignende kategoriale Status sollen im Folgenden also näher beschrieben werden.

Otto benennt bereits im Übergang vom ersten zum zweiten Kapitel von *Das Heilige*[1] sein methodisches Programm. Ihm liegt daran, die hermeneutische Erschließung von Religion zu befördern, eine Absicht, die »das Verhältnis ihrer Momente so ins Reine zu bringen« versuchen will, »daß sie [die Religion] sich selber deutlich werde« (DH 4). Diese Prämisse kann in deutlicher Entsprechung zu dem von Friedrich Schleiermacher in den Schlusspassagen der *Reden* formulierten hermeneutischen Prinzip gelesen werden, nach dem »Religion nur durch sich selbst verstanden werden kann«.[2] Auch für Otto ist jede andere als eine selbstreferentielle Herangehensweise nicht zielführend, verbleiben doch alle jenen Versuche notwendig im Modus von Übertragungen und Ableitungen und zeigen sich daher der Beschreibung des »ganz Spezifischen« (DH 4) von Religion nicht gewachsen. Das von ihm intendierte Programm einer solchen Selbstaufklärung verfährt über den Aufweis des ›Heiligen‹ als des basalen Konstitutionsprinzips aller Religion, als das »ihr eigentlich Innerstes« (DH 6). Der Zugang zu diesem avisierten Begriff, der allerdings sehr bald von seinem eigentlichem Nucleus, dem Numinosen abgelöst wird, erfolgt jedoch nicht direkt, sondern zunächst auf dem Wege zweier Negativbestimmungen, die missverständlichen Assoziationen wehren wollen.

In dem ersten dieser Exkurse kritisiert Otto das im allgemeinen Sprachgebrauch wie im wissenschaftlichen Diskurs etablierte Verständnis, das klar ethisch konnotiert ist. ›Heilig‹ steht in diesem Zusammenhang im Rückgriff auf Kant als Eigenschaft

1 Rudolf Otto: Das Heilige. Über das Irrationale in der Idee des Göttlichen und sein Verhältnis zum Rationalen, Breslau 1917. Diese Schrift wird in unseren Ausführungen als Siglum DH angeführt. Spätere Ausgaben werden mit hochgestellt angegebener Auflagenzahl zitiert. Die verschiedenen im Beck-Verlag erschienenen Nachdrucke basieren auf der letzten Ausgabe eigener Hand von 1936 (DH^{23-25}).

2 Friedrich Schleiermacher: Über die Religion. Reden an die Gebildeten unter ihren Verächtern (1799), hg. von Günter Meckenstock, Berlin 1999, 314.

eines reinen, durch keinerlei Affektionen seitens der Sinnlichkeit getrübten Willens. Kritisch wird moniert, dass die Attribuierung des Willens – wie die des Gesetzes oder der Pflicht – mit jenem Prädikat bei strenger Betrachtung jedoch lediglich eine metaphorische Redeweise darstellt, die dazu dient, die Dimension graduell höchster Steigerung bezüglich der jeweiligen Größe zum Ausdruck zu bringen: »So nennt Kant den Willen einen heiligen Willen, der ohne Wanken aus Antrieb der Pflicht dem moralischen Gesetz gehorcht. Das aber ist einfach der vollkommene moralische Wille« (DH 5f). Otto kommt es demgegenüber darauf an, den hinter diesem gebräuchlichen Wortverständnis liegenden Gehalt jenes Begriffs »zu isolieren« (DH 6). Zur Legitimierung eines solchen methodischen Vorhabens führt er die semitisch-altorientalische und antike Auffassung der jeweiligen sprachlichen Äquivalente an, die in ihrer jeweiligen Grundbedeutung Sachverhalte bezeichnen, welche sich als Ausdrucksformen eines »originalen Gefühlsreflexes« des Bewusstseins identifizieren lassen und daher auch »für sich erwogen werden« (DH 7) können. Es ist zwar deutlich, dass sich im Verlauf der allgemeinen religionsgeschichtlichen Entwicklung und so auch der Geschichte der biblischen Religionen rasch ethische Konnotationen und Anreicherungen eingestellt haben,[3] diese sind hinsichtlich ihrer Entstehung jedoch als religiös-lebensweltliche Ausdeutungen und als Amalgamierungen ursprünglich selbständiger Bewusstseinssphären zu verstehen. Die von Otto vorgebrachte Kritik solcher ethischen Engführungen dient ihm der Herausstellung gerade einer transmoralischen Komponente des ›Heiligen‹, die er als »deutlichen Überschuß« (DH 5) kennzeichnet. Gleichzeitig kann er über das gewählte Verfahren der etymologischen Reduktion eine weitere Grundprämisse einzeichnen. Da Kant die Ethik auf die praktische Vernunft zurückbindet, ergibt sich für Otto – in dazu parallelem Rückschluss – eine für sein Denken noch zentralere Komponente, und zwar die der Transrationalität: Das in den Einleitungskapiteln vollführte Kreisen um Begriffsgehalte »soll das Heilige *minus* seines sittlichen Momentes, und wie wir nun gleich hinzufügen, minus seines rationalen Momentes« (DH 6) vorstellen.

Als Beweisziel jener zweiten reduktionistischen Negativbestimmung gilt, »daß Religion nicht in ihren rationalen Aussagen aufgeht« (DH 4). Diese These wird über einen Argumentationsweg angebahnt, der durchaus irritieren kann. Begonnen wird nämlich mit einer Würdigung der gedanklichen Kraft der theistischen Fassung des christlichen Gottesgedankens. Dessen rationales Potential sieht Otto besonders in der Lehre von den göttlichen Eigenschaften entfaltet. In der Form von graduell abgestuften Analogiebildungen zum menschlichen Erfahrungsraum hat die Theologie sich einen denkenden Zugriff erarbeitet, der eine »Überzeugung in klaren Begriffen« (DH[23-25] 1) statt in vagen Vermutungen ermöglicht. Otto stimmt der traditionellen theologisch-philosophischen Auffassung, dass das Christentum im Bereich der Gotteslehre über die Momente von Klarheit, Deutlichkeit und Vollständigkeit

3 Als Beleg für solche sekundären Überlagerungen im Bereich der Christentumsgeschichte gilt Otto dabei bereits die Überlieferungsgestalt, die in den neutestamentlichen Schriften begegnet: »Denn nach dem Vollklange des Wortes ›Heilig‹, wie wir es vornehmlich im Neuen Testamente vorfinden, und wie es jetzt ausschließlich für unser religiöses Sprachgefühl entwickelt ist, ist das Heilige [...] immer das vollkommen mit rationalen, theologischen, personalistischen und ethischen Momenten Durchdrungene und Gesättigte.« (DH 116) – Auf die neben dem Feld des Ethischen genannten weiteren Anreicherungsgesichtspunkte wird im Folgenden eingegangen.

einen hohen Grad an reflexiver Durchdringung erreicht habe und insofern religionsgeschichtlich an hochentwickelter Stelle stehe, also durchaus zu, benennt diese Form der »Überlegenheit« (DH 2) jedoch gleichzeitig als dessen größte Schwäche. Die hier formulierte Variante der These relativer Absolutheit erfährt also bereits im Moment ihrer Proklamation ihre kritische Infragestellung. Der Einwand zielt auf die sachliche Angemessenheit der Attributenlehre bezüglich ihrer Denkvoraussetzungen, nicht auf deren methodisches Verfahren. Der Mangel aller intellektualistischen theologischen Strömungen – Rationalismus, Orthodoxie und bestimmte Richtungen der Mystik werden genannt – liegt demnach in der Verkennung der logischen Struktur des Gottesgedankens selbst.

Die Kritik folgt einem dreifach gestaffelten Argumentationsgang: Otto nimmt erstens den Sachverhalt ernst, dass die streng rationale Kontrolle genau genommen nur auf den Bereich der Eigenschaften als solcher und ihrer Anordnung im Lehrsystem ausgreifen kann. Selbst unter der Voraussetzung, dass beide genannten Hinsichten vernünftigen Kriterien gehorchen, ist damit noch keineswegs gegeben, dass letzteres auch auf den Subjektterm zutrifft, dem jene Attribute zugeschrieben werden. Mit anderen Worten, die Größe, auf die die Prädikationen rekurrieren, bleibt als solche dem urteilenden Zugriff entzogen. Die Attribute »erschöpfen [...] die Idee der Gottheit so wenig, daß sie geradezu nur von und an einem Irrationalen gelten und sind« (DH 2). Diese unhintergehbare und substanzielle Opakheit ist in Rechnung zu stellen, sollen rationalistische Vereinseitigungen vermieden werden.

Zweitens ist die Urteilsstruktur, der eine jede Attribuierung unterliegt, methodisch zu problematisieren. Für die reflexive Bewältigung und kommunikative Verständigung unerlässlich, verbleiben doch sämtliche Versuche von Eigenschaftsbildungen notwendig im Geltungsbereich synthetischer Urteile.[4] Als solche vermögen sie nicht über den Status von symbolischen Erschließungsbewegungen hinauszugehen. Das Missverständnis der spekulativen Gotteslehre liegt genau in diesem Punkt: Nicht definitorische Wesensbestimmungen, sondern offene Deutungsversuche können allein Resultat einer jeden begrifflichen Annäherung an die Gottesidee sein.

Schließlich resultiert das bleibend Transrationale aus dem Modus der Setzung des Subjektterms. In dieser dritten Hinsicht findet Ottos Warnung vor rationalistischen Engführungen ihren eigentlichen Zielpunkt. Attribute werden einem Gegenstande als ihrem Träger beigelegt »der selber noch nicht in ihnen erfaßt ist, auch nicht in ihnen erfaßt werden kann, sondern auf eine spezifisch andere Weise erfaßt werden muß« (DH 2). Jene Bezugsstiftung stellt einen solchen Referenzakt dar, der als vorprädikativer Bewusstseinsvorgang allen möglichen Attribuierungen und erst recht deren Systematisierung weit voraus liegt. Seine Einzigartigkeit und Spezifik besteht gerade darin, sich jedem Versuch einer vernünftigen Herleitung und Erklärung zu entziehen. Die Bezugnahme auf eine übersinnliche Verweisgröße, deren Relevanz- und Geltungsvermutung allererst das Bemühen um prädikative Erfassung in Gang setzt, erfolgt innerhalb einer eigenständigen Bewusstseinssphäre, von Otto als Bereich »religiösen Erlebens« (DH 4) angesprochen. Hier wird bereits deutlich, dass sich – auch im Hauptwerk von 1917 – jener Begriff und nicht der des Gefühls als die psychologische Grundlage von Ottos Religionstheorie erweisen wird. Ein solcher Ansatz zeigt die konsequente Umsetzung dessen, was in Luther-Dissertation und

4 Vgl. DH 2.

Schleiermacher-Edition bereits angeklungen war und auch die Studien der dazwischenliegenden Zeit bestimmte. Die beschriebene Rationalitätslücke umfasst also mehrere Ebenen, gründet jedoch letztlich in der reflexiven Uneinholbarkeit religiösen Erlebens.

Eine besondere systematische Pointe für die Aufgabenbestimmung der religionsforschenden Disziplinen besteht darin, dass Otto nicht nur konkrete Phasen der Christentumsgeschichte oder bestimmte theologisch-philosophische Schulrichtungen in seine Kritik solcher rationalistischen Verengungen eingeschlossen wissen will, sondern darüberhinaus auf ein zeitgenössisch-aktuelles methodologisches Problem verweist. In einer gegenwartsdiagnostischen Zuspitzung spielt Otto auf die klassischen religionswissenschaftlichen Modellbildungen an, die aus dem Aufschwung der ethnologischen Forschungen am Ende des 19. Jahrhunderts hervorgegangen waren. Hier begegnen zwar selbstverständlich weder spekulative Gotteslehre noch metaphysische Systembildungen, die von Animismus, Präanimismus oder Manismus vorgelegten evolutionistischen Herleitungen und naturalistisch-psychologistischen Erklärungen führen jedoch durchaus zu parallelen Vereinseitigungstendenzen und Unterbestimmungen, denen alle »Versuche zur Konstruktion der Ausgänge und Anfangsgründe der Religion« (DH 4) notwendig unterliegen. Jede einlinige Entwicklungsthese, die aus solcher Prämisse resultierende implizite Kriteriologie archaischer Religionen und die Analogisierungen zur natürlichen Erfahrungswelt des Menschen dokumentieren dieses Problem: So konträr sich die unterschiedlichen Modelle auch inszenieren, »immer aber sieht man es auf Begriffe und Vorstellungen ab, und zwar auf ›natürliche‹, auf solche, die in der allgemeinen Sphäre menschlichen Vorstellens auch vorkommen« (DH 4).

Otto geht es all jenen Tendenzen – seien sie theologischer, philosophischer oder religionswissenschaftlicher Provenienz – gegenüber darum, den religionstheoretischen Bemühungen seiner Zeit den Raum zu eröffnen, den eine, das Irrationale umgreifende weite Fassung, von ihm als »tiefere [...] Religion« (DH 3) beschrieben, ermöglicht. Auch sein eigenes Programm ist deutlich einem so orientierten religionshermeneutischen Neuaufbruch verpflichtet, das macht schon die Wahl des Untertitels der Abhandlung deutlich. Diese erste, in sich doppelt strukturierte Näherbestimmung des Heiligen als jenseits des Gebietes des Ethischen und Rationalistischen liegend ist jedoch – wohl bemerkt – zunächst der Abwehr möglicher Missverständnisse verpflichtet, erst der darauf folgende Argumentationsweg hat dann tatsächlich für die eigene Theorie konstitutiven Charakter.

Für die auf diese Weise herausgearbeitete transmoralische sowie transrationalistische Dimension bildet Otto jetzt den Kunstausdruck »das Numinöse« (DH 7) bzw. das Numinose[5], der sich schnell als der eigentliche Zentralbegriff seiner Religionstheorie herausstellt. Das Verständnis dieses Begriffs erschließt sich jedoch nicht ohne weiteres. Gerade aufgrund der in Rechnung gestellten Singularität und sui-generis-Verfasstheit ist das Numinose »nicht definibel im strengen Sinne sondern nur erörterbar« (DH 7). Wie im Falle sämtlicher Grunddata des Bewusstseins kann eine Annäherung an sein Verständnis lediglich über den Weg analogisierender Beschreibungen oder negationslogischer Setzungen erreicht werden. Alle solche Versuche zielen letztlich auf die Anregung zu selbständiger Erschließung, die sich,

5 So schon die Überschrift des zweiten Kapitels (DH 5).

da sie auf geistige Erlebnisse rekurriert, nur in der Evidenzerfahrung des jeweiligen Erlebnissubjekts einstellen kann. Wiederum parallel zu Schleiermacher, der mit dem von ihm formulierten Programm der »Bildung zur Religion«[6] deren einfache lehrmäßige Vermittlung ausschließt, steht Otto also die Aufgabe einer hermeneutischen Sensibilisierung vor Augen: »Man kann dem Hörer zu ihrem Verständnis nur dadurch helfen, daß man versucht, ihn durch Erörterung zu dem Punkte seines eigenen Gemütes zu leiten, wo sie [die Religion] ihm dann selber sich regen, entspringen und bewußt werden muß.« (DH 7) Die unhintergehbare Unverfügbarkeit teilt das Numinose – wie schon gesagt – dabei mit allen Elementen, die unmittelbar aus der Erlebnisstruktur des Geistes erwachsen. Otto geht es also nicht um eine einfache Entgegensetzung der religiösen gegen die anderen geistigen Sphären, sondern zunächst um eine Herausstellung der Unableitbarkeit und Nicht-Demonstierbarkeit sämtlicher Gehalte menschlichen Bewusstseinslebens. Bei aller Fokussierung auf die Spezifik religiösen Erlebens werden hier gerade Ähnlichkeiten hinsichtlich der strukturellen Verfasstheit reklamiert: »Und diese Tatsache anerkennen, heißt nicht die Sache ins Fantastische oder Supranaturalistische abschieben, sondern heißt vom sensus numinis nur dasselbe behaupten was von allen anderen Urelementen unseres Seelischen auch gilt.« (DH$^{23\text{-}25}$ 151).

Man könnte vermuten – und dies ist in der älteren Forschung auch wiederholt geschehen[7] –, dass Otto durch die genannte methodologische Näherbestimmung auf eine qualitative resp. substantielle Größe abhebt. Eine solche Fährte wird auch durch diverse Äußerungen von ihm selbst gelegt, etwa, wenn er das Numinose als etwas, »was ›aus dem Geiste‹ kommt« (DH 7) charakterisiert. Bei genauerer Betrachtung der Argumentationsstrategie zeigt sich jedoch, dass eine solche Interpretation im Ganzen zu kurz greifen würde. Das Numinose wird vielmehr gleich im Moment seiner Ersterwähnung hinsichtlich seines formalen Status' näherbestimmt. Otto führt jenen Ausdruck im Sinne »einer eigentümlichen [...] Bewertungskategorie« (DH 7) ein. An gleicher Stelle redet er von einer »numinösen Gefühlsgestimmtheit«, die sich als Folge der Anwendung jener Kategorie im Erlebnissubjekt einstellt. Diese originäre Kennzeichnung, die in übertragener Weise auch für das Heilige zutrifft, ist – so denke ich – als die entscheidende systematische Weichenstellung seiner Religionstheorie anzusehen. Aufgrund jener doppelten Näherbestimmungen erweisen sich alle Versuche, Otto einfach als substantialistischen Religionstheoretiker zu etikettisieren, als mindestens vorschnell. Vielmehr steht die systematische Aufgabe, beide Eigenschaften des Numinosen, die einer Kategorie und die der Gefühlsgestimmtheit, näherzubestimmen und in ein produktives Verhältnis zueinander zu bringen.

Wendet man sich zunächst dem Kategorie-Begriff zu, ist zu registrieren, dass er die gesamte Darstellung durchzieht,[8] wobei sich durchaus Anreicherungsmomente aufweisen lassen. Als eine erste, sprachliche Beobachtung fällt auf, dass der Begriff stets in den Zusammenhang einer apophantischen Figur eingestellt ist. Otto spricht davon, ein numinoses Objekt ›als ein solches‹ zu vermeinen, anzuwenden,

6 Vgl. die Überschrift sowie die gesamte Einleitung der dritten Rede. Vgl. Schleiermacher: Über die Religion (wie Anm. 2), 248. 248–251.

7 So etwa Theodor Siegfried: Grundfragen der Theologie bei Rudolf Otto, Gotha 1931, 14; Friedrich K. Feigel: ›Das Heilige‹. Kritische Abhandlung über Rudolf Ottos gleichnamiges Buch, Tübingen ^{2}1948, 38.

8 DH 5. 7. 11. 15. 17. 61. 67. 137. 148. 165. 172. 188 f. 200.

anzuerkennen, die diese Operation beschreibenden Ausdrücke können variieren.[9] Gemeinsam ist ihnen jedoch, dass über die ›als-Struktur‹ eine Bewertung im Sinne eines Deutungsvorgangs in kognitiv-psychologischem Sinn angezeigt ist. Von vornherein kann also konstatiert werden: Religion ist für Otto ein Deutungsphänomen.[10] Auf das methodische Problem, inwiefern ein mentaler Sachverhalt in einem ein Ausdrucksgehalt, ein Gefühlszustand und eine Deutungsoperation sein kann, wird noch einzugehen sein.[11] Deutlich ist allerdings, dass nicht das numinose Objekt als solches, sondern nur das als numinos gedeutete Objekt es ist, das das religiöse Gefühl betrifft. Angewendet auf das von Otto als primär und elementar herausgestellt »Kreaturgefühl« (DH 8) heißt das, nicht das Übermächtige selbst, sondern das als numinos erlebte Übermächtige ist dasjenige, welches das eigene Nichtigkeitsempfinden auslöst. Jenes Endlichkeitsgefühl stellt sich zwar im Gegenüber zum Unendlichen ein, ist aber erst direkter Reflex auf eine relationale Bezugnahme und findet jenseits eines solchen Erlebnisaktes nicht statt.

Das ›Wie‹ des gemeinten Objekts (DH 10) resultiert demnach erst aus der Anwendung einer Kategorie, genauer der Kategorie des Numinosen, auf ein Objekt. Das Erleben eines Numinosen ist dann bereits die Folge jenes Anwendungs- oder Bewertungsvorgangs.[12] Eine solche Operation kann nun auf verschiedenen Ebenen statthaben, die von elaborierten begrifflich-rationalen Beschreibungen bis hinunter in präreflexive Gefühlsreaktionen reichen. Sofern sie sich im Erleben bzw. Fühlen selbst vollzieht, handelt es sich um eine Beurteilungsweise, die notwendig im Bereich des Vorprädikativen verbleibt (DH 15). Als solche kann das Numinose dann auch als »Gefühls-gestimmtheit«, oder an anderer Stelle als »objektbezogene Gefühlsbestimmtheit« (DH 13), bezeichnet werden, wobei der Ausdruck ›objektbezogen‹ auf die intentionale Verfasstheit des Vorgangs verweist. Für Ottos Denken ist es zentral, dass dabei der kategoriale Status des Numinosen nicht mit dem anderweitiger Kategorien aus dem natürlichen Lebensumgang des Menschen verwechselt wird. Bereits die Grundaffektion religiösen Erlebens, von Otto bekanntlich unter dem Stichwort der ›Scheu‹ verhandelt, resultiert zwar aus der geiststrukturellen Fähigkeit zur Deutung, die dem Menschen allgemein zu eigen ist, lässt sich jedoch inhaltlich mit keinem anderen Gebiet der Erfahrungswelt parallelisieren: »Und es [eine solche Deutung] ist nur demjenigen möglich in welchem eine eigentümliche von den ›natürlichen‹ Anlagen bestimmt verschiedene Anlage des Gemütes wach geworden ist, die sich zunächst nur zuckend und roh genug äußert aber die auch als solche auf eine völlig eigene, neue Erlebens- und Wertungs-funktion des menschlichen Geistes deutet« (DH$^{23\text{-}25}$ 17). Diese Spezifik der Kategorie des Numinosen besteht in der Fähigkeit zum mentalen Umgang mit dem Überweltlichen – ein Gedanke, der bereits aus dem Zusammenhang von Ottos Luther-Dissertation vertraut ist. Sie bildet also gleichsam ein charakteristisches Segment der anthropologisch basalen Fähigkeit zu Erlebnis- und Wertungsoperationen.

---

9 DH$^{23\text{-}25}$ 7. Vgl. DH 7. 12. 14. 66.

10 Der Begriff der Deutung zur Beschreibung jener Operation begegnet durchgängig. Vgl. DH$^{23\text{-}25}$ 7. 21. 35. 48. 54. 64. 76. 97. 110. 113. 138 f. 140. 145. 156. 162. 172. 174–177. 189. 200.

11 Auf die Dimension der Bewertungsaktivität des Gefühls hatte Otto schon im Kant/Fries-Buch hingewiesen.

12 Vgl. DH 11. 20. 76.

In diesem Zusammenhang ist aufschlussreich, dass das Numinose und nicht das für die Untersuchung als Titel gewählte ›Heilige‹ diese zentrale Bedeutung gewinnt. Letzteres erfährt, von Otto als »Komplex-Kategorie«, »Komplex-Idee« (DH 61) oder »Komplex-Gefühl« (DH 63) gekennzeichnet, durchaus eine gewisse Abstufung. In all diesen Begriffsvarianten steht das Kompositum ›komplex‹ für die diagnostizierte Mehrschichtigkeit und Bezüglichkeit. Als eine solch komplexe Größe enthält das Heiligkeitserleben ein Mannigfaches unter sich. Es umgreift einerseits stets zusammengesetzte emotionale Erlebnisfelder und findet sich zudem ausschließlich in Zusammenhängen bestimmter Schematisierungen, changiert also notwendig zwischen rationalen und irrationalen Momenten. Auf den mit eigenen Interpretationsschwierigkeiten versehenen Gedanken der Schematisierung kann in diesem Kontext nicht näher eingegangen werden. Vielmehr soll der erstgenannte Gedanke hier noch näher expliziert werden.

Das Zusammentreten mehrerer Momente im Gefühlseindruck könnte – mit einem Grundbegriff der Psychologie der Aufklärung gesprochen – unter dem Modell ›gemischter Empfindungen‹ gedacht werden. Für eine solche Interpretation geben Beschreibungen wie die eines »positiven Doppel-Inhalt[s] der dem Gefühl sich kundtut« (DH$^{23\text{-}25}$ 56) Anlass. An gleicher Stelle wird jedoch deutlich, dass Otto weniger eine Mischung des Eindrucks resp. ein Nebeneinander verschiedener Gefühlsgehalte, als vielmehr deren konträre Verfasstheit bei gleichzeitiger Verschränktheit vor Augen steht. Stichwort für diese Struktur ist der Terminus der ›Kontrast-harmonie‹ (im Text erstmals DH 44). Derartige Erfahrungen macht Otto für den Gesamtbereich der Religionsgeschichte geltend. Das basale Grundgefühl der Scheu zeigt sich in seiner Erscheinung als unaufgebbar in Verbindung mit einer eigentümlichen Anziehung stehend – Otto wählt hierfür bekanntermaßen die Doppelwendung ›tremendum et fascinans‹. Da jene Kontrastharmonieerfahrung wiederum »nicht ausgesagt oder begrifflich gemacht sondern nur erlebt werden kann« (DH$^{23\text{-}25}$ 45), bedient er sich zur Illustration einer Analogie aus der Sphäre des Ästhetischen, wohl wissend, dass sich hier »nur ein blasser Widerschein unserer Sache und obendrein selber etwas schwer Analysierbares« (DH 44) findet. Die Kantische Fassung des ›Erhabenen‹ wird aufgrund des ihr inhärierenden Gedankens der »negative[n] Lust«[13], also der Abstoßung bei gleichzeitiger Anziehung, als geeignete Figur zur Beschreibung herangezogen. Die Analogie ergibt sich dabei in zwei Hinsichten: Zum einen steht auch das Erhabene unter der methodischen Prämisse eines »unauswickelbare[n] Begriff[s]«[14], d.h. das menschliche Reflexions- und Prädikationsvermögen kann über sprachliche Annäherungen oder systematisierende Ordnungsbewegungen nicht hinauskommen. Diese unhintergehbare Opakheit bildet den einen Entsprechungspunkt beider Größen. Zum anderen inhäriert auch dem Gefühl des Erhabenen ein Transzendierungsmoment, wenn auch nicht in Bezug auf das Überweltliche. Die ihm wesentliche Doppelverfasstheit lässt eine Dynamik erwachsen, die die emotive Gestimmtheit weit über das Resultat eines einfachen Zusammentretens hinaus erweitert: Das Erhabene »demütigt und erhebt es [das Gemüt] zugleich, schränkt es ein und trägt es über sich hinaus« (DH 45). Neben jener zweifachen Analogisierungsleistung besteht noch eine weitere Nähe zwischen beiden Größen. Das Erhabene ist ein geeigneter Kandidat,

13 Immanuel Kant: Kritik der Urteilskraft, Hamburg 1993, I,2, B 76.
14 Mit Verweis auf diese Kantische Bezeichnung DH 45.

religiöse Gefühle anzuregen, eine Affinität, die auch in umgekehrter Richtung in Kraft treten kann. Otto weiß, dass der letzte Gedanke in hohem Maße missverständlich ist, war es doch gerade sein Anliegen, jede naturalistisch-evolutionistische Theorie genetischer Abhängigkeiten – bei ihm schlicht ›Verwandlungs-lehren‹ (DH[23-25] 58) genannt – zwischen den verschiedenen Bereichen menschlichen Geisteslebens abzuweisen. Folglich stehen diese Überlegungen unter der mehrfach formulierten methodischen Prämisse von Selbständigkeit und qualitativer Differenz. Das gemeinte wechselseitige » ›Anregen‹ und ›Übergehen‹ « (DH[23-25] 57) muss auf andere Weise beschreibbar sein, als mittels eines einfachen Wechsels des Gefühlsgehalts. Vielmehr kann jener Wechsel nur im Erlebnissubjekt selber stattfinden. Wir werden auf diesen, für seine Gefühltheorie zentralen Aspekt gleich näher eingehen.

Um das Zugleich unterschiedlicher und sogar konträrer Gefühle verständlich zu machen, bedient sich Otto des Stichwortes der Resonanzerzeugung, von ihm als »Gesetz der Gefühls-gesellung« (DH 57) überschrieben. Dieses assoziationspsychologische Motiv gilt für den Aufbau des Bewusstseins im Allgemeinen. Deutlich macht er diese Struktur zunächst an der Isomorphie mentaler Sachverhalte: »Es ist ein bekanntes Grundgesetz der Seelen-lehre, daß Vorstellungen überhaupt sich ›anziehen‹ und daß die eine die andere anregt und mit ins Bewußtsein treten läßt wenn die andere ihr ähnlich ist.« (DH[23-25] 57) Solche gedanklich-begrifflichen Komplexionen, von ihm auch als »Ideenassoziation[en]« (DH[23-25] 60) bezeichnet, können einmalig-situativ auftreten, sich aber auch zu okkasionellen oder gar festen Figuren fügen, so dass eine Vorstellung zwangsläufig eine andere evoziert und dauerhaft bestimmte gedankliche Verbindungen erwachsen.

Die besondere Pointe dieser Spielart von Assoziationstheorie besteht nun darin, dass Otto jene Struktur als übertragbar auf die emotive Sphäre denkt. Auch Gefühle unterliegen der skizzierten Gesetzmäßigkeit, sowohl in Hinsicht auf den Resonanzcharakter, als auch unter dem Gesichtspunkt der Ausbildung fester Schematisierungen: »Auch ein Gefühl kann ein ihm ähnliches Gefühl mit zum Anklingen bringen und kann veranlassen, daß ich das andere gleichzeitig hege.« (DH[23-25] 57) Und diese Form der Assoziation führt durchaus auch zu Verkopplungen in emotive »Dauerverbindungen« (DH[23-25] 60). Dieses gefühlspsychologische Grundgesetz kann nur verstanden werden, wenn man von einer klaren Ähnlichkeitsbeziehung zwischen den differenten Erlebnisgehalten ausgeht. Die Ähnlichkeit besteht dabei allerdings nicht in bloßen Graduierungen eines als solchen qualitativ Identischen. Ein solches Verständnis wird wiederholt deutlich abgewiesen. Der Psychologie seiner Zeit stellt Otto in dieser Frage eine sehr kritische Diagnose: »Wir würden klarer sehen, wenn die Seelen-forschung im Allgemeinen entschiedener versuchen würde die ›Gefühle‹ auf Qualitäts-unterschiede zu untersuchen und danach zu sortieren.« (DH[23-25] 18) Ihm steht vielmehr das Empfinden eines synthetisierenden Moments, eben einer »Angesellung eines art-besonderen« (DH 32) oberhalb der artspezifischen Differenz, vor Augen. Den Übergang zwischen unterschiedlichen, aber ähnlichen Gefühlen denkt sich Otto nach Schleiermachers Modell des quantitativen Gegensatzes: Das eine ist als Minimum im anderen als Maximum mitgesetzt, eine Relation, die umgekehrt ebenfalls gilt.

Zentral ist für Otto – das wurde schon deutlich –, dass sich nicht die Gefühle selbst ändern, sondern sie, bleibend qualitativ verschieden, einander als Zustände des menschlichen Subjektes ablösen. Im Resultat solcher Äquivalenzanmutungen entstehen dann konkrete praktische Resonanzen: »Das Gefühl des ersteren kann daher das der letzteren im Gemüte wecken, wenn das Gemüt selber dazu angelegt war [...] und allmählich kann der Mensch von jenem zu diesem übergehen« (DH$^{23-25}$ 59). Wichtig ist, dass Ottos Beschreibung von ›Gefühlsgesellungen‹ nicht auf eine These bloßer »Verkopplung« (DH$^{23-25}$ 60) fokussiert. Lose Assoziationen, etwa im Sinne freier Emotionsarrangements, wären vielmehr ganz kontingente »Zufallsverbindungen« (DH$^{23-25}$ 60), verdankten sich also einer rein äußeren Entsprechung. Otto will hingegen auf eine »wesentliche Zusammengehörigkeit« (DH$^{23-25}$ 61) hinaus. Solcherart verfasste Resonanzphänomene können – und dies trifft eben auch auf das ›Komplex-Gefühl‹ des Heiligen zu – aufgrund ihres hohen Ununterscheidbarkeitsrisikos allerdings durchaus auch zu Gefühlsverwechselungen führen: »ich kann auf einen Eindruck mit dem Gefühl x antworten, dem rechterweise das Gefühl y entsprechen würde« (DH$^{23-25}$ 58). Hier liegt die Gefahr von Irritationen und Inadäquatheiten innerhalb des emotionalen Haushalts von Erlebnissubjekten begründet.

Der zugestandene Doppelbefund von Gefühlsentsprechung und Gefühlsverwechslung betrifft aber nun eben nicht das Grundgefühl des Numinosen selbst. Vielmehr sind lediglich dessen vielfältige Manifestationsweisen von jenem Sachverhalt betroffen. Um diese Differenz hervorzuheben, zeichnet Otto ersteres als ein »Urgefühl« (DH 60) aus, vergleichbar etwa mit dem Verbindlichkeitsgefühl im Bereich des Ethischen. In diesem Sinne fungiert das Gefühl des Numinosen – und gerade nicht das des Heiligen – als basales Element des religiösen Erlebens und der religiösen Sphäre insgesamt. Es ist ein »qualitativ eigenartiges, originales Gefühl« (DH$^{23-25}$ 60), ein »aus keinem anderen Gefühle ableitbares« (DH 59). Schon die hier knapp skizzierte kategoriale Fassung des Begriffs des Numinosen verbietet – so kann resümierend festgehalten werden – ein jedes substantialistisches Missverständnis dieses Konstitutionsprinzips des Religiösen, da allererst mittels der Operation einer Deutung ein vermeintes Objekt sich als solches erweisen kann.

Vladislav Serikov (Frankfurt am Main)

Die Kommunikation mit dem Heiligen: Rudolf Ottos Interpretation der Bhagavadgita

In der Theologie werden Rudolf Ottos Ideen erneut lebendig diskutiert. Unter Religionsphilosophen und Religionswissenschaftlern bildet sich allmählich Interesse an einer neuen Rezeption der Werke Rudolf Ottos,[1] nicht zuletzt wegen Fortschritte in der Emotionsforschung.[2] Man könnte nun hoffen auf eine Renaissance der Rudolf Otto-Forschung in der Theologie, Religionsphilosophie und Religionswissenschaft. Dagegen ist Ottos langjährige Beschäftigung mit verschiedenen Übersetzungen aus dem Sanskrit heute leider kaum noch bekannt. Wie Michael von Brück feststellt, hat „Ottos Religionsphänomenologie [...] eine bedeutende Rolle gespielt, seine Deutung der [Bhagavad] Gītā und die textkritischen Analysen hingegen gerieten in Vergessenheit."[3]

Die Bhagavadgita (kurz, die Gita) heißt etwa des Erhabenen (Bhagavad) Gesang (Gita)[4] und stellt einen der wichtigsten Texte der globalen Religionsgeschichte dar.[5] Sie ist ein philosophisch gehaltvoller Text und ein Teil des großen indischen Epos Mahabharata. Das Mahabharata dürfte zwischen 400 v. Chr. und 400 n. Chr. entstanden sein und als die längste epische Dichtung der Weltliteratur gelten.[6] Es besteht aus 18 Büchern, die insgesamt ca. 106000 Shlokas[7] umfassen, und berichtet über die Nachkommen des indischen Ahnherrn Bharata, die Kauravas und Pandavas. Diese befinden sich in einem Verwandtenkonflikt, der zu einem schrecklichen Krieg führt. Die Bhagavadgita hat 18 Kapitel (Gesänge) und umfasst die Kapitel 25 bis 42 im

---

1 Dietz, Thorsten / Matern, Harald (Hg.): *Rudolf Otto – Subjekt und Religion.* Zürich 2012; Lauster, Jörg / Schüz, Peter / Barth, Roderich / Danz, Christian (Hg.): *Rudolf Otto. Theologie – Religionsphilosophie – Religionsgeschichte.* Berlin / Boston 2014; Johannsen, Dirk: *Das Numinose als Kulturwissenschaftliche Kategorie. Norwegische Sagenwelt in religionswissenschaftlicher Deutung.* Stuttgart 2008; Otto, Rudolf: *Das Heilige. Über das Irrationale in der Idee des Göttlichen und sein Verhältnis zum Rationalen.* Neuausgabe mit einer Einführung zu Leben und Werk Rudolf Ottos von Jörg Lauster und Peter Schüz und einem Nachwort von Hans Joas. München 2014.

2 Willenborg, Hanno: *Das Heilige zwischen Gefühl und Emotion. Die klassischen Emotionstheorien von Charles Darwin, Wilhelm Wundt, William James und William McDougall im vergleich zu Rudolf Ottos gefühlzentrierter Religionstheorie des Numinosen.* Leipzig / Berlin 2011.

3 Vgl. von Brück, Michael: „Kommentar. Zur Wirkungsgeschichte. Europa" in: Ders. (Hg. und Übers.): *Bhagavad Gītā. Der Gesang des Erhabenen.* Frankfurt am Main 2007, 278.

4 Mylius, Klaus (Hg. und Übers.): *Die Bhagavadgītā. Des Erhabenen Gesang.* 2. Auflage. München 2002.

5 Vgl. von Brück, Michael: „Kommentar. Die Bedeutung der ‚Bhagavad Gītā'" in: Ders. (Hg. und Übers.): *Bhagavad Gītā. Der Gesang des Erhabenen.* Frankfurt am Main 2007, 127 f.

6 Mylius, Klaus. *Geschichte der altindischen Literatur.* 2., überarbeitete und ergänzte Auflage. Wiesbaden 2003, 73 f.

7 Vierzeiler bzw. Doppelversmaß vom Bau 2 X 8 + 2 X 8 Silben (Mylius 2003, 72).

6. Buch des Epos. Sie stellt ein Gespräch zwischen dem Helden der Pandavas Arjuna und seinem Wagenlenker Krishna dar, das unmittelbar vor Beginn der entscheidenden Schlacht auf dem Kurufeld stattfindet. Arjuna sieht sich die in der gegnerischen Linie stehenden Verwandten, Freunde und Lehrer an und findet es sinnlos, gegen sie zu kämpfen. Er will seine Verwandten nicht töten und teilt dies seinem Wagenlenker Krishna mit. Darauf offenbart sich Krishna als Gott Vishnu und zerstreut Arjunas Bedenken durch seine Belehrungsworte, die zahlreiche religionsphilosophische Ideen enthalten.[8] Diese zum Teil gegensätzlichen Lehren – Theismus, Asketik, Dualismus, Yoga, Pantheismus und pragmatischer Materialismus – ermöglichen unterschiedliche Deutungen des Inhalts des epischen Textes. Dieser Umstand macht ersichtlich, warum die Gita nicht an eine bestimmte kultische Richtung oder Philosophie gebunden geblieben ist, sondern die gesamte indische Religionsgeschichte prägt. Sie wird immer wieder je nach dem religiösen Standpunkt der Kommentatoren kommentiert und ausgelegt.[9] Einflussreiche Auslegungen von großen Denkern der klassischen Hindu-Traditionen stammen u.a. vom großen monistischen Advaita-Vedanta-Philosophen Adi Shankara (7.-8. Jh.), vom wichtigsten Systematiker des kashmirischen Shivaismus Abhinavagupta (10. Jh.), vom großen Vishnu-Anhänger und Vishishtadvaita-Vedanta-Theoretiker Ramanuja (11.–12. Jh.) und vom großen Vishnu-Bhakti und dualistischen Dvaita-Vedanta-Denker Madhva (13. Jh.).[10] Robert Minor unterstreicht zudem die entscheidende Rolle der Bhagavadgita für solche Schlüsselfiguren der unterschiedlichen Traditionen des Neuhinduismus wie Bankim Chandra Chatterji (1838–1894), Bal Gangadhar Tilak (1856–1920), Swami Vivekananda (1863–1902), Mohandas Karamchand Gandhi (1869–1948), Aurobindo Ghosh (1872–1950), Swami Shivananda Sarasvati (1887–1963) und Sarvepalli Radhakrishnan (1888-1975): „it [Bhagavadgita] functioned as a touchstone for them as they identified, defined, and defended their own traditions."[11] Alles in allem dürfte die Bhagavadgita nach der Einschätzung von Catherine Robinson als einer der wichtigsten Stützpunkte der Konstruktion der modernen Hindu-Identität überhaupt gelten.[12]

In diesem Beitrag möchte ich auf Rudolf Ottos Interpretation dieses bedeutenden Textes skizzenhaft eingehen mit der Absicht, diese vor dem Hintergrund seiner Religionstheorie und der modernen Gefühlstheorien zu beleuchten. Da Rudolf Otto seine Analyse der Bhagavadgita sowohl auf der kontextuellen Rolle des Textes im großen

---

8 Mylius, Klaus (Hg. und Übers.): *Die Bhagavadgītā. Des Erhabenen Gesang*. München 2002, 7 ff.

9 Vgl. von Brück, Michael: „Kommentar. Die Bedeutung der ‚Bhagavad Gītā'" in: Ders. (Hg. und Übers.): *Bhagavad Gītā. Der Gesang des Erhabenen*. Frankfurt am Main 2007, 127 f.

10 Swāmī Gambhīrānanda (Übers.): *Bhagavadgītā. With the Commentary of Śaṅkarācārya*. 2. Auflage. Calcutta 1991; Marjanovic, Boris (Übers. und Komm.): *Abhinavagupta's Commentary on the Bhagavad Gita. Gītārtha Saṁgraha*. 2. Auflage. Varanasi 2004; Svāmī Ādidevānanda (Übers.): *Śrī Rāmānuja. Gītā Bhāṣya*. Madras 2007; Sonde, Nagesh D. (Übers.): *Sri Madhvacharya. Bhashya and Tatparyanirnaya on Bhagavadgita*. Mumbai 2011 [online zuletzt am 6. Januar 2014 unter: http://michaelsudduth.com/wp-content/uploads/2013/01/Madhvacarya-Bhagavad-Gita.pdf].

11 Minor, Robert. "Introduction" in: Minor, Robert N. (Hg.): *Modern Indian Interpreters of the Bhagavadgita*. Albany 1986, 1–10, 10.

12 Robinson, Catherine A.: *Interpretations of the Bhagavad-Gītā and Images of the Hindu Tradition. The Song of the Lord*. London / New York 2006, 36.

indischen Epos Mahabharata als auch auf seiner eigenen Religionstheorie aufbaut, liegt es nahe zu vermuten, dass Ottos literarische und religionshistorische Analyse der Bhagavadgita, abgesehen vom großen wissenschaftshistorischen Interesse,[13] einige wertvolle Einsichten sowohl in die Bhagavadgita selbst als auch in Ottos eigene Religionstheorie geben könnte. Mein Fokus wird vor allem auf Ottos Auslegung des kommunikativen Akts zwischen Arjuna und Krishna liegen.

Ottos Analyse der Bhagavadgita bietet eine naheliegende Korrektur des gängigen religionswissenschaftlichen Bildes von Rudolf Otto, dessen Religionstheorie nach verbreiteten Einschätzungen „klar antihistorische Züge“[14] aufweise. Tatsächlich ist seine Analyse der Bhagavadgita wie seine übrigen zweieinhalb Dutzend Arbeiten zur Religionsgeschichte Indiens „hermeneutisch äußerst aufschlußreich, hat Otto doch nirgends so deutlich wie hier zu erkennen gegeben, was er unter ‚Religionskunde‘ versteht, nämlich ein Forschungsunternehmen in drei unterschiedlichen Arbeitsschritten bzw. Darstellungsformen: erstens philologisch-literarische Quellenkritik, zweitens historisch-genetische Rekonstruktion und drittens Typologie“.[15]

Rudolf Otto greift auf die Bhagavadgita als ein Paradebeispiel für seine religionstheoretischen Überlegungen bereits in seinem berühmten Buch *Das Heilige* (1917) zurück. Dort findet sich das unten näher zu besprechende Kapitel XI der Bhagavadgita als erstes Beispiel der „Numinosen Dichtungen“.[16] Auch in seinem wichtigen und heute noch aktuellen Buch *West-östliche Mystik* (1926) spielt die Bhagavadgita, „der große Grundtext theistischer indischer Frömmigkeit“[17], eine große Rolle bei dem Nachweis des theistischen Unterbaus bei Shankara. Ottos Beschäftigung mit der Bhagavadgita führte schließlich zu drei wichtigen Veröffentlichungen in seinen späten Lebensjahren. Zwei detailreiche Aufsätze sind seiner historisch-literarischen Analyse der Bhagavadgita gewidmet: *Die Urgestalt der Bhagavad-Gītā* (1934) und *Die Lehrtraktate der Bhagavad-Gītā* (1935).[18] Zudem lieferte er eine komplette Übersetzung der Bhagavadgita mit ausführlichen Erläuterungen *Der Sang des Hehr-Erhabenen*

---

13 Helmuth von Glasenapp hat seinerzeit die Übersetzung Rudolf Ottos hervorgehoben. Unter zahlreichen Prosa-Übersetzungen der Bhagavadgita ins Deutsche dürfte die Übersetzung Ottos neben denjenigen von Richard Garbe (1905) und Paul Deussen (1906) vom besonderen wissenschaftlichen Wert sein (von Glasenapp, Helmuth „Einleitung“ in: Boxberger, Robert (Übers.) / von Glasenapp, Helmuth (Hg.): *Bhagavadgita. Das Lied der Gottheit.* Stuttgart 1955, 3–11, 9.

14 Kippenberg, Hans / von Stuckrad, Kocku: *Einführung in die Religionswissenschaft.* München 2003, 32; vgl. McCutcheon, Russel T.: *Manufacturing Religion. The Discourse on Sui Generis Religion and the Politics of Nostalgia.* Oxford / New York 1997, 60.

15 Barth, Ulrich: „Psychologie der Religion. Zugänge zu Rudolf Ottos klassischen Entwurf“ in: Barth, Ulrich: *Kritischer Religionsdiskurs.* Tübingen 2014, 352–374, 354.

16 Otto, Rudolf: *Das Heilige. Über das Irrationale in der Idee des Göttlichen und sein Verhältnis zum Rationalen.* Neuausgabe mit einer Einführung zu Leben und Werk Rudolf Ottos von Jörg Lauster und Peter Schüz und einem Nachwort von Hans Joas. München 2014, 207.

17 Otto, Rudolf: *West-östliche Mystik. Vergleich und Unterscheidung zur Wesensdeutung.* 3. Auflage, überarbeitet von Gustav Mensching. München 1971, 119–143, 120. Siehe auch insbesondere 131 ff, 141 ff.

18 Otto, Rudolf: *Die Urgestalt der Bhagavad-Gītā.* Tübingen 1934. Ders.: *Die Lehrtraktate der Bhagavad-Gītā.* Tübingen 1935.

(1935).[19] Die beiden Aufsätze zur Bhagavadgita und die Bhagavadgita-Übersetzung erschienen anderthalb Jahre vor seinem Tod am 6. März 1937. Sie erschienen drei Jahre später als *Sünde und Urschuld*, *Das Gefühl des Überweltlichen (Sensus Numinis)*[20] und seine *Aufsätze zur Ethik*.[21] Daher dürfen diese drei Arbeiten zur Bhagavadgita als bedeutsame Beispiele der Anwendung seiner ausgereiften Religionstheorie des Numinosen auf die konkrete Religionsgeschichte betrachtet werden.

Bekanntlich stellt Religion für Otto einen Bereich sui generis dar, ähnlich dem Bereich der Ästhetik. Der Mensch hat ein potentielles Erkenntnisvermögen für diesen Bereich, das numinose Gefühl von mysterium tremendum und fascinans. Das Numinose kann nach Otto durch den Sensus Numinis in einem gleichzeitigen Anwendungs- und Bewertungsprozess erfasst werden.[22] Wie Ulrich Barth trefflich anmerkt, hat Otto keine prinzipientheoretische Synthesis der unterschiedlichen Momente der Vollgestalt des numinosen Gefühls (intentionales Ideieren, selbstreferentielles Innewerden, Beurteilungsaktivität und Ausdrucksfunktion) unternommen, denn „[d]azu war sein Interesse an konkreter Religionsgeschichte viel zu groß. Zu deren psychologischer Erschließung genügte es, den Gefühlsbegriff in der angegebenen Weise aufzuschlüsseln."[23] Da Rudolf Ottos Religionstheorie für eine angemessene Interpretation der Bhagavadgita eine wichtige Rolle gespielt haben dürfte, liegt es auf der Hand, dass seine Lesart der Bhagavadgita uns bei dem Versuch helfen könnte, seine implizite prinzipientheoretische Synthesis der Vollgestalt des numinosen Gefühls anhand der Analyse dieses Textes explizit zu machen.

Zu Ottos Übersetzung der Bhagavadgita im wissenschaftlichen Kontext

In seiner literarischen Analyse der Bhagavadgita folgt Rudolf Otto seinem Sanskrit Lehrer Richard Garbe, dessen Gedenken er seine Übersetzung widmet. Eine wichtige Frage der textkritischen Analysen der Bhagavadgita, die im 19. und 20. Jahrhundert von vielen westlichen und einigen indischen Gita-Forschern unternommen wurden, war jene der Einheitlichkeit des vorhandenen Gita-Textes. Die Fragwürdigkeit der Kohärenz der Gita warf die Frage nach der Quellenscheidung und der Suche nach der ursprünglichen Bhagavadgita (Urgita) auf. Unter prominenten Forschern, die

---

19 *Der Sang des Hehr-Erhabenen.* Die Bhagavad-Gītā übertragen und erläutert von Rudolf Otto. Stuttgart 1935.

20 Otto, Rudolf: *Sünde und Urschuld und andere Aufsätze zur Theologie.* München 1932; Otto, Rudolf: *Das Gefühl des Überweltlichen (Sensus Numinis).* München 1932.

21 Otto, Rudolf: „Wert, Würde und Recht" (1931), „Wertgesetz und Autonomie" (1931), „Das Schuldgefühl und seine Implikationen" (1931), „Das Gefühl der Verantwortlichkeit" (1931), „Pflicht und Neigung" (1932), „Autonomie der Werte und Theonomie" (1935), wiederabgedruckt als *Aufsätze zur Ethik.* Herausgegeben von Jack Stewart Boozer. München 1981.

22 Siehe dazu die Beiträge von Roderich Barth und Marianne Schröter in diesem Band. Vgl. auch Matern, Harald: „Rudolf Ottos religionsphilosophischer Gefühlsbegriff" in: Dietz, Thorsten / Matern, Harald (Hg.): Rudolf Otto – Subjekt und Religion. Zürich 2012, 109–153.

23 Barth, Ulrich: „Psychologie der Religion. Zugänge zu Rudolf Ottos klassischen Entwurf" in: Barth, Ulrich: *Kritischer Religionsdiskurs.* Tübingen 2014, 352–374, 363.

ihre eigenen Urgita-Rekonstruktionen vorgeschlagenen haben, sind vor allem Wilhelm von Humbolt (1826), E.W. Hopkins (1893), Richard Garbe (1905, 1914), Moriz Winternitz (1907), Friedrich Otto Schrader (1910), Hermann Jacobi (1918), Hermann Oldenberg (1919) und J. Charpentier (1930) zu nennen.[24] Diese Suche nach der Urgita, die auch für Rudolf Otto den Ausgangspunkt seiner Überlegungen darstellt, stieß im Endeffekt auf eine Ablehnung unter den meisten indischen und auch heutigen westlichen Forschern.[25] Viele indische Forscher sahen in den rekonstruktiven Versuchen der erwähnten westlichen Forscher eine Verletzung ihrer Frömmigkeit.[26] Die extremste Kritik kam aber von dem prominenten amerikanischen Linguisten Franklin Edgerton, der Rudolf Ottos Analyse „the reductio ad absurdum of the Garbe school"[27] nannte, denn Otto „habe den Sanskrit-Text seinen eigenen Vorurteilen entsprechend so uminterpretiert, daß von der ursprünglichen Intention der Gītā wenig übriggeblieben sei."[28] Es liegt auf der Hand, dass man heute solche Kritik nicht teilen muss.

Erstens impliziert Ottos kontextbewusste historisch-literarische Quellenscheidung keineswegs eine Abwertung des vorhandenen Textes und erfolgt völlig unpolemisch. Zum ersten kann als ein gutes Beispiel für eine unpolemische Quellenscheidung aus emischer Perspektive das Buch *Quest for the Original Gita* von Gajanan Shripat Khair, der sich selbst als frommer Gita-Verehrer bezeichnet,[29] angeführt werden.

Zweitens hatte ja die Frage nach der Urgita, wie oben angemerkt wurde, schon vor Garbe ihre lange berechtigte Tradition unter den westlichen Forschern.

Drittens war Rudolf Otto doch tatsächlich einer der ersten Epos-Forscher, der nach der Rolle der Gita im gesamten Kontext des Epos fragte und Bezüge auf andere Teile des Mahabharata herstellte.[30] Ottos Einsicht, dass die literarische Betrachtung der Gita im Kontext der Mahabharata erfolgen soll, wird unter verschiedenen Gita-Forschern heute fast als selbstverständlich angenommen.[31]

Nach den bahnbrechenden literaturwissenschaftlichen Arbeiten von Vladimir Propp, Mikhail Bakhtin und Eleazar Meletinsky sowie nach den Untersuchungen des indischen Epos von Pavel Grintser und Alf Hiltebeitel scheint die Suche nach

---

24 Schrader, Friedrich Otto: „Sammelbesprechung: R.Otto, Die Urgestalt der Bhagavad-Gītā (Tübingen 1934); Die Lehrtraktate der Bhagavad-Gītā (Tübingen 1935); Der Sang des Hehr-Erhabenen. Die Bhagavad-Gītā übertragen und erläutert (Stuttgart 1935)," in: *Orientalistische Literaturzeitung* 39, 136, Nr. 2, Sp. 107–117, 108 f., wiederabgedruckt in: Schrader, Friedrich Otto: *Kleine Schriften.* Wiesbaden 1983, 289–294, 289 f.

25 Huber, Friedrich: *Die Bhagavadgita in der neueren indischen Auslegung und in der Begegnung mit dem christlichen Glauben.* Erlangen 1991, 43 ff.

26 Huber, Friedrich: *Die Bhagavadgita in der neueren indischen Auslegung und in der Begegnung mit dem christlichen Glauben.* Erlangen 1991, 48.

27 *Review of Religion* (May 1940), p. 448, zitiert nach Sharpe, Eric J.: *The Universal Gītā. Western Images of the Bhagavad Gītā: a bicentenary survey.* La Salle, Illinois 1985, 124.

28 von Brück, Michael: „Kommentar. Zur Wirkungsgeschichte. Europa" in Ders. (Hg. und Übers.): *Bhagavad Gītā. Der Gesang des Erhabenen.* Frankfurt am Main 2007, 277.

29 Khair, Gajanan Shripat: *Quest for the Original Gītā*, Bombay 1969, 1, 168 f; vgl. Huber 1991, 46.

30 von Brück, Michael: „Kommentar. Zur Wirkungsgeschichte. Europa" in Ders. (Hg. und Übers.): *Bhagavad Gītā. Der Gesang des Erhabenen.* Frankfurt am Main 2007, 277.

31 Sharpe, Eric J.: *The Universal Gītā. Western Images of the Bhagavad Gītā: a bicentenary survey.* La Salle, Illinois 1985, 124; Malinar, Angelika: The Bhagavadgītā: Doctrines and Contexts. Cambridge 2007, Introduction.

den ‚ursprünglichen Intentionen' epischer Texte, die über Jahrhunderte mythologisch und historisch polyphonisch wachsen, eine Utopie zu sein.[32] In diesem Kontext sollte die von Edgerton angestrebte Suche nach der ‚ursprünglichen Intention' des Epos eher skeptisch betrachtet werden. Dagegen erscheint Ottos Fragestellung nach der strukturellen Funktion der Gita im Epos Mahabharata als Ausgangspunkt der Analyse angemessen und diskussionswürdig. Auch wenn sich die Vertreter der Einheitlichkeit der Gītā durchzusetzen scheinen, kann die Debatte keineswegs für abgeschlossen erklärt werden. So erwägt der prominente Indologe Klaus Mylius verschiedene Positionen und stellt fest, dass „der Standpunkt R. Garbes das meiste für sich" hat.[33]

Selbstverständlich kann man vieles an Ottos Übersetzung aus linguistischer Sicht kritisieren und aussetzen.[34] Seine originellen Grundeinsichten in die Bhagavadgita bleiben davon unberührt und sollten daher wieder eine neue Aufmerksamkeit in der Religionsforschung erzielen.

Die Kommunikation mit dem Heiligen: zu Ottos Interpretation der Gita

Rudolf Otto beginnt seine Analyse mit der Feststellung, dass die in das Epos Mahabharata eingebettete Bhagavadgita in ihrer heutigen Gestalt, die verschiedene Lehren beinhaltet, das Resultat einer allmählichen Entwicklung sein sollte. Als Argument wird der Moksha-dharma, eine Erzählung im 12. Buch des Epos angeführt, welche lose Lehren über rechte Königsart zusammenfügt, die „mancherlei Spannungen enthalten" und „Spuren tragen von Versuchen, früher von anderer Seite Gesagtes, der eigenen Lehrmeinungen Widersprechendes zu korrigieren, zu überbieten, unschädlich zu machen."[35] Der Vergleich mit Moksha-Dharma lässt Otto erstens fragen nach dem Grundstock der Gita, der „nicht die Sprache von Lehrschriften sondern die lebendige Sprache des Epos selber zeigt", und zweitens danach, „wie dieser Grundstock Veranlassung zu Einlagen werden konnte."[36]

Ottos Antwort auf die erste Frage besteht darin, dass der Grundstock zunächst keine Lehrschrift war, „sondern ein *Poem*, das [...] rein *situationsmäßig* ein wunderbares

32 Hier sei speziell auf das theoretische Werk von Meletinsky und die indologischen Untersuchungen von Grintser und Hiltebeitel verwiesen. Meletinsky, Eleazar: *The Poetics of Myth.* New York 2013 (Russian 1976); Grintser, Pavel: "Old Indian Epos" in: Grintser, Pavel: *Old Indian Literature.* Moscow 2008, 110–146 [in Russian, Erstpublikation bereits 1975]; Hiltebeitel, Alf: *Rethinking the Mahābhārata. A Reader's Guide to the Education of the Dharma King*, Chicago 2001, 1–10.

33 Mylius, Klaus: *Geschichte der altindischen Literatur.* 2., überarbeitete und ergänzte Auflage. Wiesbaden: Harrassowitz Verlag 2003, 91 f.

34 Für ausführliche Kritik siehe z.B. Schrader, Friedrich Otto: „Sammelbesprechung: R.Otto, Die Urgestalt der Bhagavad-Gītā (Tübingen 1934); Die Lehrtraktate der Bhagavad-Gītā (Tübingen 1935); Der Sang des Hehr-Erhabenen. Die Bhagavad-Gītā übertragen und erläutert (Stuttgart 1935)," in: *Orientalistische Literaturzeitung* 39, 136, Nr. 2, Sp. 107–117, 108 f., wiederabgedruckt in: Schrader, Friedrich Otto: *Kleine Schriften.* Wiesbaden 1983, 289–294.

35 Otto, *Die Urgestalt*, 5 f.

36 Otto, *Die Urgestalt*, 6.

Stück jener großen Tragödie erzählt, die sich auf dem Kurufelde zutrug" [kursiv von R. Otto].[37] Das erste Kapitel der Gita berichtet über Arjunas Verzagen. Die große Schlacht soll beginnen. Arjuna „sieht sich gegenüber die Männer, die er selbst aufs Tiefste verehrt, denen er selber tiefen Dank schuldet. Verwandte, Freunde, vor allem die eigenen ‚Meister' - geschützt durch die heilige Würde des Lehrers - soll er töten, heiligeste Gesetze soll er antasten, Sorge um die *Sünde*, die er damit auf sich laden muß, drückt ihn nieder. Der Bogen Gāndīva entsinkt seiner Hand. ‚Ich werde nicht kämpfen' - das ist die Summe seiner Rede. Diese ‚Sorge' Arjuna's und sein Protest gegen diesen Kampf ist der klare Angelpunkt der ganzen Szene und stellt Krishna die Aufgabe, zu bewirken, daß Arjuna selber erkläre: ‚Vernichtet ist die Verwirrung; ich werde dein Geheiß erfüllen.' Auf diese Situation nun bezieht sich, durch die Stoffmasse der Gītā zersprengt und verdeckt, ein klarer Gedankenzusammenhang von Stücken[...],"[38] so Otto. Somit wird die entscheidende strukturelle Rolle des komminikativen Aktes zwischen Arjuna und Krishna im Kontext der literarischen Handlung des Epos aufgedeckt: Die Bhagavadgita schildert, wie sich Arjuna trotz seines Verzagens doch zu kämpfen entscheidet - im Ausgang der Kommunikation mit Krishna.

Die literarische Handlungsstruktur der Bhagavadgita sieht demgemäß so aus:
Der Krieg zwischen Kauravas und Pandavas soll beginnen;
Arjuna ist überwältigt von Verzweiflung;
er will nicht gegen seine Verwandten und Lehrer kämpfen;
Krishna bewirkt etwas in seiner Kommunikation mit Arjuna;
Arjuna entscheidet sich für den Kampf.

Die Kommunikation zwischen Arjuna und Krishna bietet ihrerseits, so die Antwort Ottos auf die zweite Frage, den natürlichen epischen Rahmen für die Einschübe der verschiedenen ethischen und religionsphilosophischen Lehren des sich historisch entwickelnden Epos nach dem bereits erwähnten Beispiel des Moksha-dharmas. Es ist aber das Wirken Krishnas in dem kommnikativen Akt mit Arjuna, das hier nach Otto die Schlüsselrolle spielt und zum Handlungsgrundstock der Bhagavadgita gehört.

Was genau passiert in der Kommunikation zwischen Arjuna und Krishna? Würde sich Arjuna etwa durch das philosophische Gespräch mit seinem Wagenlenker handlungsmotiviert fühlen? Motiviert Krishna den verzweifelten Arjuna primär mit zahlreichen unterschiedlichen ethischen, philosophischen und theologischen Lehren?

Die Antwort Ottos liegt auf der Hand: Krishna, der Wagenlenker von Arjuna, greift in die Situation ein. In einer gewaltigen Theophanie des elften Kapitels der Bhagavadgita offenbart sich Krishna als Ishvara: „Nichts als mein Werkzeug sollst du sein".[39]

„Nicht eine allgemeine ‚Gotteslehre', nicht Sānkhya oder Yoga, auch nicht Bhaktischullehren hat Krishna dem Arjuna vorgetragen, sondern er hat ihm den Sinn seiner Situation und damit seine unverweigerliche Aufgabe enthüllt. Der Epiker hat zugleich damit den tiefsten Sinn enthüllt, in dem die alten Heldenstoffe und Erzählungen von jenem grausen Bruderwüten ihm erschienen sind: unbegreiflich für die flache menschliche Betrachtung, eine Schauergeschichte von Anfang zu Ende, ein

37 Otto, *Die Urgestalt*, 7.
38 Otto, *Die Urgestalt*, 7.
39 Otto, *Die Urgestalt*, 8.

Bild schauernden Entsetzens, solange hier Menschenwerk an Menschenwerk und nach menschlichen Maßstäben gemessen wird; ein Epos erst, wenn die Vorhänge menschlichen Betrachtens reißen und hinter ihnen sichtbar wird ĪŚVARA, der GEWALTIGE."[40]

Es ist also die numinose Erfahrung Arjunas, d.h. die große Theophanie des elften Kapitels der Bhagavadgita, die „den Allwirkend-allwesenden: in seinem ghora-rūpa und in seinem viśva-rūpa"[41] zeigt, und die als zentrales Ereignis zum Grundstock der Handlung nach Otto gehören dürfte. Diese numinose Erfahrung motiviert Arjuna dazu, sich für den Kampf zu entscheiden. Sie stellt den Wendepunkt der literarischen Handlung dar. Krishna offenbart sich dem Arjuna als Gott Vishnu sowohl in seiner viśva-rūpa-Gestalt als auch in seiner ghora-rūpa-Gestalt.[42] Nach Ottos Auslegung geht es in erster Linie um die furchtbar-majestätische ghora-rupa-Gestalt, in der sich Vishnu als der mächtige Gott der Zeit, der „Mahā-kāla", zeigt.[43] Arjuna schaut ihn als „Vollbringer des furchtbaren Geschehens, das sich eben in diesem Augenblick auf dem Schlachtfelde vollziehen soll, in einer Gestalt wie sie sich deutlich in den Darstellungen des entsetzlichen Mahā-kāla wiederholt. Und so nennt sich der Gott selbst:

Vers 32. „Der Kāla bin ich, der Leute-würger, voll aufgewachsen. hierher gekommen bin ich, die Leute hinzuraffen."[44]

Dieser Gott der Zeit ist der Gott der absoluten Vorherbestimmung (XI,22–33). Er zeigt, dass „unabhängig und vor allem menschlichen Wollen und Wirken das Künftige längst unabänderlich von ihm bestimmt ist, daß aller menschliche Wille ihm und seinem Alleinwirken gegenüber rein ohnmächtig ist und daß der Mensch nichts ist als der Durchgangspunkt seines Wirkens [...]"[45]. In der numinosen Erfahrung Arjunas erscheint ihm dieser Gott als eine ihm gegenüber fremde, komplett unbegreifliche, und zugleich Faszination und Furcht erregende Gestalt und zwar „*getrennt* (kursiv von R. Otto) sowohl dem Schauenden gegenüber als auch den Götterwesen, die anbetend von allen Seiten sich ihm nahen aber nicht Teile von ihm bilden."[46] Otto macht zudem darauf aufmerksam, „[d]ie zu Tötenden gehen in ihn ein, aber eben wie Motten in ein verzehrendes Feuer – das heißt, auch hier soll nicht gesagt sein, daß sie zu seiner Allform gehören, sondern daß er sie zerstörend verschlingt."[47] Arjuna ist überwältigt und beeindruckt durch diesen Gott, der der „aller ‚Wirklichkeit' fremde und schlechthin überlegene, in absolutem Abstande ihr gegenüberstehende ‚Ganz Andere'" [ist].

In seiner numinosen Erfahrung von Krishna als Mahakala ist Arjunas Gefühl „wahrlich nicht der Stolz der wesensverwandtschaft, sondern das Vergehen im Nichts gegenüber dem allein Wesenden und Wirkenden. ‚Werkzeug nur und weiter

40 Otto, *Die Urgestalt*, 9.
41 Otto, *Die Urgestalt*, 9.
42 Otto, *Die Urgestalt*, 21.
43 Otto, *Die Urgestalt*, 21 f.
44 Otto, *Die Urgestalt*, 22.
45 Otto, *Die Urgestalt*, 27.
46 Otto, *Die Urgestalt*, 22.
47 Otto, *Die Urgestalt*, 22.

nichts'" (kursiv von R. Otto).[48] Arjuna begreift dies durch seine numinosen Gefühle, bring dies zum Ausdruck in seiner Aussage: „Du bist der anzubetende und ehrwürdigste *guru*" (kursiv von R. Otto),[49] und fasst den Entschluss zu kämpfen.

Otto rekonstruiert die Urgestalt der Bhagavadgita folgendermaßen dar: Kapitel I; Kapitel II, Verse 1–13, 20, 22, 29–37; X,1–8; XI,1–51; XVIII,58–61, 66, 72–73 und empfiehlt den Text im geschlossenen Zusammenhang zu lesen.[50] Wie man sieht, entspricht Ottos Rekonstruktion der Urgita der oben erwähnten literarischen Handlungsstruktur der Bhagavadgita. Dabei bildet das Kapitel XI den eigentlichen Wendepunkt der literarischen Handlung: die große Theophanie motiviert Arjuna dazu, den Willen Gottes wahrzunehmen und den Entschluss zu fassen, gegen die Kauravas zu kämpfen: Das numinose Erlebnis Arjunas wird als sein Ergriffensein durch das Ganz Andere charakterisiert. Dabei nimmt Arjuna den Gott Krishna als Mahakala vor allem in seiner Ghora-Gestalt, „ausgestattet mit alten mythischen Zügen des Majestätisch-furchtbaren, als vielköpfig, vielleibig",[51] aber auch in seiner Vishva-Gestalt „kosmischer Allform"[52] evaluativ wahr, drückt sein Ergriffensein expressiv aus und gelangt zum Handlungsentschluss: Er will nun kämpfen.

Zu diesem Grundstock kommen verschiedene Einlagen, sowohl epische Paraphrasen, die Otto „einzelne Glossen" nennt, als auch acht „ganze, in sich wohl zusammenhängende und in sich abgeschlossene Lehrtraktate", die „wie in dem Moksha-dharma, zur Einfügung geschrieben worden und eingelegt worden" sind.[53] Da sich unser erkenntnisleitendes Interesse auf Ottos strukturelle Anwendung seiner Religionstheorie des numinosen Gefühls richtet, kann hier auf die Einlagen nicht eingegangen werden. Eine kurze Übersicht sollte an dieser Stelle genügen:

Traktat I. Gita XI,52–XII,20 „[r]einer prapatti-bhakti-Traktat".
Traktat II. Gita XIV,1–XV,20 ein Sondertraktat „Sa-sānkhya-bhakti" mit Glosse XV,12–15. Traktat III. Gita XVI–XVIII,57 „unsektarischer moralistischer Theismus" mit Einschüben.
Traktat VI. Gita XII „Sa-īśvara-sānkhya" mit fünf Glossen.
Traktat V. Gita V „Sānkhya und Yoga" mit drei Glossen.
Traktat VI. Gita VI–IX „*Typisher* sa-īśvara-yoga", „advaita-bhakti" und andere Glossen.
Traktat VII. Gita II,38–IV,24 „*Untypischer* sa-īśvara-yoga", „Charakter-Yoga" mit Glossen der Opfertheologie.
Traktat VII. Gita X,13–42 „Preislied mit einer Sonderkonzeption des Göttlichen, die weder auf advaita noch auf bhakti noch sonst auf spezielle Schullehren noch auf Arjuna's Situation Bezug hat."[54]

48 Otto, *Die Urgestalt*, 28.
49 Otto, *Die Urgestalt*, 28.
50 Otto, *Die Urgestalt*, 21.
51 Otto, *Die Urgestalt*, 21.
52 Otto, *Die Urgestalt*, 22.
53 Otto, *Die Urgestalt*, 29.
54 Otto, *Die Urgestalt*, 44–45. Der erste Traktat über „prapatti-bhakti" wird von Otto im zweiten Teil seines Aufsatzes *Die Urgestalt der Bhagavad-Gītā* behandelt: Otto, *Die Urgestalt*, 29–43. Die sieben übrigen Lehrtraktate sind Thema seines Aufsatzes *Die Lehrtraktate der Bhagavad-Gītā*, 5–46.

Um ein fließendes Lesen zu erleichtern, wurde die rekonstruierte Fassung der Urgita in der Ausgabe seiner gesamten Übersetzung in Fettschrift gedruckt, und die eingeschobenen Traktate und Glossen als solche gekennzeichnet.[55]

Ottos historisch-kritische Analyse ist heute noch eine Fundgrube für Religionswissenschaftler. Es gibt dort viele zerstreute Ideen, die zu Ottos Zeit vielen Indologen als problematische Spekulationen erschienen. Aber heute weisen sie einen hohen Grad an empirisch verifizierbarer Plausibilität, Objektivität und Nachvollziehbarkeit sowohl aus sozial- und kulturwissenschaftlicher als auch sogar aus naturalisierender kognitionswissenschaftlicher Perspektive auf. Otto weist richtig z.B. daraufhin, dass „māyā einerseits Name [...] für hohes göttliches Wunderwerk und für niederes Zauberwerk" sein kann, „māyā hat also an sich durchaus nichts zu tun mit ‚Illusion', Trug oder bloßem Schein."[56] Auch Ottos Vermutung, dass „das Epos zunächst von der Rudra-Idee bestimmt gewesen war",[57] könnte nähere Aufmerksamkeit der Forscher verdienen.

Angesichts der in der kognitiven Religionswissenschaft verschiedentlich artikulierten Hypothese der für Religionen grundlegenden und unverzichtbaren Schlüsselrolle, die die Vorstellungen von übernatürlichen, supranaturalen bzw. superhumanen persönlichen Handlungsmächten spielen,[58] erscheinen die Überlegungen Ottos, dass „die Vorstellung eines das Weltall wesend an sich befassenden personalen Allgottes [...] viel älter als alles advaita und als aller Vedānta"[59] sei, in einem neuen Lichte. Dasselbe gilt für seine scharfsinnigen Ausführungen zum Verhältnis zwischen advaita-Vorstellungen und bhakti-Ideen. Ein personales Verhältnis zu einer personalen Gottheit kann, muss aber nicht, gelegentlich zur scharfen „Ablehnung gegen das impersonale brahman und gegen das brahman-advaita"[60] führen. Im Standardfall dürfte die personale Bhakti gerade zur Advaita-Erlebnissen führen: „Indem das Gefühl erregt ekstatisch wird, vergißt sich der Glaubend-Liebende selbst in seinem Gott, erlebt und fühlt die Einheit mit ihm,"[61] so Otto. „Prahlāda, der typische Vertreter der warmen personalen bhakti, gerade er erlebt sich selbst als eins und ununterschieden mit Purushottama. Die großen Haupttexte wie Vishnu- und Bhagavata-purāna haben solche advaita-Zustände als letzte Ausgänge, und es ist irrig zu meinen, daß dergleichen entstanden sei dadurch, daß die brahman-Theologen ursprüngliche rein personale bhakti-Vorstellungen in dieser Weise verfälscht hätten, um sie einigermaßen in ihr eigenes System aufzunehmen. Es ist vielmehr anzunehmen, daß gerade die ursprüngliche Vishnu-bhakti selber hierzu schon den Keim in sich hatte. [...] Vom Rudra-Kulte muß man nach der Śvetāśvatara-upanishad ähnliches [...] annehmen."[62]

55 *Der Sang des Hehr-Erhabenen*, 26–106.

56 *Der Sang des Hehr-Erhabenen*, 11 ff. Vgl. Malinar, Angelika. Hinduismus. Göttingen 2009, 70, 145, 249; Tavaszi, Adrian: *Die Schicksalsgöttin des Harivaṃśa*. Berlin 2014, 67 f.

57 Otto, *Die Urgestalt*, 28.

58 Siehe z.B. Barrett, Justin. L.: *Why Would Anyone Believe in God?* Lanham 2004; Pyysiäinen, Ilkka. *Supernatural Agents. Why We Believe in Souls, Gods, and Buddhas*. Oxford 2009; Boyer, Pascal: *Und Mensch schuf Gott*. Stuttgart 2009; Boyer, Pascal: *The Fracture of an Illusion. Science and the Dissolution of Religion*, Göttingen 2010.

59 Otto, *Die Urgestalt*, 23.

60 Otto, *Die Urgestalt*, 30.

61 Otto, *Die Urgestalt*, 30.

62 Otto, *Die Urgestalt*, 31.

Rudolf Ottos Überlegungen zum Verhältnis zwischen dem Advaita und der personalen Bhakti können heute noch zum besseren Verständnis der hochgespannten Advaita-Vorstellungen beitragen und für den interkulturellen Dialog zwischen Hinduismus und Christentum hilfreich sein.[63]

Ottos Einsichten in die Schlüsselrolle der Theophanie des elften Kapitels der Bhagavadgita, seine Betonung der Mahakala-Gestalt des Gottes sind heute noch relevant, aber unter Indologen und Gita-Forschern leider zu wenig bekannt. So erwähnt Robert N. Minor in seinem Aufsatz „Religious Experience in Bhagavadgītā Eleven and the Text's Interpretation" nur R. C. Zaehner als einen Kommentator, der dieses Kapitel „the Climax of the Gītā" nannte. Minor stellt fest, "it seems to have held little interest for most other interpreters", ohne Rudolf Otto zu nennen.[64] Als Ergebnis seiner treffenden Analyse zählt Minor die folgenden Charakteristika auf: den dualistischen und dynamischen Charakter der numinosen Erfahrung Arjunas, Arjunas Furcht- und Schreck-Gefühle, Erfahrung der höchsten Realität als solche.[65]

Interessant und an Ottos Interpretation anschlussfähig sind der Vergleich der Theophanien des Epos und die Analyse der Kalavada (kālavāda), die Adrian Tavaszi in seiner historich-hermeneutischen Analyse „Die Schicksalsgöttin des Harivaṃśa" unternimmt.[66] Unabhängig von Rudolf Otto, dessen Interpretation ihm unbekannt zu sein scheint, stellt auch Tavaszi fest: „Die durch das *ugrarūpadarśana* demonstrierte göttliche Identität der Zeit dient als letztes und entscheidendes Argument für Arjunas Entscheidung, gegen seine Lehrer und Verwandten zu kämpfen. Hinter allem Geschehen erkennt er Kṛṣṇas Autorschaft, und durch die Bilder des Todes seiner Feinde nimmt er Gewissheit einer bereits vollzogenen Zukunft war."[67]

Die modernen Gefühlstheorien und Rudolf Ottos „Sensus Numinis"

In der jetzt fast unüberschaubaren philosophischen Literatur zur Emotionsforschung ist nur ein Bruchteil der philosophischen Analyse religiöser Gefühle gewidmet. Für diesen Umstand ist, so Mark Wynn,[68] die übliche Strategie der religionsphilosophischen Behandlung des Religiösen gegenüber der religionskritischen Einstellung des naturalistischen und positivistischen Denkens verantwortlich. Solche einflussreichen Vorgänger der gegenwärtigen Philosophie analytischer Prägung wie Bertrand Russell und Alfred Ayer hielten Religion für nicht-kognitiv. Religion war im Bereich der „mere emotion"[69] angesiedelt. Die übliche Strategie der Religionsphilosophen,

63 Zur Herausforderung der hinduistischen Vorstellungen für das Christentum siehe: Gantke, Wolfgang: „Das immerwährende Abenteuer des Unendlichen" in: Schreijäck, Thomas / Wenzel, Knut (Hg.): *Christus in den Kulturen. Anstöße des II. Vatikanums für eine Theologie der Interkulturalität in Indien.* Ostfildern 2014, 151–173.

64 Minor, Robert N.: "Religious Experience in Bhagavadgītā Eleven and the Text's Interpretation" in: Sharma, Arvind (Hg.): New Essays in Bhagavad-Gītā. New Delhi 1987, 138–150, 138.

65 Minor, *Religious Experience,* 149.

66 Tavaszi, Adrian: *Die Schicksalsgöttin des Harivaṃśa.* Berlin 2014.

67 Tavaszi, *Die Schicksalsgöttin,* 81.

68 Mark Wynn, *Emotional Experience and Religious Understanding,* Cambridge 2005, IXf.

69 John Macquarrie zitiert in Mark Wynn, ix.

um sich dieser Kritik zu entziehen, war es, den kognitiven Teil der Religion („religiöse Überzeugungen“) von dem angeblich irrationalen Teil („religiöse Gefühle“) strikt zu trennen.[70]

Das alte Bild der Gefühle als irrationale Störfaktoren, die das Denken verhindern, gilt nach den neueren Erkenntnissen der Neuroforschung, Psychologie und Philosophie als obsolet. Heute erkennen fast alle Autoren an, dass Gefühle einen Sachbezug haben (sie sind auf etwas gerichtet, intentional): Man ärgert sich über etwas. Man fürchtet sich vor etwas. Man freut sich über etwas. Man erhofft sich etwas. Man findet etwas erstaunlich. Es besteht heute weitgehend ein Konsens darüber, dass Gefühle eine intentionale Struktur haben. Strittig ist aber, wie diese Struktur genau aufzufassen ist.[71] Gängig ist zudem die These, Gefühle verkörpern spezifische Bewertungen, genauer: Gefühle haben ihre intentionale Objekte in der Form axiologischer Eigenschaften.[72] Diese These ist nach Sabine Döring mit unterschiedlichen Erklärungsmodellen kompatibel:

Gefühle sind Werturteile einer spezifischen Art (Robert C. Solomon, Martha C. Nussbaum);
Gefühle sind evaluative Repräsentationen *sui generis* (Ronald de Sousa, Bennett W. Helm, Peter Goldie);
Gefühle sind evaluative Wahrnehmungen oder wahrnehmungsanaloge Prozesse (Robert C. Roberts, Christine Tappolet, Sabine A. Döring);
Gefühle stehen in einer zwar nicht repräsentationalen, aber intentionalen Beziehung zu Werten und Werteigenschaften. Dabei sind axiologische Eigenschaften Teil der Angemessenheitsbedingungen von Gefühlen (Kevin Mulligan).[73]

Ottos Auffassung von numinosen Gefühlen weist bemerkenswerte Ähnlichkeiten mit den Theorien von de Sousa, Helm, Goldie und meiner Einschätzung nach vor allem mit der Theorie von Kevin Mulligan auf. Numinose Gefühle unterscheiden sich zwar von rationalen Werturteilen. Aber sie sind sui generis intentional, selbstreflexiv und evaluativ: sie zeigen den spezifischen numinosen Wert für den betroffenen Subjekt an.

Die Intentionalität und die Selbstreflexivität der numinosen Gefühle Arjunas liegen auf der Hand. Zum einen zeigen sie Arjuna die grundlegende Abhängigkeit seiner menschlichen Existenz vom „Ganz Anderen“ an, nicht unähnlich dem bekannten Gefühl der schlechthinnigen Abhängigkeit bei Scheiermacher, dessen „Reden“ Otto zum 100. Jahr ihrer Ersterscheinung herausgab und kommentierte.[74] Zum anderen wird ihm durch seine numinosen Gefühle die Ohnmacht seiner eigener Existenz

---

70 Christoph Halbig, „Theismus und Rationalität (1). Neuere Beiträge zur analytischen Religionsphilosophie: Varianten des Realismus, Dimensionen der Rationalität“ in *Zeitschrift für philosophische Forschung*, Bd. 55, H. 2 (Apr. - Jun., 2001), 277–296.

71 Hilge Landweer, „Struktur und Funktion der Gefühle. Zur Einleitung.“ In: Landweer H. (Hg.): *Gefühle – Struktur und Funktion*. Berlin 2007, 8.

72 Sabine A. Döring, „Einleitung“ in: dies. (Hg.): *Philosophie der Gefühle*. Frankfurt am Main 2009, 73.

73 Döring, *Philosophie der Gefühle*, 73 f; vgl. den Beitrag von Roderich Barth in diesem Band.

74 Schleiermacher, Friedrich: *Über die Religion. Reden an die Gebildeten unter ihren Verächtern*. Göttingen 1899.

bewusst. Neben der basalen selbstreflexiven Intentionalität weisen diese Gefühle ihre spezifische Qualität auf: Es wird ein bestimmter numinoser Wert an einem sinnlichen Objekt gefühlt. Einer plausiblen Interpretation zufolge, wird ein sinnliches Objekt dadurch zu einem numinosen, indem es durch den Sensus Numinis als solches gedeutet wird.[75] Einer anderen Interpretation zufolge wird ein numinoses Objekt als solches durch das numinose Gefühl erkannt bzw. entdeckt, denn die „einzelnen Momente des numinosen Gefühls können demnach als subjektiv-emotive Appräsentationen der Aspekte eines ‚Objekts außer mir' vestanden werden."[76] Durch die gewaltige Theophanie nimmt Arjuna seinen alten Freund und Wagenlenker Krishna ganz anders als vorher wahr, als den numinosen Heiligen. Dieser Deutungs- und Wahrnehmungsvorgang wird zur einer gewaltigen Schau, die Arjuna kaum auszuhalten vermag (XI,41–45):

> „Was ich unziemlich wie zum Kameraden
> dir rief: „He Krishna, Yādava, he Freundchen",
> achtlos so redend oder auch zutraulich,
> nicht kennend diese Majestät, die dein ist,
> was ich zum Scherze sprach unehrerbietig
> im Wandern, Ruhen, Sitzen oder Essen
> allein mit dir und auch im Beisein jener,
> das bitte ich hier dir ab, dem Unermessenen.
> Du bist der Vater des, was geht und nicht geht,
> ehrwürdigster, der Welt verehrter Guru.
> Dir gleich ist keiner, wer gar wäre höher!
> In den drei Welten du an Macht ohn' gleichen.
> Darum mich neigend, mich zur Erde werfend,
> versöhn' ich dich, den Herrn, mir anzubeten.
> Wie Väter Söhnen, Freunde ihren Freunden,
> Wie Liebe Lieben mögst du, Gott, verzeihen.
> Erfreut, zu schauen, was noch nie geschaut ward,
> ist doch mein Sinn vor Furcht mir ganz zerrüttet.
> Zeig wieder dich, o Gott, in alter Form mir.
> Gnade mir o Götterherr, du Welt-befasser."[77]

So wird der Wert des numinosen Objekts durch den Sensus Numinis auf seine spezifische qualitative Weise fühlbar. Diese Gefühlsqualität kann dadurch positiv charakterisiert werden, dass sie für den Fühlenden kaum auszuhalten ist. Der Sensus Numinis bewegt Arjuna, sein Ergriffensein expressiv zum Ausdruck zu bringen und motiviert ihn zu kämpfen. Somit ist ersichtlich, dass Gefühle nach Otto keine irrationalen subjektiven Störfaktoren sind. Sie sind „transrationale" (Schröter) intentionale evaluative Erkenntnisinstrumente, die uns ermöglichen numinose Werte sui generis zu erschließen. Zudem befähigen sie uns, unsere Einstellung situationsgemäß expressiv zum Ausdruck zu bringen. Sie wirken schließlich handlungsmotivierend.

Das Medium, durch welches die Kommunikation zwischen dem Heiligen und dem Menschen stattfinden kann, ist nach Rudolf Otto das Gefühl des Numinosen.

---

75 Vgl. den Beitrag von Marianne Schröter in diesem Band.

76 Matern, Harald: „Ottos religionsphilosophischer Gefühlsbegriff" in: Dietz, Thorsten / Matern, Harald (Hg.): *Rudolf Otto – Subjekt und Religion.* Zürich 2012, 109–153, 124.

77 *Der Sang des Hehr-Erhabenen,* 79.

Dieses weist eine besondere implizite Struktur sui generis auf, die ihre intentionalen, selbstreflexiven, evaluativen und expressiven Gehalte transrational vermittelt. In seiner Gefühlscharakterisierung als evaluative Erkenntniszustände sui generis ist Rudolf Otto den modernen Gefühlstheoretikern fast 100 Jahre voraus. Rudolf Ottos Interpretation der Bhagavadgita stellt ein hervorragendes Beispiel dafür dar, wie die impliziten Gehalte eines numinosen Erlebnisses explizit werden können.

Edmund Weber

Die Religion, das Heilige und die Kultur. Zur dialektischen Dynamik von Sakralität und Kulturalität der Existenz als genuinem Thema authentischer Religion[1]

I.

Auf Grund der evolutionären Entwicklung der Arten hat sich das Bewusstsein der Spezies, die dadurch entstand, nl. der Mensch, radikal verändert. Das neue Bewusstsein zeichnet sich dadurch aus, dass es keinen anderen apriorischen Inhalt hat als sich selbst. Daher ist es in der notwendigen inhaltlichen Bestimmung der Existenz frei. Diesen anthropogenen Urzustand kann man mit unserer philosophischen Tradition auch Geist nennen. Seine spezifische Tätigkeit ist nicht das trieb- und objektgebundene Reagieren, sondern das freie Bewusstsein bzw. das Denken.

Da sich die Existenz damit abfinden muss, dass sie keine letztendliche normative oder determinative Grundbestimmtheit in sich vorfindet, von der sie absolut verbindliche Handlungsnormen abzuleiten hätte, ist Unbestimmbarkeit der Grund der Existenz. Um der Existenz willen sieht sich daher das Bewusstsein genötigt, sich selbst je und je aus der Unbestimmbarkeit in dessen Gegenteil, in eine Bestimmung, zu überführen.

Das einzige Mittel dazu ist der Wille, sich der nunmehr von natürlichen Bezugsobjekten emanzipierten Einbildungskraft zu bedienen.

Doch ein Bestimmungsakt löscht die Unbestimmbarkeit nicht aus. Unbestimmbarkeit und Bestimmung negieren sich zwar gegenseitig; sie sind beide als ihre jeweiligen Widersprüche zugleich aber unzertrennlich aneinander gebunden. Die damit ausgelöste dialektische Dynamik macht das problematische Leben der Existenz aus.

Die existenzielle Auseinandersetzung mit dem konstitutiven dialektischen Verhältnis von unbestimmbarem Grund und bestimmender Gestaltung der Existenz nennen wir in der westlichen Geistestradition seit alters her Religion. Im Unterschied dazu sei als Religionskultur die Artikulation bzw. die Objektivierung von Religion verstanden.

Religion im strikten Sinne, authentische Religion, ist der innere Prozess der Wahrnehmung der dialektischen Wirklichkeit der Existenz, der sich in Religionskulturen kontemporär und kontextuell vergegenwärtigt. Allerdings sind diese Darstellungsformen des eigentlichen religiösen Prozesses oft archaisch, mythisch oder gar rätselhaft, dies nicht zuletzt deswegen, um auf diese Weise die Andersartigkeit religiöser

---

1 Erweiterte Fassung eines auf der Tagung ‚Empirie und Theorie – Religionswissenschaft zwischen Gegenstandsorientierung und systematischer Reflexion' der Deutschen Vereinigung für Religionswissenschaft am 12. September 2013 in Göttingen und auf dem Symposium ‚Die Diskussion um das Heilige: Alte Fragen – Neue Antworten' am 9. November 2013 an der Goethe-Universität in Frankfurt am Main gehaltenen Vortrags.

Artikulationen, die die Religionskultur ausmachen, von bloßen eigentlichen kulturellen Gestaltungen der Existenz zu unterscheiden.

Die Wahrnehmung der Undefinierbarkeit oder Freiheit des Grundes der Existenz und der Vorläufigkeit ihrer Gestaltungen führt damit das Ende existenzieller Sicherheit herbei. Es bedeutet die Unmöglichkeit, Existenz alternativlos zu formieren.

Die existenzielle Auseinandersetzung - als Urtätigkeit des wahrhaft menschlichen Bewusstseins für die Existenz konstitutiv - ist daher universell. Jeder Mensch ist als solcher gezwungen, diese Auseinandersetzung um seine Existenz in irgendeiner Weise zu führen. In diesem Sinne ist authentische Religion jedermanns Sache. Eine Wahl zwischen Religion und Nichtreligion gibt es daher nicht.

Im Gegensatz dazu ist aber die objektivierende Artikulation von Religion, d.h. Religionskultur, vielgestaltig. Sie hängt, was ihre Gestaltung angeht, von ihrer jeweiligen Kultur ab. Sie kann dann manifest oder latent, mythologisch, rationalistisch oder künstlerisch, szientistisch oder philosophisch ausfallen; sie kann als sogenannte Hochreligion oder als naive Frömmigkeit figurieren.

Alle existenziellen Artikulationen sind aber dennoch ernsthafte Bemühungen, sich im jeweiligen kulturellen Kontext dem Problem der Existenz zu stellen. Sie als Teilnehmer am aktuellen existenziellen Diskurs zu ignorieren oder sie unter Missachtung des von ihnen Gemeinten, nl. der existenziellen Auseinandersetzung, als wesenlose Objekte abstrakt zu beschreiben und infolgedessen ihren Ursprung notwendigerweise willkürlich zu beurteilen, gründet wohl in der Furcht, dass das je eigene gleichsam autistisch gefällte Existenzurteil durch die Freiheit des Grundes der Existenz, die sich gerade auch in den religionskulturellen Alternativen zeigt, zunichte gemacht wird.

Im Gegensatz zu ihren Objektivierungen in der Religionskultur sowie allen anderen Existenzgestaltungen in der allgemeinen Kultur ist Religion keine bloße existenzielle Möglichkeit unter anderen, sondern unumgängliche Notwendigkeit der Tätigkeit des Geistes, der jedem einzelnen Menschen innewohnt. Ihr Ursprung sind nicht irgendwelche historisch gesetzte Zwecke, sondern die wie immer geartete Wahrnehmung der Zwecklosigkeit, der unbeschränkten Freiheit, als Grundes der Existenz, hervorgerufen durch einen die Anthropogenese ausgelöst habenden evolutionären Prozess.

Religion, die in diesem Sinne allgemeines und konstitutives Merkmal menschlicher Existenz ist, ermöglicht mit ihrer damit gegebenen Universalität zugleich aber auch einen grundsätzlich unbegrenzten existenziellen Diskurs aller religiösen Artikulationskulturen. Die Verwerfung der Möglichkeit des universellen Diskurses, der Orthodoxismus, ist ein verzweifelter Versuch eines endlichen Geistes, sich seiner selbst als des alles negierenden, d.h. durch nichts bestimmten Geistes zu entziehen. Es ist der Schrecken des Geistes vor seiner Wahrheit, d.h. dass die Existenz in der Kraft der unendlichen Negation all ihrer Gestaltungen, in der unbeschränkt schöpferischen Freiheit, besteht.

Da sich die existenzielle Auseinandersetzung notwendigerweise aus der Freiheit der Existenz ergibt, fällt sie stets ambivalent aus. Der Geist ist mit der Alternative konfrontiert, sowohl die Freiheit bzw. Unbestimmbarkeit der Existenz als auch die Reversibilität ihrer Gestaltungen entweder in existenzieller Toleranz auszuhalten oder aber in die Illusion eines Kulturfundamentalismus, in die Verdinglichung von Existenzgestaltungen zu flüchten.

Die Fixierung der je eigenen religionskulturellen Gestaltung der existenziellen Auseinandersetzung, der existenzielle Orthodoxismus, dient nicht nur der vermeintlichen Absicherung eingestandener oder auch uneingestandener bestimmter normativer Existenzdeutung, sondern ebenso – und dies ist verhängnisvoller – der Verdrängung des eigentlichen Sinns und Inhalts authentischer Religion.

Die auch zu einer modernen Kulturnorm avancierte Ausblendung der existenziellen Auseinandersetzung, der Religion, führt denn auch dazu, authentische Religion auf (meist traditionelle) Religionskultur zu reduzieren und sich darauf zu beschränken, die expliziten Religionsobjektivierungen vordergründig zu behandeln und willkürlicher Beurteilung zu überlassen. Dabei werden dann aber nur die kulturell-drapierten Hüllen als Religion wahrgenommen, aber Ursprung, Grund und Gegenstand authentischer Religion bleiben außen vor.

Aber ein künstliches Zurück zu Mutter Natur gibt es nicht. Die Prinzipien und Formen der Gestaltung der Existenz resultieren letztendlich nicht aus einer vorgegebenen existenziellen Grundbestimmtheit, sondern ex nihilo, aus der kreativen Unbestimmbarkeit der Existenz. Vorgebliche normative Grundbestimmtheit wäre doch nichts anderes als ein kulturelles Erzeugnis des freigestellten menschlichen Geistes; sie wäre lediglich sein Produkt, nicht sein Grund.

Die bestimmte Gestaltung von Existenz ist zwar unumgänglich, wenn der Geist tätig sein will, zugleich aber schränkt er damit seine Verwirklichungsmöglichkeiten massiv ein. Indem die Existenz sich als Kultur gestaltet, definiert sie sich, d.h. sie wird endlich. Endlichkeit ist die Wahrheit der Kultur. Unendlichkeit ist dagegen die Wahrheit des Grundes der Existenz.

Der Geist ist aber durch die ständig aus ihm gleichsam herausdrängende Konfrontation mit der ihm eigenen Unendlichkeit trotz allem orthodoxistischen Widerstands gezwungen, sich seines eigenen Grundes immer wieder bewusst zu werden. Das zeigt er in Revolutionen jedweder Art, die als scharfe Waffen der Unendlichkeit die jeweilige Endlichkeit erschüttern, und sollte es sich dabei auch um die höchste Stufe der Kultur handeln.

Aus der von der ursprünglichen Negativität des freigestellten Bewusstseins hervorgerufenen Ungesichertheit der Existenzgestaltungen, d.h. jeglicher Kultur, jeder inhaltlichen Identität und Selbstbestimmung, folgt der vergebliche, wenn auch unablässige Versuch, einen kontrollierbaren Grund der Existenz artifiziell herzustellen, um sich selbst im Eigenwerk vermeintliche Existenzsicherheit zu verschaffen.

Ein solcher Versuch zielt auf so etwas wie Re-Naturierung oder Re-Animalisierung menschlicher Existenz. Anders gesagt: Es ist der prinzipiell vergebliche Versuch, frei geschaffene innere und äußere Kultur als scheinbar Sicherheit gewährende Pseudo-Natur zu sakralisieren - trotz der Erfahrung, dass kulturelle Existenzdefinitionen sich gegenseitig paralysieren.

Die Kraft dieser Paralyse entspringt der Unbestimmbarkeit der Existenz, die Alternativdefinitionen gleichsam als Rächer für den Hochmut sich selbst feiernder Existenzdefinitionen einsetzt. Es ist die Kraft des analytischen, auflösenden oder erlösenden Geistes, die diesen daran hindert, sich von seinen Objektivierungen, seiner Kultur, beherrschen zu lassen. Ein künstliches Zurück zu Mutter Natur gibt es nicht.

II.

In der pseudo-renaturierten Welt sakralisierter Kulturelemente, dem Orthodoxismus zufällig erwählter Existenzgestaltungen, wird immer wieder, doch widersinnigerweise das Heilige zur Absicherung von in Wahrheit stets nur geschichtlichen, d.h. vergänglichen Entwürfen und Gestaltungen menschlicher Existenz reklamiert. Dies alles geschieht jedoch nur, um zu verhindern, dass eine herrschende oder herrschen sollende Kulturgestaltung in Frage gestellt und aufgelöst wird.

Der Grund der Existenz, herkömmlich das Heilige genannt, wird so in sein Gegenteil verkehrt. Er wird unter die normative Grundidee von bestimmten Gestaltungen menschlicher Einbildungskraft gestellt, statt diese immer wieder außer Kraft zu setzen und so freier Gestaltung von Kultur Platz zu machen.

Das Heilige meint somit die Urkraft des freigestellten Bewusstseins, welche mittels der Negation aller Existenzgestaltungen erzwingt, dass diese in unbegrenzter Kreativität stets neu und anders formiert werden können.

Das Heilige meint daher gerade das Gegenteil von Kontrolle und Fixierung des Existenzbewusstseins. Es reflektiert vielmehr die existenzielle Erfahrung, dass der Grund der Existenz die meist als unerträglich erlebte Freiheit bzw. Unbestimmbarkeit der Existenz ist. Der wie auch immer verschleierte öder beschönigte weltanschauliche Dogmatismus, sich heute meist als Aufgeklärtheit gerierend, hat denn auch allen Grund, das Heilige als Gegenstand selbst religionswissenschaftlicher Forschung zu verwerfen.

Dass das menschliche Bewusstsein in seiner Geschichte die Vorstellung des Heiligen entwickelt hat, ist sicherlich die größte geistige Leistung der Menschheit.

Denn mit dieser sein neuartiges Wesen konstitutiven Vorstellung erfasste der Mensch die radikale Freiheit und Abgründigkeit der Existenz. Ihn zeichnet denn auch aus, dass er damit leben muss, dass es keine ultimative inhaltliche Definition der Existenz geben kann.

In der Vorstellung des Heiligen, in welcher Gestalt es auch immer wahrgenommen wurde, gestand sich der Mensch somit ein, dass er kein festgelegtes Tier ist. Er erkannte, dass damit zugleich der Zwang zur Negation des geradezu unausrottbaren re-naturierenden Orthodoxismus jedweder Art sein unausweichliches Schicksal ist, mag er dieses noch so gewaltsam verhindern wollen.

Aber der Traum von der Festgestelltheit vormenschlichen Bewusstseins existiert dennoch als grandiose Illusion insbesondere in den Ideologien der sogenannten Sinngebung der Existenz fort. Weil es die unaufhaltsame Negation von allen konkreten Gestaltungen der Existenz ist, ruft das Heilige im Menschen, der sich an seine Geistesprodukte existenziell klammert, den Schrecken der Freiheit hervor.

Dieser Schrecken kulminiert in der Angst vor dem ‚Tod'. Das Heilige jedoch negiert auch den Mythos Tod und eröffnet dem Menschen gemäß dem Zustand seiner derzeitigen evolutionär bedingten psycho-physischen Ausstattung die Möglichkeit einfach zu sterben. Einen Sinn oder Widersinn im Sterben zu suchen, es als als Helden-Tod oder als Seligkeit verleihendes Martyrium oder gar als Alles zerfressenden Thanatos zu mythisieren, erweist sich, durch die produktive Negativität des Heiligen, als Schimäre und Illusion sakralisierter Kultur.[2]

---

2 Franz von Assisi hat in seinem Sonnengesang das Sterben als *sora nostra morte corporale*, als *unsere Schwester Leibestod*, durch die hindurch das Lob Gottes erschallt, gefeiert. Den Tod dagegen, der alle Verzweckungen der Existenz, die aus dem Schrekken vor der Freiheit entsprungen sind, zerreißt, nennt er dagegen *la morte seconda*. François d'Assise. Écrits. Paris 1981, S. 344.

Auf der anderen Seite löst das Heilige zugleich eine überwältigende Faszination aus, insofern es immer wieder und überall den Weg zur neuen Gestaltungen freimacht.

Das Heilige steht für die vom Bewusstsein und seinen Gestaltungen nicht zu kontrollierende Freiheit der Existenz. Diese kreative Negativität oder produktive Freiheit der Existenz verhindert auf der einen Seite, dass der Geist in zufälliger Kulturgestalt erstarrt und sorgt auf der anderen Seite in den unvermeidlichen Umbrüchen des Lebens dafür, die reale Möglichkeit der eigenen Andersheit als praktisches Lebensprinzip, als eigentliche Identität, anzuerkennen.

Der Schrecken vor dieser Freiheit macht denn auch das Wesen jeglicher Kulturideologie aus, welche menschliche Existenz auf Produkte kultureller Einbildungskraft einzuschränken versucht. Doch in den Revolten des Geistes, welche Gestalt sie auch immer annehmen mögen, bricht das Heilige der unbeschränkten Gestaltungsfreiheit Bahn.

Dagegen war und ist Orthodoxismus schließlich und endlich nichts anderes als eine existentielle Strategie, das unverfügbare, unbestimmbare, daher unkontrollierbare Heilige im Bewusstsein des Menschen zu entmachten.

Dass die Existenz keinen definierbaren inhaltlichen Sinn haben soll, dass es auch kein die Existenz bestimmendes Scheitern geben soll, dass sie vielmehr radikal frei ist, Sinnhorizonte zu ent- und zu verwerfen, ist jedem Orthodoxismus unerträglich. Deshalb denunziert er alle aus der Faszination des Heiligen entstehenden Alternativen als Häresie und rottet sie, wenn er die Macht dazu hat, mit Gewalt aus.

Trotz aller immateriellen oder materiellen Gewalt bricht jedoch in immer neuen historischen Schüben aus dem existentiellen Nichts, dem Heiligen, der Unbestimmbarkeit der Existenz, die shivaitische Macht der Negation auf und schafft als Brahma ein Neues, das von Vishnu erhalten wird, bis es sich überlebt und dank Shivas, des Gütigen, um ein Neues bilden zu können, wieder aufgelöst wird.

III.

An historischen Beispielen westlicher Kultur soll die Revolte wider die Fixierung des Grundes der Existenz, des Heiligen, verdeutlicht werden.

Der Mensch vor der westlichen Neuzeit war einer überindividuellen Sozialnatur eingebunden und damit als *membrum* dem *corpus Christianum* und dessen *caput* im Gewissen unterworfen. Er war ein bloßer Teil eines sakralisierten Sozialkörpers. Der Mensch verstand sich gerade nicht als unverwechselbares Individuum. Das Ganze machte seine Substanz aus. Sein jeweils Allgemeines bestimmte seine persönliche Bedeutung, nicht seine als abstrakt geltende Singularität. Er war substantiell *saecularis* oder *religiosus*, *clericus* oder *laicus*, Adeliger oder Bürger, Bauer oder Gesinde. Er hatte deshalb, weil das die damals sakralisierte Ordnung der Welt vorgab, auch als Schuster bei seinen Leisten zu bleiben.

Sein ewiges Seelenheil hing essentiell von der Hierarchie und deren Schlüsselgewalt samt sakramentaler, moralischer und doktrinaler Kompetenz ab. Der Einzelne war gerade auch in Sachen Religion zu Gehorsam gegenüber dem *corpus Christanum* und insbesondere dessen kirchlichem *caput* verpflichtet, wollte er nicht des Heils, d.h. einer von der Hierarchie fixierten und als Grund der Existenz ausgegebenen Existenzgestaltung, des Paradieses, verlustig gehen.

Die erschreckende und überwältigende Auseinandersetzung mit dem Existenzproblem war damit scheinbar kaschiert, unter dem Schein einer hierarchisch vermittelten und mit innerer und äußerer Gewalt abgesicherten Ideologie einer angeblich göttlich verordneten Festgestelltheit der Existenz neutralisiert.

Dieser theologisch legitimierte Orthodoxismus einer kollektivistischen Lebenswelt war aber dennoch durch die zerstörerische Macht der sog. Ketzerei, der alternativen Existenzbestimmung, ihrer Andersheit, ständig bedroht. Der religiöse Widerstand der Katharer, der Waldenser, der Brüder und Schwestern vom Freien Geist sowie zahlloser anderer Andersgläubiger erfüllte die herrschende Orthodoxie mit Schrecken, weil sie die Existenzgestaltungen, die von ihr zu Elementen des Heiligen deklariert worden waren, schamlos negierte.

Diese in Wahrheit heilige Negation der religiösen Alternativen besaß aber auf der anderen Seite eine derart gewaltige Faszination, dass Menschen bereit waren, eher in den Tod zu gehen, als von ihr abzulassen. Weder Folter noch Scheiterhaufen vermochten denn auch die Revolte des freien Geistes aufzuhalten.

Aber auch die Machthaber der Orthodoxie konnten der Faszination des aufrührerischen Heiligen erliegen, verehrten sie doch Gestalten wie die hl. Elisabeth, Franz und Klara von Assisi und viele andere Heilige, die rücksichtslos ihren selbst gewählten Weg gingen. Doch obsiegte in den Machthabern die Orthodoxie schließlich doch. Sie stutzen die Nachfolger der geduldeten Aufrührer wieder zurecht.

Prototyp dieser ambivalenten Haltung war der Graf Ugolino di Segni, der schon als Kardinalbischof von Ostia ein glühender Verehrer Franz' und Klaras von Assisi war, und sich allzu gerne ihrer Lebensweise angeschlossen hätte, wäre er nicht wegen seiner großen Sünden dazu verdammt worden, darauf zu verzichten und stattdessen gleichsam zur Buße den Dienst eines Hierarchen abzuleisten; eine Vorstellung[3], die gerade die katharische Hierarchiekritik vertrat. Und eben dieser Graf Ugolino zentralisierte als Papst Gregor IX. (reg.1227-1241) die Inquisition, um die Kirche Jesu Christi der Katharer und andere christlichen Alternativen effektiver liquidieren zu können.

Den nächsten Schub in der Geschichte der westlichen Kultur stellen die Reformation und die aus ihr entsprungene Moderne dar.

Die Reformation hat die traditionelle Religionskultur, insbesondere die religiöse Innenwelt des westlichen Menschen grundsätzlich umgestaltet. Mit der historischen Evolution der Neuzeit entsteht endgültig, wenn auch zunächst im Blick auf seine religiöse Innenwelt, das moderne Individuum, das vor den Repräsentanten der traditionellen Sakralkörpers mit dem Satz „Hier stehe ich und kann nicht anders" seine Bestimmung als *membrum* des sakralisierten *corpus* aufkündigt und seine selbstverantwortliche religiöse Individualität behauptet.

Eine weitere Geistesrevolte löste der religiöse Liberalismus des 19. Jahrhunderts dar. Im Gefolge der Reformation hat er die traditionelle Religionskultur, insbesondere

3 Siehe den *Brief von Hugolin, Kardinalbischof von Ostia, und späterer Papst Gregor IX. an Klara von Assisi.* 28.4.1220 Viterbo. In: Eßler, Kajetan. Die Briefe Gregors IX. an die hl. Klara. Franziskanische Studien 1953, S. 277. Dort heißt es: „4... habe ich sicher gelernt, ..., daß ich von der Last so vieler Sünden übergewichtig bin und den Herrn der Welt so sehr beleidigt habe, daß ich nicht würdig bin, der Herde der Erwählten zugesellt und von den weltlichen Geschäften abgerissen zu werden, wenn nicht Deine Tränen und Gebete für meine Sünden Gnade verschaffen."

die religiöse Innenwelt des westlichen Menschen grundsätzlich umgestaltet. Der liberale Protestantismus hat diesen beginnenden religiösen Individualismus radikalisiert und unter Ausschluß jeglicher kollektiver menschlicher Kultur und Autorität einen seiner bedeutendsten theologischen Interpreten, Adolf Harnack (1851-1930) sagen lassen: „Das Reich Gottes kommt, indem es zu den e i n z e l n e n kommt, Einzug in ihre Seele hält, und sie es ergreifen."[4] Im Reiche Gottes geht es einzig und allein „um Gott und die [einzelne] Seele, um die [einzelne] Seele und ihren Gott."[5]

Auf die weiterreichende radikale Ausgestaltung dieser modernen individualen Religionskultur hat besonders Thomas Luckmann[6] hingewiesen. Das Problem der Religion in der modernen Gesellschaft bestehe nicht nur in der äußeren Freiheit der Religionen bzw. Religionskulturen, sondern in der sozialgeschichtlich gegebenen radikalen inneren Freiheit der Individuen. Die allgemeine Religionskultur des modernen Menschen, das individuell bestimmte existentielle Selbstverständnis, sei bereits eine nicht mehr hintergehbare Selbstverständlichkeit. Alle herkömmlichen kollektiven Religionen stellten in Wahrheit nur noch Hülsen für die moderne privat-individuelle Religiosität dar. Sie sind geschichtlicher Schein geworden.

Der privat-individuelle Vorbehalt gegenüber jeder religiösen Verbindlichkeit zeigt, dass in der modernen Auseinandersetzung die individuelle Entscheidung als solche zum Grund der Existenz sakralisiert und damit versucht wird, das Heilige, das auch die absolute Autorität des Kulturprodukts ‚individuelle Entscheidung' negiert, zu Gunsten der eigenen Willkür zu neutralisieren.

Die moderne politische Freiheit des Individuums, seine Religionskultur zu gestalten, seiner Religion selbst- und eigenständig inneren und äußeren Ausdruck zu verleihen, ist aber keine naturhafte Bestimmtheit menschlicher Existenz, kein so genanntes Naturrecht, sondern eine geschichtlich erkämpfte und oftmals erzwungene Form der Gestaltung von Religionskultur in der Moderne.

IV.

Diese moderne Idee und Praxis der Religionsfreiheit des Einzelnen ist aber nicht identisch mit der existenziellen Freiheit. Denn der Grund der Existenz, das Heilige, diese vulkanische Urkraft des Bewusstseins, hat diese Religionsfreiheit oder genauer gesagt die Freiheit der Religionskultur zwar hervorgerufen; aber es relativiert dieses historisch entstandene Recht wie jedes andere Kulturprodukt auch.

Wenn jedoch der Kern des menschlichen Geistes das Heilige, die Undefinierbarkeit und daraus folgend die produktive Negativität der Existenz ist, wird sich diese letztendlich auch von einen sakralisierten Individualismus, der sich anders als seine Vorgänger schwer tut, äußere Religionskultur umfänglich zu entwickeln, und wegen seiner Privatheit oftmals gar nicht der herkömmlichen Religionskritik greifbar ist, nicht blenden lassen können.

Religion als Auseinandersetzung mit dem dynamischen Verhältnis des Heiligen und des Profanen, mit der dialektischen Beziehung von Sakralität und Kulturalität

4 Adolf Harnack: *Das Wesen des Christentums*, 2. Auflage. Leipzig 1900, S. 38.

5 Adolf Harnack: *Das Wesen des Christentums*, 2. Auflage. Leipzig 1900, S. 38. Die in Klammern gesetzte Erläuterung vom Verf.

6 Vgl. Thomas Luckmann: *Das Problem der Religion in der modernen Gesellschaft*. Freiburg i.Br. 1963.

der Existenz, kann dem religiösen Orthodoxismus, d.h. der Sakralisierung von Kulturprodukten, von angeblich der Existenz Sinn gebenden oder Sinn zerstörenden Existenzgestaltungen, verfallen, was sie in der Geschichte immer wieder, ja regelmäßig getan hat und weiterhin tut und tun wird.

In der Religion kann sich der Geist aber auch des Heiligen als der absoluten Freiheit als Grundes der Existenz erinnern und - in Überwindung des Schreckens der Freiheit - seine Existenzgestaltungen einschließlich seines kulturellen Selbstbilds, seiner so genannten Identität, radikal transzendieren. In der revolutionären Geschichte hat sich die Transzendenz allemal gegen jegliche orthodoxistische Beschränkung der Existenz durchgesetzt.

Der Geist transzendiert seine Gestaltungen, die Objektivierungen seiner selbst, und darin liegt seine Identität. Indem er sich in seinen Vergegenständlichungen aufhebt, ist er in seiner Wahrheit.

Die produktive Negativität der Selbsttranszendenz begründet denn auch die dynamisch-dialektische Synthese von Sakralität und Kulturalität der Existenz.

Ein altisraelitischer Poet hat einst seine Erfahrung des Heiligen in die berühmten Worte des Schöpfers verdichtet: „Lasset uns Menschen machen, ein Bild, das uns gleich ist!" (Gen. 1.26). Und ein altisraelitischer Kommentator fügte erläuternd hinzu: „Und Gott schuf den Menschen ihm zum Bilde, zum Bilde Gottes schuf er ihn" (Gen. 1.27). Und den Menschen, die ihre eigenen Werke zum Grund ihrer Existenz machten, rief der altisraelitische Dichterprophet Jeremia warnend zu: „Alle Menschen sind Narren mit ihrer Kunst und alle Goldschmiede bestehen mit Schanden mit ihren Bildern; denn ihre Götzen sind Trügerei und haben kein Leben. Es ist eitel Nichts und ein verführerisches Werk; sie müssen umkommen, wenn sie heimgesucht werden" (Jeremia 10,14-15).

Hamid Reza Yousefi (Koblenz-Landau)

Das Heilige mit vielen Namen: Nächstenliebe als Grundlage der religiösen Toleranz

Ich komme, ich weiß nicht woher,
Ich bin, ich weiß nicht wer,
Ich sterbe, ich weiß nicht wann,
Ich gehe, ich weiß nicht wohin,
Mich wundert's, daß ich fröhlich bin.
Ein mittelalterlicher Spruch

Teil I: Einleitende Gedanken

Wer kennt nicht Rudolf Otto, den Architekten des Heiligen? Ein systematischer Theologe, der uns in das Reich des Heiligen einführt. Wenn wir Ottos Konzept für den interreligiösen Dialog und ein tolerantes Miteinander fruchtbar machen wollen, so gibt es einmal die Möglichkeit, sich mit der Kritik seines Werkes zu beschäftigen, wie sie in den Arbeiten von Gustav Mensching, Joachim Wach, Mircea Eliade, Rudolf Bultmann oder auch Carsten Colpe, Paul Tillich, Kurt Rudolph und Wolfgang Gantke zu finden ist.[1] Die andere Möglichkeit wäre, einen anderen, neuen Weg zu gehen. Was ich Ihnen erzählen werde, ist meine persönliche Überzeugung als Mensch und als Wissenschaftler. Letzten Endes sind wir Menschen und ich gehe grundsätzlich von dem Prinzip der ›Offenen Frage‹ im Sinne Helmuth Plessners aus.[2]

Für meine Überlegungen sind zwei Fragen zentral: Was ist das Heilige, und inwieweit können wir das Prinzip Nächstenliebe und die interreligiöse Toleranz auf der Grundlage des Heiligen konstituieren. Mein religionswissenschaftlicher Ansatz ist bei der Beantwortung dieser Fragen interkulturell-kontextuell.[3] Diese Methode vernachlässigt weder die Kategorie des Heiligen, die in allen Religionen je nach Form und Inhalt das konstitutive Element bildet noch die philologisch ausgerichteten Orientierungen dieser Zunft. Wer die Religionswissenschaft des Verstehens als verhängnisvoll bezeichnet, unterschätzt oder übersieht die unbändige Ursehnsucht des religiösen Menschen nach dem Heiligen, jenseits aller Sachzwänge ihres jeweiligen Tagestrottes.[4]

Kontextuell zu verfahren bedeutet, unterschiedliche Traditionen des Heiligen mit ihren jeweils eigenen Terminologien und Fragestellungen von ihren verschiedenen Positionen her zur Sprache kommen zu lassen. Dies bedeutet, die Vielfalt ernst zu

1 Vgl. Gantke, Wolfgang: *Der umstrittene Begriff des Heiligen.* Eine problemorientierte religionswissenschaftliche Untersuchung, Marburg 1998.
2 Vgl. Plessner, Helmuth: *Zwischen Philosophie und Gesellschaft,* Frankfurt/Main 1979, S. 309 und 299.
3 Vgl. Yousefi, Hamid Reza: *Grundlagen der interkulturellen Religionswissenschaft,* Nordhausen 2006.
4 Vgl. Eliade, Mircea: *Die Sehnsucht nach dem Ursprung,* Wien 1973.

nehmen und mit einem guten Gespür für unterschiedliche Weltbilder und Wirklichkeitsdeutungen vorzugehen. Es erfordert zugleich, bereit zu sein, sich in die Welt des Anderen hineinzuversetzen und sich mit seinen Augen und die Welt durch seine Brille zu betrachten.

Wir sollten zur Kenntnis nehmen, dass die Wahrnehmung und Erfahrbarkeit des Heiligen nicht nur von Kultur zu Kultur differiert, sondern auch von Mensch zu Mensch. Deshalb hat die Religionswissenschaft, für die ich plädieren möchte, nicht nur einen Gesellschafts-, sondern in letzter Konsequenz einen Friedensauftrag. Eine kontextuelle Betrachtung des Heiligen hilft uns, verschüttete Gemeinsamkeiten in unserer spirituellen Wahrnehmung zu entdecken und dem gesellschaftlichen Auftrag der Religionswissenschaft gerecht zu werden.

Das Heilige und seine Dimensionen

1917 wird Rudolf Otto als Nachfolger des systematischen Theologen Wilhelm Hermann nach Marburg berufen. Im gleichen Jahr erscheint jene Schrift, die Ottos großen Ruhm begründet, nämlich ›Das Heilige‹.[5] Dieses Buch ist das Ergebnis einer Reihe von Reisen quer durch Asien und Afrika sowie eigener numinoser Erlebnisse. In diesem Werk referiert Otto über ein Thema, worüber man in letzter Konsequenz kaum zu sprechen vermag: über die Begegnung des Menschen mit dem Heiligen. Das Heilige kann nur erörtert und unterschiedlich gedeutet werden, eine letztendliche Ergründung ist kaum möglich.[6] Das Heilige lässt sich, wie Otto sagt, als das unentdeckte Andere oder als ›Kategorie a priori‹ begreifen. Das Heilige ist für Otto eine zusammengesetzte Kategorie, die aus einem rationalen und einem irrationalen Teil besteht.

Das Rationale umfasst die begriffliche Ebene. Das Irrationale ist für Otto das, was er dunkle Sphäre um das Begrifflich-Rationale herum nennt. Damit meint er nicht »das dumpfe Dumme«[7], sondern das, was der Mensch nur intuitiv, also durch das Gefühl zu erfassen vermag. Hier verfällt die rationale Wahrnehmung in Schweigsamkeit, weil ihr die Worte ausgehen. In diesem Schweigen betreten wir das Reich des Heiligen als einer überwältigenden Macht. Der Mensch erschauert und erlebt jenes ganz Andere, welches die menschliche Vernunft, ja die gesamte Existenz des Menschen transzendiert. Hier greifen drei Momente ineinander: das *Mysterium tremendum*, das *Mysterium fascinosum* und das *Mysterium augustum*, also das Zittern Erregende, das Faszinierende und das Erhabene.

Diese können religiöse Erkenntnis, können religiöse Schau oder auch Erleuchtung sein. Orte und Medien dieser Begegnung mögen das Leben, die Worte oder die Taten großer Persönlichkeiten sein. Die numinose Wirklichkeit darf hier nicht mit der erkenntnistheoretischen Richtigkeit einer Aussage oder eines Sachverhaltes verwechselt werden. William James behält Recht, wenn er insistiert, dass es unmöglich ist, Religionen und religiöse Bedürfnisse rein rational zu erklären: »Völlige Objektivität im Sinne absoluter Voraussetzungslosigkeit in religiösen Territorien gibt es nicht.«[8]

---

5 Vgl. Otto, Rudolf: *Das Heilige.* Über das Irrationale in der Idee des Göttlichen und sein Verhältnis zum Rationalen (1917), München [30]1936.
6 Vgl. Nasr, Seyyed Hossein: *Die Erkenntnis und das Heilige,* München 1990.
7 Otto, Rudolf: *Das Heilige,* [30]1936, S. 137.
8 Vgl. Mensching, Gustav: *Die Weltreligionen,* Darmstadt 1972.

Es geht um zwei völlig verschiedene Sphären des wahrnehmenden Denkens. Zwischen Vernunft- und Herzenserkenntnis ist zu unterscheiden, weil das Heilige nicht durch Vernunft erfasst, sondern nur im Sinne der Erkenntnis des Herzens gespürt werden kann.

Das Heilige und die menschliche Ursehnsucht

Die Leitfrage ist hier, warum der Mensch zeit seines Lebens bestrebt ist, die Welt und damit den Grund der existenziellen Abhängigkeit seines Daseins zu ergründen?

Der Mensch ist stets bemüht, die Welt auf ein handliches Format zu bringen. Er sortiert sie in Schubladen und Schränke, die er in seinem existentiellen Haushalt aufbewahrt. Mit dieser Selbstarchäologie will der Mensch Herr seiner bloßen kreatürlichen Existenz werden. Die Kategorie des Heiligen, die Otto als apriorisch bezeichnet, ist in diesem Sinne ein Versuch, dieses ganz Andere durch eine Benennung handhabbar zu machen. Meiner Ansicht nach steht hinter dem Heiligen etwas, was noch viel apriorischer ist als eine basale Intentionalität. Es ist die aktive und ruhelose Ursehnsucht in der menschlichen Existenz, die das Heilige erst als solches sucht und als das ihr gemäße erkennt. Vielleicht ist diese Ursehnsucht jener ›dunkle Seelengrund‹ im Denken Ottos.

Der Ausdruck ›Sehnsucht‹ kommt nicht explizit bei Otto vor, sondern nur durch Andeutungen, die in diese Richtung gehen, insbesondere wo es um den menschlichen Geist geht, der sich aus einem unstillbaren inneren Impuls heraus erschließen will. Gemeint ist hier nicht die Suche nach der ›blauen Blume‹ im Sinne einer romantischen Einstellung, sondern um etwas tief im Menschen Gelegenes. Diese Sehnsucht wird, bildlich gesprochen, durch das Heilige sozusagen gefüttert und bekommt Appetit auf mehr davon. Sie ist die apriorische Gefährtin des Menschen, die ihn überall und immer begleitet: Im Anfang war die Sehnsucht, der Antrieb allen Suchens. Der Drang, sich und den Kosmos zu ergründen und damit einhergehend das Heilige zu suchen, ist also die Folge einer unbändigen und schöpferischen Sehnsucht des Menschen, welche die Grenze des Animalischen seiner Natur grundlegend überschreitet.

In der Sehnsucht nach dem Begreifen des Heiligen offenbaren sich Sphären, die der menschlichen Existenzweise neue Dimensionen eröffnen. In diesem Erlebnismoment verbindet das Herz das irdische Gefäß mit dem Reich des Heiligen, das sich allerdings im menschlichen Leben unterschiedlich bemerkbar macht. Der Mensch tritt in absoluter Freiheit in das bewusste Wagnis seiner Existenz. In dieser von der Sehnsucht erfüllten Welt der spirituellen Gefühle vollendet sich, auch nach Otto und Mensching, die Begegnung mit dem Heiligen. In diesem von der Berührung des Transzendenten ausgelösten Erlebnismoment wird Religion als antwortendes Handeln des vom Heiligen berührten oder bestimmten Menschen geboren. Dieses undefinierbare Gefühl bedeutet für ihn Rettung und Ruhe zugleich.

Kontexte des Heiligen oder das Heilige mit vielen Namen

Formen des antwortenden Handelns sind nun interkulturell-kontextuell verschieden. Das kann ein aus der Tiefe des Herzens kommendes Gebet sein. Das kann Askese sein, um sich reinigend dem Heiligen würdig zu erweisen. Das kann Meditation sein, um das Heilige in all seinen Aspekten verinnerlichend zu betrachten. Nicht zuletzt kann die Antwort ein aus dem Ur-Ethos geschöpftes Handeln sein. Ein Handeln, in welchem die Menschheit zu einer verstehenden Einheit werden kann.

Ohne Erleben und Erfahrung der göttlichen Wirklichkeit, also ohne Begegnung mit dem Heiligen, kann es keine lebendige Religion geben. Diese numinose Tatsache verbindet alle Religionen und Mystiken. Wer sich in einer Khanegha, also einem Sufi-Kloster aufhält, wird hautnah erfahren, wie die Sehnsucht nach dem Heiligen das Leben bestimmen und verändern kann.[9]

Betrachten wir das Heilige im Kontext der Religionsgeschichte, so erweist es sich als das Eine mit vielen Namen. In dieser Sehnsucht, in diesem Einen offenbart sich für Mohammad Allah, für Jesus Christus Gott als Vater, für die jüdischen Propheten Jahwe und für Buddha das Nirvana, um nur einige Beispiele zu nennen. Diese Vielfalt sollte die Basis eines ›liebenden Wettbewerbes‹ sein: der Bekenntnisse, Traditionen und Kulte unter den Religionen, aus einer spirituellen Selbstarchäologie heraus, auch wenn Otto von einer Superiorität des Christentums anderen Religionen gegenüber ausgeht. Diese Vielfalt kann eine echte Begegnung der Geister, Ideale und Erfahrungen des Heiligen ermöglichen, die sich gegenseitig bereichern und ergänzen können.

Wir sollten allerdings berücksichtigen, dass die Suche nach dem Heiligen ein gewisses Gespür für Heiliges voraussetzt, das beim Menschen in unterschiedlichem Maße vorhanden ist. Es geht ja um Menschen, die das Heilige hingebungsvoll und wahrhaftig suchen. Nur dann können *Mysterium tremendum* und *fascinosum* sinn- und identitätsstiftend oder gar erlösend sein. Solcher Religion, die aus der Begegnung mit dem Heiligen hervorgeht, wohnt faktisch immer auch eine Ethik inne, die nach Vollzug drängt. Religionen sind in ihrer Ur-Intention durchaus Hüterinnen der Moral. Es ist allerdings auch religionsgeschichtlich nachweisbar, dass es letztlich immer auch die Menschen sind, die einerseits hingebungsvoll Geborgenheit im Heiligen suchen, andererseits jedoch aus persönlicher Eitelkeit oder auch aus machtpolitischen Gründen ethische Maßstäbe mit Füßen treten.

Teil II: Das Heilige als Basis von Nächstenliebe und Toleranz

Es geht um den Versuch, das Heilige als Grundlage der Nächstenliebe und diese wiederum als Basis der Toleranz zu diskutieren. Hervorheben möchte ich die Impulse des ›religiösen Menschheitsbundes‹, den Otto 1921 mit einer klaren ethischen Zielsetzung gegründet hat. Diese Idee lege ich deshalb zugrunde, weil seine Absichten eine tief christliche Dimension der Nächstenliebe besitzen, die ich für meinen interreligiösen Ansatz der Toleranz fruchtbar machen möchte.

Otto verfolgt das Ziel, das Gefühl sittlicher Verantwortlichkeit nicht nur innerhalb der Religionsgemeinschaften zu stärken, sondern diese auch für eine ›große kollektive Ethik‹ zwischen den Religionen zu etablieren. Auf dieser kollektiven Ethik aufbauend gründet er die Idee eines Weltgewissens, um einen echten, auf der Begegnung mit dem Heiligen basierenden interreligiösen Dialog zu fördern. Dabei bleibt Otto nicht im Reiche der Theorie stehen, sondern will ganz praxisbezogen einen religiösen Weltkongress aus Vertretern verschiedener Religionsgemeinschaften gründen, um gemeinsamen Zielen unter der leitenden Idee der liebenden Gerechtigkeit

9 Vgl. Schimmel, Annemarie: *Mystische Dimensionen des Islam.* Die Geschichte des Sufismus, Frankfurt/Main 1995.

den Weg zu bahnen. Später greift sein Schüler Gustav Mensching dieses Vorhaben auf und verfasst 1974 das Werk ›Der Offene Tempel‹. Hans Küng hat bekanntlich dieses Projekt ›Weltgewissen‹ 1990 in ›Projekt Weltethos‹ umgetauft.

Die Grundidee Ottos wird ganz deutlich in seiner letzten Vorlesung mit dem Titel ›Ethik Jesu‹. Er begreift Jesus nicht als bloßen Prototyp idealistischer Lebensphilosophie, wie es so häufig das Aushängeschild vieler Theologen ist. Er sieht in ihm die lebendige Verkörperung einer zeitüberdauernden Elementarethik. Jesus sagt eindrucksvoll: Alles, was Ihr wollt, dass Euch die Menschen tun sollen, das tut ihnen ebenso. Darin liegt eine Aufforderung, praktisch aktiv zu werden. Das Herzstück dieser praktischen Ethik ist das Prinzip Nächstenliebe.

Auf diesem Prinzip fußt mein interreligiöser Ansatz der Toleranz. Eine solche Toleranz fängt mit der Frage an, wie wir uns gegenseitig gerecht werden können. Wie wir ein Denken praktizieren können, in welchem sich das Andere mit seiner eigenen Erfahrungswelt des Heiligen wiederfindet. Jeder religiöse bzw. spirituelle Mensch erfährt das Heilige auf seine Weise. Dies hängt damit zusammen, dass er nicht anders kann als sich immer wieder selbst zu bestimmen. In dieser Freiheit von und zu etwas liegt seine Einzigartigkeit und sein Verhängnis zugleich.

Interreligiöse Toleranz sehe ich als eine spirituelle, mit dem Heiligen verbundene Einstellung. Wir benötigen diese mit dem Heiligen verbundene Toleranzpraxis, wenn wir mit den Verschiedenheiten der Wege und den Mannigfaltigkeiten der Kulturen und Religionen in Dialog treten. Dies ist ein interreligiöser Imperativ.

Eine solche Toleranzpraxis stellt einen anstrengenden Prozess der Selbstüberwindung im Geiste des Djihads, d.h. innere Veredelung und Satyagraha, also Gewaltlosigkeit dar. Hier unterscheide ich zwischen jener ›Toleranz der Aufklärung‹ und ›Toleranz echter Religiosität‹, die von zwei völlig verschiedenen Welt- und Menschenbildern ausgehen. Erstere bekämpft die Autorität des Glaubens, während letztere mit einer kritikoffenen Aufklärungstheologie einhergeht. In beiden Modellen geht es mir um die Wahrnehmung des Toleranzbegriffs in religiösen bzw. interreligiösen Kontexten.

Der Ausdruck ›Echte Religiosität‹ bedeutet nicht eine bessere oder eine wahrheitsnähere Religiosität, sondern eine Form der Überzeugung, die sich ganz dem Heiligen widmend, das Schöne, Wahre und Ewige in sich sucht und eben auch in anderen vermutet und anerkennend akzeptiert. Echte Religiosität erkennt die gottgewollte Pluralität. Eine solche Religiosität verträgt sich nicht mit theoretischer oder praktischer Gewalt sowie Haltungen, die sich exklusivistisch verabsolutieren.

Toleranz der Aufklärung

Gerade die europäisch-westliche Aufklärung, die eher eine Überwindung allen religiösen Lebens zu erwirken sucht und den Menschen aus seiner, vermeintlich durch religiöse Hörigkeit verschuldete Unmündigkeit befreien will, lässt dem Heiligen als existenzumspannende Bezugsgröße kaum mehr einen Raum. Allenfalls im Privaten und als von Vernunft geleitet sollten Glaube und Religion noch ihre Existenzberechtigung im Sinne einer psychologischen Beruhigung haben dürfen. Toleranz der Aufklärung erweist sich als Wurzel der materialisierten Transzendenz der Gegenwart. Dabei schließt sie jede Form von echter Spiritualität aus.

Es ist nicht verwunderlich, dass der Mensch sich nur noch als Individuum wahrnimmt und sich mit einer gewissen Folgerichtigkeit von Gemeinschaft abkoppelt.

Er nimmt sich selbst als Kosmos wahr, als das Maß aller Dinge. Diese anmaßende Anthropozentrik verleitet ihn oft dazu, sich als alleinige Instanz seiner Selbst misszuverstehen.[10] Hier wird Religion als *religio naturalis*, also als eine Vernunftreligion begriffen, als eine transzendenzverschlossene Weltanschauung, in der Offenbarungsreligion als ›Phantasmagorie‹ keinen Platz hat. Aufklärungstheologie im Sinne von Herders Humanitätsidee ist die Ausnahme, die aber für den interkulturellen Dialog ansatzweise fruchtbar gemacht werden kann.[11]

Toleranz echter Religiosität

Toleranz echter Religiosität ist *hingegen* eine Form des antwortenden Handelns des vom Heiligen berührten Menschen. Sie gründet auf gemeinsamer Wahrheitssehnsucht.[12] Ein solcher Mensch fühlt sich vom Heiligen aufgefordert, Toleranz echter Religiosität zu praktizieren. Diese Religiosität ist transzendenzoffen. Dann treffen sich die variierenden Wahrnehmungen des Heiligen in einem liebenden Wettbewerb. Sie akzeptiert auch die eingeschränkte, atheistische Toleranz der Aufklärung, sie selbst aber vermeidet theoretisch wie praktisch jede Form von Verabsolutierung eigener Überzeugungen, die letztlich Fanatismus und Gewalt zur Folge haben. Toleranz echter Religiosität ist die Grundlage einer jeden reflektierenden Aufklärungstheologie. Sie ist die Grundlage einer neuen Hermeneutik der interreligiösen Begegnung.

Wir kennen die altbekannte Äußerung, monotheistische Religionen seien wegen ihres Wahrheits- und Absolutheitsanspruches *per se* fundamentalistisch. Religion, verstanden als sichtbar gewordene Ursehnsucht des Menschen, ist in der Tat immer auch mit *antropomorphen* Unzulänglichkeiten behaftet, sobald sie durch Institutionalisierung in Menschenhand gerät. Ablassbriefe waren doch nicht gottgewollt, Kreuzzüge, Inquisition und die islamisierenden Eroberungskriege der Araber ebenso wenig. Gottgewollt ist es auch nicht, wenn Glaubensbrüder mit ›Gottessegen‹ aufeinander gehetzt werden.

Wenn die individuelle Erfahrbarkeit des Heiligen in Glaubenssätzen dogmatisiert wird, so verliert das Heilige seinen Wert, insbesondere, wenn dieses Dogma mit allzumenschlicher Strafe und Belohnung verbunden wird. Solche Institutionalisierungen werden, religionsgeschichtlich betrachtet, jedoch immer wieder aufgebrochen. Dies beobachtet man in mystischen Bewegungen, die als Alternative zu solchen Institutionsbildungen angesehen werden. Religionen sind also nicht aus sich heraus fanatisch, sondern es sind ihre machtsüchtigen Wortführer, die sie ins Fundamentalistische pervertieren. In vielen Regionen der Welt sehen wir, wie Menschen Religionen verstümmeln und damit ihre Gewalttätigkeiten legitimieren.

---

10 Vgl. Gerdsen, Peter: *Eine Erde ohne Himmel wird zur Hölle.* Zwischen Tradition und Moderne, Nordhausen 2013.

11 Vgl. hierzu Bultmann, Christoph: *Die biblische Urgeschichte in der Aufklärung.* Johann Gottfried Herders Interpretation der Genesis als Antwort auf die Religionskritik David Humes, Göttingen 1997 und Möller, Michael F.: *Die ersten Freigelassenen der Schöpfung.* Das Menschenbild Johann Gottfried Herders im Kontext von Theologie und Philosophie der Aufklärung, Frankfurt/Main 1998.

12 Vgl. Hamid Reza Yousefi und Harald Seubert (Hrsg.): *Toleranz im Weltkontext.* Geschichten – Erscheinungsformen – Neue Entwicklungen, Wiesbaden 2013.

Toleranz echter Religiosität berücksichtigt drei Momente: Wir haben Situationen zu beachten, Kontexte zu berücksichtigen und Individuen als handelnde Akteure ernstzunehmen. Dies rührt daher, dass die jeweiligen Situationen komplex, die jeweils handelnden Personen verschieden und die kulturellen und traditionellen Kontexte meist sehr unterschiedlich sind. Drei Dinge also: Wo und in welcher Situation befinden wir uns? Was ist das Umfeld? Und mit wem haben wir es zu tun?

Toleranz echter Religiosität bedeutet für mich Nächstenliebe, und Nächstenliebe heißt, wohlwollend miteinander umgehen und Fehler verzeihen können. Nächstenliebe ist also die Tiefe der Toleranz echter Religiosität. Wer eine Toleranz ohne Ethik des Verzichts auf Dominanz praktiziert, gibt die Nächstenliebe auf. Toleranz echter Religiosität ist kein Alibi des Relativismus oder eine gewisse Form der Preisgabe eigener Überzeugung. Nächstenliebe heißt auch nicht Willfährigkeit oder Zubilligung von Anarchie. Echte Begegnung und wohlwollende Nächstenliebe schließen Kritik und immerwährende Aussprache der Differenzen als gottgewollt ein. Die Kritik der religiösen Praxisform bezieht sich ausschließlich auf die individuelle Einstellung derer, die sich mit einer bestimmten Religion identifizieren.

Das Heilige ist die spirituelle Brücke zwischen den Religionen

Wer sich für Gewalt entscheidet, entfernt sich vom Heiligen. Das Heilige ist also unser gemeinsamer Maßstab. Das Heilige ist stets eine spirituelle Brücke zwischen Religion und mystischer Erkenntnis. Ein Christ, der sein Leben nach der Toleranz echter Religiosität ausrichtet, wird jederzeit sagen können: Ich toleriere und respektiere den Heilsweg und den Anspruch des Judentums und des Islam oder anderer Religionsgemeinschaften, obwohl ich diese Religionen für mich nicht bevorzuge. Er räumt den Anhängern dieser Religionen anerkennend die Möglichkeit ein, ihren am Heiligen orientierten Weg als absolut zu behaupten und seine Anschauung als Christ nicht zu bevorzugen. Dies bedeutet, dass wir uns gleich behandeln, obwohl wir nicht gleich sind.

Die Grenzen einer solchen Toleranz liegen dort, wo Menschen ihre spezielle Art der Begegnung mit dem Heiligen als alleinseligmachend verabsolutieren und den Anderen notfalls durch Gewalt bekehren wollen. Nächstenliebe bedeutet nicht, sich bekehren zu lassen. Im Fall von Metin Kaplan, der seine Begegnung mit dem Heiligen verabsolutierte und sich zum ›Kalifen von Köln‹ ernannte, zeigt sich, dass auch Toleranz echter Religiosität klare Grenzen haben muss.

Toleranz echter Religiosität zwischen vertikaler und horizontaler Verständigung[13]

Hier versperrt uns ein bestimmtes Problem den Weg zu einer echten wertschätzenden Toleranz. Ich möchte es ›die Anmaßung einer vertikalen Verständigung‹ nennen. Vertikale Verständigung organisiert sich gemäß den Machtverhältnissen von oben nach unten. Dies kommt daher, dass der Gesprächspartner sich sicher wähnt, den Anderen besser zu verstehen, als dieser sich selbst. Also: Sie fragt nur, was das

13 Vgl. Yousefi, Hamid Reza: *Interkulturelle Kommunikation.* Eine praxisorientierte Einführung, Darmstadt 2014.

Heilige für mich als Moslem oder Christ bedeutet und was ich vom Anderen und seinem Bezug zum Heiligen halte.

Im Gegensatz zur Anmaßung einer vertikalen, schlage ich eine horizontale Form der Verständigung vor. Es geht um einen wertschätzenden und kontextsensiblen Dialog auf gleicher Augenhöhe. Hier gibt es zwei Möglichkeiten. Entweder frage ich: 1. Was bedeutet das Heilige für mich selbst? und 2. Wie sehe ich das Heilige beim Anderen? Sehe ich mich als einen aufgeklärten Menschen, der das Gewand des Heiligen abgelegt hat, und die vom Heiligen Berührten als rückständige Fundamentalisten, die einem Phantom hinterher träumen?

Bei alldem fehlt etwas Entscheidendes. 1. Wie sieht der Andere das Heilige? (Den ich nach meinen Maßstäben als rückständigen Fundamentalisten bezeichne. Vielleicht ist er aufgeklärter und moderner als ich vermute) und 2. Wie betrachtet er meine Vorstellung vom Sinn der Welt? (Vielleicht sieht er mich als dekadenten Gottlosen und Konsumfetischisten?)

Eine solche Form der Begegnung erfordert Toleranz echter Religiosität, in der wir uns spiegelbildlich betrachten.[14] So werden wir erstaunt und freudig feststellen, dass das Heilige mit vielen Namen verbunden ist, dass es viele Überlappungen in unseren inneren Orientierungslandkarten und Wirklichkeitsdeutungen gibt. Dieses Entdecken unvermuteter Gemeinsamkeiten kann uns beflügeln, aus Nächstenliebe eine praktische Toleranz echter Religiosität werden zu lassen. Vielleicht sogar einen Hauch dessen zu spüren, was wir mit Menschenwürde bezeichnen.[15]

Das Heilige mit vielen Namen und Toleranz echter Religiosität vermögen es, aus dem Ich-Du-Bezug eine dialogische Gemeinschaft des ›Wir‹ im Geiste der wechselseitigen Wertschätzung zu entwickeln. Intolerantes Verhalten ist die Folge kultureller und religiöser Konditionierungen, die viele von uns bereits in der Primärsozialisation durchleben und die sich im allgemeinen Mainstream fortsetzt. Toleranz erweist sich hier als ein bloßes Lippenbekenntnis. Im Erwachsenenalter ist es nicht leicht, sich von diesen nun festgefahrenen Kultur-Konditionierungen zu befreien und die abgestorbene Liebe zum Nächsten und das Interesse für das Andere durch die Brille der wertschätzenden Toleranz wieder lebendig werden zu lassen.

Um sich aus diesem teils erziehungsbedingten und teils selbstverschuldeten Teufelskreis zu befreien, ist es wichtig, religiöse Erfahrungswelten so miteinander zu verbinden, dass eine gemeinsame Bedürfniserfüllung und ein wechselseitiges Wohlergehen aller gewährleistet ist.

Ausblick

Die ureigene Aufgabe einer jeden Religion ist immer die Veredelung der Seele und die verantwortungsethische Erziehung des Menschen durch eine echte Begegnung mit dem Heiligen. Dies ist am ehesten durch eine religionsübergreifende Mystik möglich, für die ich plädiere.

---

14 Zu diesem Thema vgl. Thull, Philipp und Hamid Reza Yousefi (Hrsg.): *Aspekte der interreligiösen Toleranz*. Von der Notwendigkeit des christlich-islamischen Dialogs, Darmstadt 2014.

15 Vgl. Yousefi, Hamid Reza: *Grundbegriffe der interkulturellen Kommunikation*, Stuttgart 2014.

Wenn wir im Sinne dieser Mystik erkennen, dass wir nicht in der Lage sind, in unserem endlichen Dasein das unendliche Heilige in letzter Konsequenz zu begreifen, so werden wir bescheidener, uns selbst und anderen gegenüber. Nach dieser Mystik verfügen wir der absoluten und unendlichen Wahrheit gegenüber, über ein lediglich endliches Wahrheitsbewusstsein. Wenn wir einen Dialog auf der Grundlage wertschätzender Toleranz suchen, so sollten wir also die gängige Belehrungskultur durch eine dialogische Lernkultur ersetzen. Dies ist ein Imperativ echter Religiosität.

Religion ist eine außerordentlich wichtige Instanz, die uns Orientierung, Geborgenheit und Zuversicht gibt. Eine Entmachtung des Heiligen bedeutet die Entmachtung der Religion, die dem menschlichen Leben Sinn verleiht und es ein Stück friedlicher machen sollte. Wir benötigen also eine neue Ontologie der Interreligiosität als solide Basis der dialogischen Begegnung miteinander. Wir können uns selbst und damit dem Anderen ein Stück näher kommen, wenn wir uns als Mitglieder eines Menschheitsbundes im Geiste Rudolf Ottos begreifen, die aufeinander angewiesen sind.

Die Ursehnsucht Ottos nach echtem Frieden kann Erfüllung finden, wenn wir Religionen als unterschiedliche Ausprägungen der Begegnung mit dem Heiligen verstehen lernen. Dann werden wir den Garten der Vielfalt aus Rosen, Tulpen und Lilien nicht auf eine Einheitsblume zu reduzieren suchen, sondern lernen, sich an der jeweils anderen religiösen Schönheit zu erfreuen.

Zu den Autorinnen und den Autoren

Prof. Dr. Roderich Barth, geb. 1966, ist Professor für Systematische Theologie und Ethik, Institut für Evangelische Theologie, Justus-Liebig-Universität Gießen.

Dr. Natalia Diefenbach, geb. 1968, ist Religionswissenschaftlerin, Fotokünstlerin und Redaktionsmitglied des Journals of Religious Culture, Frankfurt am Main.

Prof. Dr. Wolfgang Gantke, geb. 1951, ist Professor für Religionswissenschaft und Religionstheologie, Fachbereich Katholische Theologie, Goethe-Universität Frankfurt am Main.

Sven Lichtenecker, M.A., geb. 1970, ist Museumspädagoge am Bibelhaus Erlebnis Museum und Doktorand an der Goethe-Universität Frankfurt am Main.

Prof. Dr. Perry Schmidt-Leukel, geb. 1954, ist Professor für Religionswissenschaft und interkulturelle Theologie, Westfälische Wilhelms-Universität Münster.

Prof. Dr. Martin Mittwede, geb. 1959, ist Apl. Professor für Religionswissenschaft, Fachbereich Evangelische Theologie, Goethe-Universität Frankfurt am Main.

Prof. Dr. William Schmidt, geb. 1969, ist Professor für Religionswissenschaft, the Russian Presidential Academy of National Economy and Public Administration (RANEPA) Moskau.

Dr. Marianne Schröter, geb. 1969, ist Geschäftsführerin der LEUCOREA Stiftung des öffentlichen Rechts an der Martin-Luther-Universität Halle-Wittenberg.

Dipl.-Indologe Vladislav Serikov, M.A., geb. 1971, ist Koordinator des IPP „Religion im Dialog“, Lehrbeauftragter und Doktorand am Fachbereich Katholische Theologie, Goethe-Universität Frankfurt am Main.

Prof. Dr. Edmund Weber, geb. 1939, ist Professor em. für Religionswissenschaft und Historische Theologie, Fachbereich Evangelische Theologie, Goethe-Universität Frankfurt am Main.

PD Dr. Hamid Reza Yousefi, geb. 1967, ist interkultureller Philosoph und Privatdozent für Interkulturelle Philosophie und Geschichte der Philosophie, Universität Koblenz-Landau.

THEION

Herausgegeben von Wilhelm-Ludwig Federlin und Edmund Weber

Band 1 Wilhelm-Ludwig Federlin: Kirchliche Volksbildung und Bürgerliche Gesellschaft. Studien zu Thomas Abbt, Alexander Gottlieb Baumgarten, Johann David Heilmann, Johann Gottfried Herder, Johann Georg und Johannes von Müller. 1993.

Band 2 Hans Christoph Stoodt / Edmund Weber (Hrsg.): Interreligiöse Beziehungen: Konflikte und Konvergenzen. 1993.

Band 3 Hans Christoph Stoodt / Edmund Weber (Hrsg.): INTER LEGEM ET EVANGELIUM. 1994.

Band 4 Sylvia Mangold: Ādi Śaṅkarācāryaḥ. G. V. Iyers Filmkommentar zur Religionsphilosophie Śaṅkaras. 1994.

Band 5 Cheriyan Menacherry: Christ: The Mystery in History. A Critical Study on the Christology of Raymond Panikkar. 1995.

Band 6 Wilhelm-Ludwig Federlin (Hrsg.): Sein ist im Werden. Essays zur Wirklichkeitskultur bei Johann Gottfried Herder anläßlich seines 250. Geburtstages. 1995.

Band 7 Matthias Benad / Edmund Weber (Hrsg.): Diakonie der Religionen 1. Studien zu Lehre und Praxis karitativen Handelns in der christlichen, buddhistischen, Hindu und Sikh Religion. 1996.

Band 8 Byong-Ro An: Die Religiosität der Koreaner in Deutschland. 1997.

Band 9 Friedrich Weber: Sendrecht, Policey und Kirchenzucht. Kirchenrechtsbildung und religiösethische Normierung in Ostfriesland und Emden bis Ende des 16. Jahrhunderts. 1998.

Band 10 Peter Schmidt: A. C. Bhaktivedanta Swami im interreligiösen Dialog. Biographische Studien zur Begegnung von Hinduismus und Christentum. 1999.

Band 11 Stephan Nagel: Brahmas geheime Schöpfung. Die indische Reformbewegung der "Brahma Kumaris". Quellen, Lehre, Raja Yoga. 1999.

Band 12 Steven Ballard: Rudolf Otto and the Synthesis of the Rational and the Non-Rational in the Idea of the Holy. Some Encounters in Theory and Practice. 2000.

Band 13 Thea Mohr: Weibliche Identität und Leerheit. Eine ideengeschichtliche Rekonstruktion der buddhistischen Frauenbewegung Sakyadhita International. 2002.

Band 14 Bärbel Beinhauer-Köhler / Matthias Benad / Edmund Weber (Hrsg.): Diakonie der Religionen 2. Schwerpunkt Islam. 2005.

Band 15 Wilhelm-Ludwig Federlin / Markus Witte (Hrsg.): Herder-Gedenken. Interdisziplinäre Beiträge anläßlich des 200. Todestages von Johann Gottfried Herder. 2005

Band 16 Young-Sik Park: Konvivenz der Religionen. 2006.

Band 17 Roswitha Möstl: Naraseva – Moderne Hindudiakonie. Erscheinungsformen, Konzepte, Strategien, religiöse und weltanschauliche Begründungen.Diakonie der Religionen 3. 2006.

Band 18 Thea Mohr / Edmund Weber (Hrsg.): Universelle Kultur des Helfens. Im Hinduismus, Buddhismus, Islam, Judentum und in den Naturwissenschaften. Diakonie der Religionen 4. 2006.

Band 19 Edmund Weber: Hindu India. Another Approach to its Multiflorous Religious Culture. Collected Essays. 2006.

Band 20 Karl Dienst: „Zerstörte“ oder „wahre“ Kirche: Eine geistliche oder kirchenpolitische Entscheidung? 2007.

Band 21 Tharwat Kades: Der Dialog zwischen Christen und Muslimen im Spannungsfeld von Tradition und Moderne. 2008.

Band 22 Karl Dienst: Zwischen Wissenschaft und Kirchenpolitik. Zur Bedeutung universitärer Theologie für die Identität einer Landeskirche in Geschichte und Gegenwart. 2009.

Band 23 Marijke Metselaar: Die Nestorianer und der frühe Islam. Wechselwirkungen zwischen den ostsyrischen Christen und ihren arabischen Nachbarn. 2009.

Band 24 Natalia Diefenbach-Popov: Das russisch-orthodoxe Kirillo-Belozerskij-Kloster zwischen Macht und Spiritualität. 2009.

Band 25 Karl Dienst: Politik und Religionskultur in Hessen und Nassau zwischen ‚Staatsumbruch' (1918) und ‚nationaler Revolution' (1933). Ursachen und Folgen. 2010.

Band 26 Hüseyin Kurt/ Edmund Weber (Hrsg.): Die Zukunft der Muslime in Deutschland. Tagungen der Kommunalen Ausländer- und Ausländerinnenvertretung der Stadt Frankfurt am Main (KAV) und der Arbeitsgemeinschaft der Ausländerbeiräte Hessen (agah). Eine Dokumentation ausgewählter akademischer und politischer Beiträge. 2011.

Band 27 Wilhelm-Ludwig Federlin / Sven Lichtenecker / Vladislav, Serikov / Gülhan Şirin (Hrsg.): Was ist Religion? Beiträge zur Religionsforschung. Edmund Weber zum 70. Geburtstag. 2011.

Band 28 Karl Dienst: Kirchenreform als Strukturreform. Die Kirche muß anders werden: Aber wie? 2011.

Band 29 Edmund Weber: Religion und Religionskultur. Gesammelte Aufsätze. 2013.

Band 30 Wolfgang Gantke / Vladislav Serikov (Hrsg.): Das Heilige als Problem der gegenwärtigen Religionswissenschaft. 2015.

www.peterlang.com